社交媒体情境下
用户信息行为研究

程慧平　闻心玥　著

中国社会科学出版社

图书在版编目（CIP）数据

社交媒体情境下用户信息行为研究／程慧平，闻心玥著.—北京：中国
社会科学出版社，2024.5
 ISBN 978 - 7 - 5227 - 3060 - 8

 Ⅰ.①社…　Ⅱ.①程…②闻…　Ⅲ.①互联网络—传播媒介—研究
Ⅳ.①G206.2

中国国家版本馆 CIP 数据核字（2024）第 037596 号

出 版 人	赵剑英
责任编辑	刘　艳
责任校对	陈　晨
责任印制	戴　宽

出　　版	中国社会科学出版社
社　　址	北京鼓楼西大街甲 158 号
邮　　编	100720
网　　址	http://www.csspw.cn
发 行 部	010 - 84083685
门 市 部	010 - 84029450
经　　销	新华书店及其他书店

印刷装订	北京君升印刷有限公司
版　　次	2024 年 5 月第 1 版
印　　次	2024 年 5 月第 1 次印刷

开　　本	710×1000　1/16
印　　张	19
插　　页	2
字　　数	293 千字
定　　价	99.00 元

前　　言

随着互联网技术的发展，社交媒体已成为人们构建和维系社会关系不可或缺的媒介。一方面，用户通过社交媒体表达观点、维系社交关系、享受生活便利，社交媒体丰富了用户的生活，拓宽了用户的视界，从而刺激了用户对社交媒体的使用需求；另一方面，社交媒体平台的信息过载、用户问题性使用、隐私泄露等负面事件频发，更有甚者损害用户的身心健康，侵害用户的数字权益，从而影响了用户的持续使用意愿。在多重因素的共同作用下，社交媒体用户信息行为具有复杂性、易变性等特征，其发生及演化机理值得深入探究。同时，研究社交媒体用户信息行为，有利于深入揭示社交媒体用户信息行为规律，为用户社交媒体的合理及健康使用提供参考路径。

本书主要通过问卷调查法、访谈法、偏最小二乘结构方程模型（PLS-SEM）、模糊集定性比较分析（fsQCA）及扎根理论方法，围绕社交媒体用户的不持续使用行为、取消关注行为、隐私设置行为、隐私披露行为、信息规避行为及信息过载前因后果开展质性与量化研究。用户不持续使用与取消关注行为的产生是社交媒体发展过程中无法规避的问题，影响社交媒体可持续发展。本书基于自我差异理论，探讨社交媒体使用从成瘾到不持续使用的行为转变机理。基于认知—情感—行为意向框架，深入分析社交媒体用户负面情绪与不持续使用行为的发生机理。基于情感负荷演化视角、社会认知理论三元交互模型，分别揭示了信息过载、替代品吸引力对社交媒体用户不持续使用行为的影响机制。基于双加工理论框架、社会交换理论、个人—环境—技术（PET）框架，分析微信公众号用户取消关注意愿的影响因素。隐私安全是用户对社交媒体平台的基本要求，然而隐私泄露问题频发也是社交媒体平台运营商当前面临的重大挑战，本书探讨了社交媒体用户隐私设置意愿的影响因素，基于隐私计算、沟通隐私管理理论，从感性—理性决策视角构建社交媒体用户隐私披露意愿模型，研究情感因素与理性因素对用户隐私披露意愿的影响作用。本书采用扎根理论方法，基于刺激—机体—反应（S-O-R）框架分析了突发公共卫生事件中社交媒体用户信息规避行为的影响因素，基于压力源—应变—结果（S-S-O）框架探讨了社交媒体信息过载的前因后果。

本书在社交媒体情境下用户信息行为研究视角上具有一定的创新性。在研究内容上，主要从个人、技术、环境等多个维度，探究了多种类型社交媒体用户信息行为影响因素。本书采用了自我差异理论、双加工理论、社会交换理论、沟通隐私管理理论等理论框架，涉及管理学、传播学、心理学、社会学等多种学科知识，探索了多学科视角下社交媒体用户信息行为研究路径。在研究方法上，本书系统阐述了偏最小二乘结构方程模型（PLS-SEM）、模糊集定性比较分析（fsQCA）、扎根理论方法在社交媒体用户信息行为研究中的应用。本书不仅涵盖理论研究的文献分析法、扎根理论方法，也有实证研究的结构方程模型方法、定性比较分析方法。综合应用定性、定量研究方法，弥补单独使用定性或定量方法的不足。

本书拓展了社交媒体情境下用户信息行为研究视角，丰富了理论基础，优化了综合研究方法体系。在理论层面，揭示了不持续使用行为、取消关注行为、隐私设置行为、隐私披露行为、信息规避行为的形成机理，挖掘了社交媒体用户的不持续使用行为、取消关注行为、隐私设置行为、隐私披露行为、信息规避行为影响因素之间的内在逻辑关系。在应用层面，本书有利于提升社会各界对社交媒体负面效应的关注，并为相关部门、社交媒体运营商、用户等多主体间协同合作、高效解决社交媒体不合理使用问题提供建议。结合社会实际，对降低社交媒体用户的负面情绪影响提出合理关切方案。同时，为协调社交媒体运营商与用户关系，促进两者沟通协作提供有效建议。

目　　录

第一章

社交媒体用户不持续使用
行为研究：基于情感与认知
整合框架的分析

第一节 引言

社交媒体现已成为人们构建和维系社会关系不可或缺的媒介，然而社交媒体使用给用户带来的消极影响也逐渐显现，致使用户被太多的信息、太多的朋友和追随者淹没，需要花费过多的时间来在线维护这些社会联系①。用户对社交媒体的不持续使用影响了社交媒体的可持续发展，社交媒体用户不持续使用现象已引起了社会的高度关注。《第43次中国互联网络发展状况统计报告》② 显示：2018年微信朋友圈、QQ空间用户使用率相对2017年分别下降了3.9%、5.6%。《2018年中国社交媒体影响报告》③ 显示：2018年社交媒体对用户有消极影响的比例达到93%，包括"别人晒幸福，影响用户心态""占据了用户过多的时间""注意力变得不集中"等，这是用户在社交媒体上的社会比较引发的负面情绪；

---

① Bright L. F., Kleiser S. B., Grau S. L., "Too Much Facebook? An Exploratory Examination of Social Media Fatigue", *Computers in Human Behavior*, Vol. 44, March 2015, pp. 148 – 155.

② 中国互联网信息中心（CNNIC）:《第43次中国互联网络发展状况统计报告》，http://www.cnnic.net.cn/hlwfzyj/hlwxzbg/hlwtjbg/201902/t20190228_70645.htm，2019年4月20日。

③ 凯度：2018年凯度中国社交媒体影响报告，http://kantar.com/zh-cn/inspiration/social-meclia/kantar-china-social-media-impact-report-2018.html，2019年3月6日。

并且95%的用户为了减少社交媒体带给他们的消极影响，采取了一些措施，包括"有意识地降低使用次数和总时长""在特定场合和固定时间不接触社交媒体""将对自己有干扰的社交媒体卸载"等，这是用户呈现出不持续使用社交媒体的倾向。社交媒体用户的不持续使用行为，将影响社交媒体运营商长期发展战略的实现。

当不持续使用社交媒体的用户数量达到一定规模时，可能会导致该社交媒体无法实现可持续发展①。可见，分析社交媒体用户不持续使用行为的影响因素，对于减少社交媒体使用给用户带来的消极影响，指导用户理性使用社交媒体，以及优化社交媒体运营商服务策略具有重要实践指导意义。社交媒体用户不持续使用行为表现为减少使用社交媒体的时间或频率、停止使用社交媒体或转向使用其他社交媒体形式②。因此，本章旨在回答以下问题：①用户使用社交媒体后会引发哪些负面情绪，这些情绪如何影响用户不持续使用意向？②负面情绪与期望不一致理论综合集成视角，如何互补地解释社交媒体用户不持续使用行为？

为了回答上述问题，本章基于认知情绪理论（Cognitive Emotion Theory，CET）框架，以期望不一致理论（Expectation-Disconfirmation Theory，E-DT）为主要理论基础，在保留已有社交媒体用户不持续使用意向研究中情绪变量（不满意）的基础上，将期望不一致理论作为社交媒体 App使用确认维度，将社会比较理论下的负面情绪视为用户内在情感维度，引入社会比较理论下的嫉妒及衍生的沮丧与后悔三个负面情绪变量，共同构建社交媒体用户不持续使用行为研究模型，通过偏最小二乘结构方程模型方法（PLS-SEM）进行模型构建的合理性验证，以期揭示社交媒体用户不持续使用行为机理，发现社交媒体用户不持续使用行为影响因素之间的内在逻辑关系。

---

① Chesney T. , Lawson S. , "Critical Mass and Discontinued Use of Social Media", *Systems Research and Behavioral Science*, Vol. 32, No. 3, May/June 2015, pp. 376 – 387.

② 牛静、常明芝：《社交媒体使用中的社会交往压力源与不持续使用意向研究》，《新闻与传播评论》2018 年第 6 期。

第二节　文献综述

一　研究现状

不持续使用行为的相关研究已取得了较多研究成果，2015 年，Cho I. H. [①] 基于定性的研究提出了 Facebook 不持续使用理论，使用扎根理论方法构建了社交媒体用户不持续使用理论模型，并对其构成要素进行了定性探讨。实证研究中，通常基于信息系统行为理论构建理论模型，借助问卷调查方式获取用户数据进行分析。主要用到的理论框架有：压力源—应变—结果（Stressor-Strain-Outcomes，S-S-O）框架、刺激—机体—反应（Stimuli-Organism-Response，S-O-R）框架、计划行为理论（Theory of Planned Behavior，TPB）、认知—情感—行为意向（Cognition-Affection-Conation，C-A-C）框架等。关于社交媒体用户不持续使用意向的研究有：

（1）基于 S-S-O 理论框架的研究：运用过载理论对压力源因素、疲劳理论对负担因素分别进行了细化，主要揭示压力源通过负担的中介作用对结果产生的影响。其中压力源主要包括系统功能过载、信息过载、社交过载；负担包括疲劳、不满意、后悔，结果表现为不持续使用意向。研究结论显示社交网络疲劳、不满意、后悔正向显著影响不持续使用意向[②]。也有学者将负担变量替换为其他变量，如林家宝等[③]的研究将流体验作为负担变量，揭示了其对社交媒体不持续使用意愿的负向效应。

（2）基于 S-O-R 理论框架的研究：通过过载理论、社交媒体过度使用细化出具体的刺激因素，以用户体验作为机体因素，主要揭示环境刺

[①]　Cho I. H. ，"Facebook Discontinuance：Discontinuance as a Temporal Settlement of The Constant Interplay between Disturbance and Coping"，*Quality & Quantity*，Vol. 49，No. 4，May 2015，pp. 1531 – 1548.

[②]　Zhang S. W. ，Zhao L. ，Lu Y. B. ，et al. ，"Do You Get Tired of Socializing? An Empirical Explanation of Discontinuous Usage Behaviour in Social Network Services"，*Information & Management*，Vol. 53，No. 7，November 2016，pp. 904 – 914. Nawaz M. A. ，Shah Z. ，Nawaz A. ，et al. ，"Overload and Exhaustion：Classifying SNS Discontinuance Intentions"，*Cogent Psychology*，Vol. 5，No. 1，October 2018，p. 1515584.

[③]　林家宝、林顺芝、郭金沅：《社交媒体超载对用户不持续使用意愿的双刃剑效应》，《管理学报》2019 年第 4 期。

激要素能够通过影响用户自身机体，进而影响用户的行为反应。主要以过载（信息过载、沟通过载、社交过载）① 或过度使用（过度社交使用、过度享乐使用、过度认知使用）② 作为环境刺激，通过用户自身机体（疲劳、技术压力、后悔）的中介作用间接影响用户不持续使用意向，研究发现疲劳、技术压力、后悔正向显著影响不持续使用意向。

（3）基于 C-A-C 理论框架的研究：分别借助过载理论对认知因素、疲劳理论对情感因素进行细化，主要揭示用户在使用社交媒体后形成的认知（感知过载），引起用户对社交媒体使用后情感上的反应（疲劳、不满意），继而影响用户的不持续使用意向。如 Zhang S. W. 等③揭示了认知变量（感知过载）对用户使用社交网络服务情感变量（社交网络疲劳、不满意）的直接影响，继而对意向变量（不持续使用意向）产生间接影响。Zhou Z. Y. 等④揭示了认知（感知过载、内容特征）通过情感（社交媒体疲劳、不满意、满意）的中介作用对微博用户不持续使用意向的影响。

（4）基于 TPB 的研究：在 TPB 的基础上引入其他模型或变量进行整合研究，主要揭示关于不持续的主观规范、态度、感知行为控制对用户不持续使用意向的影响。Luqman A. 等⑤引入了自我决定理论（Self-Determination Theory，S-DT），研究发现主观规范、态度、感知行为控制正

---

① Cao X. F. , Sun J. S. , "Exploring the Effect of Overload on the Discontinuous Intention of Social Media Users：An S-O-R Perspective", *Computers in Human Behavior*, Vol. 81, April 2018, pp. 10 – 18.

② Luqman A. , Cao X. F. , Ali A. , et al. , "Empirical Investigation of Facebook Discontinues Usage Intentions Based on S-O-R Paradigm", *Computers in Human Behavior*, Vol. 70, May 2017, pp. 544 – 555.

③ Zhang S. W. , Zhao L. , Lu Y. B. , et al. , "Get Tired of Socializing as Social Animal? An Empirical Explanation on Discontinuous Usage Behavior in Social Network Services", *Pacific Asia Conference on Information Systems (PACIS) 2015 Proceedings*, Singapore, July 6 – 9, 2015.

④ Zhou Z. Y. , Li X. L. , Jin X. L. , "Enablers and Inhibitors of Discontinuous Use in Social Networking Sites：A Study on Weibo", *Pacific Asia Conference on Information Systems (PACIS) 2018 Proceedings*, Yokohama, Japan, June 26 – 30, 2018.

⑤ Luqman A. , Masood A. , Ali A. , "An SDT and TPB – based Integrated Approach to Explore the Role of Autonomous and Controlled Motivations in 'SNS Discontinuance Intention'", *Computers in Human Behavior*, Vol. 85, August 2018, pp. 298 – 307.

向显著影响 SNS 不持续使用意向；Turel O. [1] 引入了负罪感变量，研究发现负罪感、主观规范、态度对用户不持续使用意向具有显著正向影响，但不持续的感知行为控制的负向影响不显著。

（5）基于社会比较理论的研究：主要揭示社会比较（上行比较、横向比较）引起用户负面情绪反应，用户在负面情绪的作用下执行不持续使用意向。Cha K. J. 等[2]揭示了上行比较、横向比较、社交信息搜寻对负面情绪（自卑、沮丧、困惑、自怜、焦虑）的正向影响，负面情绪通过 SNS 疲劳的中介作用间接影响不持续使用意向；Son D. H. 等[3]揭示了 SNS 维持、安全关注、心理关注对 SNS 疲劳的影响，上行比较与横向比较对负面情绪的影响，SNS 疲劳与负面情绪对不持续使用意向的影响。

（6）基于其他理论的研究：Cao X. F. 等[4]基于社会认知理论（Social Cognitive Theory，SCT），揭示了环境（社交过载、网络欺凌）通过个体（悲痛、SNS 耗竭）的中介作用，对 SNS 用户不持续使用意向的影响。Gao W. 等[5]基于保护动机理论和信息处理理论，揭示了隐私关注、保护动机、信息过载、SNS 耗竭对 SNS 用户不持续使用意向的影响。Lo J. [6]基于社会支持理论，揭示社交过载、接受社会支持通过 SNS 耗竭、SNS

---

① Turel O. , "Untangling the Complex Role of Guilt in Rational Decisions to Discontinue the Use of a Hedonic Information System", *European Journal of Information Systems*, Vol. 25, No. 5, 2016, pp. 432 – 447.

② Cha K. J. , Lee E. M. , "An Empirical Study of Discontinuous Use Intention on SNS: From a Perspective of Society Comparison Theory", *Journal of Society for e-Business Studies*, Vol. 20, No. 3, 2015, pp. 59 – 77.

③ Son D. H. , Kim K. S. , "The Effect of SNS Fatigue and Negative Emotions on SNS Discontinuance Intention", *The Journal of Information Systems*, Vol. 25, No. 2, 2016, pp. 111 – 129.

④ Cao X. F. , Khan A. N. , Ali A. , et al. , "Consequences of Cyberbullying and Social Overload while Using SNSs: A Study of Users' Discontinuous Usage Behavior in SNSs", *Information Systems Frontiers*, Vol. 22, December 2020, pp. 1343 – 1356.

⑤ Gao W. , Liu Z. P. , Guo Q. Q. , et al. , "The Dark Side of Ubiquitous Connectivity in Smartphone-Based SNS: An Integrated Model from Information Perspective", *Computers in Human Behavior*, Vol. 84, July 2018, pp. 185 – 193.

⑥ Lo J. , "Exploring the Buffer Effect of Receiving Social Support on Lonely and Emotionally Unstable Social Networking Users", *Computers in Human Behavior*, Vol. 90, January 2019, pp. 103 – 116.

满意的中介作用间接影响SNS用户不持续使用意向。Liang C. C. [①] 基于技术接受模型（Technology Acceptance Model，TAM）、流体验理论，揭示了流体验、不持续使用态度对社交媒体用户不持续使用意向的影响。这些研究中较多关注了过载、耗竭对社交媒体用户不持续使用意向的影响。

针对社交媒体用户不持续使用行为的研究包括：Maier C. 等[②]研究发现压力、疲劳正向影响用户对 SNS 不持续使用意向，而转移压力、转移疲劳负向影响不持续使用意向，不持续使用意向正向影响不持续使用行为。Shokouhyar S. 等[③]研究发现社交网络疲劳正向影响不持续使用行为，将不持续使用行为分为短暂中断、控制使用和转向其他 SNS。

二　研究述评

关于社交媒体用户不持续使用的研究取得了较多的研究成果，为本章的开展提供了有益的借鉴。已有研究主要采用 IS 行为领域中 S-S-O、S-O-R、C-A-C 概念框架，并借助其他 IS 理论将这些概念框架细化出具体变量，基于问卷调查方法获取用户自我报告式数据，采用结构方程模型方法（CB-SEM 或 PLS-SEM），揭示社交媒体用户不持续使用意向影响因素之间的作用机制。

已有研究有待进一步丰富之处，主要有：首先，鲜有研究将用户在社交媒体中因社会比较而产生嫉妒情绪纳入社交媒体不持续使用意向影响因素进行分析，现实生活中在社交媒体上人与人之间的互动过程中，嫉妒情绪普遍存在。其次，在社交媒体不持续使用研究中，较少研究综合考虑认知因素与情感因素，本章认为认知与情感在用户使用社交媒体中同时存在，因此，基于 C-A-C 理论框架，将两个方面同时纳入社交媒

①　Liang C. C. , "Discontinuous Adoption of Social Media Platform", *International Journal of Electronic Commerce Studies*, Vol. 9, No. 1, 2018, pp. 71 – 92.

②　Maier C. , Laumer S. , Weinert C. , et al. , "The Effects of Technostress and Switching Stress on Discontinued Use of Social Networking Services: A Study of Facebook Use", *Information Systems Journal*, Vol. 25, No. 3, May 2015, pp. 275 – 308.

③　Shokouhyar S. , Siadat S. H. , Razavi M. K. , "How Social Influence and Personality Affect Users' Social Network Fatigue and Discontinuance Behavior", *Aslib Journal of Information Management*, Vol. 70, No. 4, 2018, pp. 344 – 366.

体不持续使用模型，以揭示认知因素（期望不一致）与情绪因素（社会比较的负面情绪）对不持续使用意向的影响。其次，相关研究中，不持续使用意向到行为的验证较少，需要进一步被验证。最后，个体的社交媒体使用差异是否对不持续使用行为有作用还有待进一步明确。

因此，本章在 C-A-C 理论框架下，基于社会比较理论、期望不一致理论构建社交媒体用户不持续使用行为理论模型，提出相应的理论假设，收集社交媒体用户数据进行研究假设验证，重点揭示社交媒体中基于社会比较产生的负面情绪对用户不持续使用社交媒体的作用机制。面向中国社交媒体用户不持续使用行为的研究，有利于丰富社交媒体不持续使用研究的理论成果，把握中国社交媒体用户不持续使用行为机理，对指导中国社交媒体的实践发展具有现实意义。

第三节　理论基础

一　期望不一致理论

期望不一致理论（Expectation-Disconfirmation Theory，E-DT）由 Oliver R. L.[1] 提出，该模型将消费者满意视为期望和期望不一致的函数。根据 E-DT 理论，个体继续使用社交媒体的意愿取决于其对社交媒体使用后的满意程度，这种影响通过使用前期望与使用后实际绩效之间的正向或负向不一致来调节[2]。满意反映了个体使用社交媒体前的期望与使用后实际绩效之间差距的认知评价；通过使用前期望与使用后绩效的比较产生期望不一致程度，继而影响个体对社交媒体的满意度。期望不一致反映社交媒体使用前期望与使用后实际绩效之间的不匹配，当使用社交媒体后实际绩效超过使用前期望，即期望不一致为正时会提升用户满意度；反之，期望不一致为负时会导致用户不满意。正向期望不一致将

---

① Oliver R. L. , "A Cognitive Model of the Antecedents and Consequences of Satisfaction Decisions", *Journal of Marketing Research*, Vol. 17, No. 4, November 1980, pp. 460 – 469.

② Fan L. , Suh Y. H. , "Why Do Users Switch to A Disruptive Technology? An Empirical Study Based on Expectation-Disconfirmation Theory", *Information & Management*, Vol. 51, No. 2, March 2014, pp. 240 – 248.

提高用户对信息系统（IS）使用的积极感知与满意度，继而促进 IS 持续使用；而负向的期望不一致会降低用户对 IS 使用的积极感知，引发 IS 使用的不满意，从而导致 IS 不持续使用[1]。E-DT 模型已在社交媒体研究中得到应用，如 Hsu C. L. 等[2]、Chan T. K. H. 等[3]。借鉴 Fan L. 等的研究，本章中期望不一致指实际绩效低于预期，即用户使用社交媒体没有达到预期收益。

Bhattacherjee A. 等[4]提出了扩展的持续使用模型（Expectation-Confirmation Model of IS Continuance，ECM-ISC），将期望确认作为满意度的前因变量，满意度直接影响用户持续使用意向，持续使用意向决定持续使用行为。Shen X. L. 等[5]提出了修正的期望不一致模型，将中度不一致作为中度满意的前因变量，中度满意直接影响间歇性不持续使用意向。Wu C. H. 等[6]在针对移动即时通讯服务用户不持续使用意向的研究中，证实了不一致通过感知不满意的中介作用间接影响不持续使用意向。在社交媒体领域，用户在使用社交媒体后会对社交媒体使用绩效进行评判，当使用社交媒体后的实际绩效低于使用预期时，用户就会出现不满意情绪，在这种情绪作用下做出不持续使用的行为决策。因此，本章引入期望不一致理论，将期望不一致作为不满意的前因变量，不满意作为不持续使用意向的关键因素，认为不持续使用意向对不持续使用行为有决定性影响。

---

[1] Bhattacherjee A. , "Understanding Information Systems Continuance: An Expectation-Confirmation Model", *MIS Quarterly*, Vol. 25, No. 3, September 2001, pp. 351 – 370.

[2] Hsu C. L. , Yu C. C. , Wu C. C. , "Exploring the Continuance Intention of Social Networking Websites: An Empirical Research", *Information Systems and e-Business Management*, Vol. 12, No. 2, 2014, pp. 139 – 163.

[3] Chan T. K. H. , Cheung C. M. K. , Shi N. , et al. , "Gender Differences in Satisfaction with Facebook Users", *Industrial Management & Data Systems*, Vol. 115, No. 1, 2015, pp. 182 – 206.

[4] Bhattacherjee A. , Perols J. , Sanford C. , "Information Technology Continuance: A Theoretic Extension and Empirical Test", *Journal of Computer Information Systems*, Vol. 49, No. 1, 2008, pp. 17 – 26.

[5] Shen X. L. , Li Y. J. , Sun Y. Q. , et al. , "Wearable Health Information Systems Intermittent Discontinuance: A Revised Expectation-Disconfirmation Model", *Industrial Management & Data Systems*, Vol. 118, No. 3, 2018, pp. 506 – 523.

[6] Wu C. H. , Kao S. C. , Chiu H. Y. , "Determinants of Discontinuous Intention of Attention to Mobile Instant Message Services", *Journal of Retailing and Consumer Services*, Vol. 49, July 2019, pp. 219 – 230.

二　社会比较理论

社会比较理论（Social Comparison Theory，SCT）由 Festinger L. [1] 提出，该理论认为社会比较是一种普遍存在的社会心理现象，并且个体通过社会比较来认识与评价自己。社会比较往往是一种无意识的自发过程，根据比较对象、对象信息不同，会产生两种方向的社会比较[2]：其一，与比自身优秀的人进行比较，即上行比较；其二，与比自己平庸的人进行比较，即下行比较。在移动互联网时代，社交媒体能够突破时间、空间的限制，在同一平台上大量地聚集拥有各种属性、特性、兴趣的用户。因此，复杂的社交网络使得社交媒体用户不自主地产生社会比较行为[3]。社交网站中人们会更倾向于社会比较，进而影响用户情绪、认知与行为等。Facebook 上的下行社会比较会产生正面的情绪，如自豪；上行社会比较会产生负面的情绪，如沮丧[4]、嫉妒[5]。

在社交媒体中，社会比较产生的"负面情绪"往往具有隐蔽性，但同时对用户产生的消极行为影响巨大[6]。Fox J. 等[7]指出：应重视社交媒体用户负面心理的作用，探寻与负面情绪相关的心理要素对用户行为产

---

① Festinger L. ，"A Theory of Social Comparison Processes"，*Human Relations*，Vol. 7，No. 2，1954，pp. 117 - 140.

② Park S. Y. ，Baek Y. M. ，"Two Faces of Social Comparison on Facebook：The Interplay between Social Comparison Orientation，Emotions，and Psychological Well-Being"，*Computers in Human Behavior*，Vol. 79，February 2018，pp. 83 - 93.

③ Panger G. ，"Social Comparison in Social Media：A Look at Facebook and Twitter"，*Conference on Human Factors in Computing Systems（CHI）2014 Proceedings*，Toronto，Canada，April 26 - May 1，2014.

④ Appel H. ，Crusius J. ，Gerlach A. L. ，"Social Comparison，Envy，and Depression on Facebook：A Study Looking at the Effects of High Comparison Standards on Depressed Individuals"，*Journal of Social and Clinical Psychology*，Vol. 34，No. 4，2015，pp. 277 - 289.

⑤ Krasnova H. ，Widjaja T. ，Buxmann P. ，et al. ，"Research Note-Why Following Friends Can Hurt You：An Exploratory Investigation of the Effects of Envy on Social Networking Sites among College-Age Users"，*Information Systems Research*，Vol. 26，No. 3，September 2015，pp. 585 - 605.

⑥ Silic M. ，Back A. ，"The Dark Side of Social Networking Sites：Understanding Phishing Risks"，*Computers in Human Behavior*，Vol. 60，July 2016，pp. 35 - 43.

⑦ Fox J. ，Moreland J. J. ，"The Dark Side of Social Networking Sites：An Exploration of the Relational and Psychological Stressors Associated with Facebook Use and Affordances"，*Computers in Human Behavior*，Vol. 45，April 2015，pp. 168 - 176.

生的影响。已有研究证明，社交媒体中社会比较会引发消极的情感①，主要包括②嫉妒③、沮丧④、不满意⑤、后悔⑥。其中，嫉妒作为社会比较的直接后果，被广泛关注。如 Krasnova H. 认为社交媒体用户在社会比较下往往会产生嫉妒情绪，Erler S. H. ⑦也发现社交媒体中的嫉妒会产生不满意情绪。

在前人研究的基础上，本章采纳了社会比较中上行比较所出现的负面情绪——嫉妒，并进一步认为嫉妒可能会产生两种衍生的负面情绪：沮丧与后悔。本章认为沮丧是人们当前的内心情绪反应，而后悔是对先前行为的负面情绪反应。沮丧与后悔两种情绪从两个方面更加明晰了社会比较下的嫉妒效应。基于以上论述，本章以社交媒体用户在进行社会比较时产生的负面情绪为视角，进一步探寻嫉妒及其产生的沮丧与后悔对社交媒体不持续使用意向的影响作用。因此，以负面情绪为视角进行的社交媒体用户不持续使用行为研究，无疑具有更深的理论研究价值与实践意义。

三　认知情绪理论

认知情绪理论（Cognitive Emotion Theory，CET）是社会心理学中一种重要的理论模型。该理论认为，观察刺激和由此形成的评价感知会引

---

① 高子贻：《社交媒体平台上社会比较问题研究》，硕士学位论文，东北财经大学，2017 年。

② Liu J. M. , Li C. , Carcioppolo N. , et al. , "Do Our Facebook Friends Make Us Feel Worse? A Study ofsocial Comparison and Emotion", *Human Communication Research*, Vol. 42, No. 4, October 2016, pp. 619 - 640.

③ Lim M. , Yang Y. , "Effects of Users' Envy and Shame on Social Comparison that Occurs on Social Network Services", *Computers in Human Behavior*, Vol. 51, October 2015, pp. 300 - 311.

④ Aspinwall L. G. , Taylor, S. E. , "Effects of Social Comparison Direction, Threat, and Self-Esteem on Affect, Self-Evaluation, and Expected Success", *Journal of Personality and Social Psychology*, Vol. 64, No. 5, 1993, pp. 708 - 722.

⑤ Emmons R. A. , Diener E. , "Personality Correlates of Subjective Well-Being", *Personality and Social Psychology Bulletin*, Vol. 11, No. 1, March 1985, pp. 89 - 97.

⑥ Li X. , Hou Z. J. , Jia Y. , "The Influence of Social Comparison on Career Decision-Making: Vocational Identity as a Moderator and Regret as a Mediator", *Journal of Vocational Behavior*, Vol. 86, February 2015, pp. 10 - 19.

⑦ Erler S. H. , The Mediating Effect of Envy on Time Spent on Highly Visual Social Media and General Life Satisfaction in University Students, Bachelor essay, University of Twente, 2018.

起情绪反应，进而导致冲动行为倾向①。情绪的产生源自用户对社交媒体使用前的期望与使用后的真实感受之间的比较；情绪的发生取决于对使用社交媒体的期望确认度，而不是社交媒体本身。情绪产生于个体在社交媒体情景中的主观认知，情绪在个体认知与行为之间起中介作用。即情绪产生于认知评价，用户会根据自己的情绪来制定行为，认知评价和情绪表达的过程最终被转化为行为。

选择 CET 框架作为本章的理论框架，原因在于：首先，能良好地解释基于期望不一致理论的社交媒体不持续使用。CET 模型反映了个体在社交媒体使用前与使用后形成自身认知评价（期望不一致），认知评价会引起个体情绪的反应，个体在情绪的作用下做出相应的行为决策（不持续使用意向、不持续使用行为）。其次，能良好地集成社会比较理论下的负面情绪。CET 模型是在认知和情感双重作用下评价是否执行某项行为意向，遵从"认知—情感—行为意向"（Cognition-Affection-Conation，C-A-C）框架②的认知心理学范式，该范式反映了社交媒体用户不持续使用意向或行为受到认知和情感的双重作用，用户对社交媒体的认知在其情感的中介作用下，产生不持续使用意向或行为，且 CET 模型在社交网络用户不持续使用的研究中已有报道，适用于社交媒体情境下的用户行为研究，如 Zhang S. W. 等、Zhou Z. Y. 等。此外，Lim M. 等运用 CET理论揭示了社会比较通过嫉妒、羞愧的中介作用对社交网络服务用户转移意向和倦怠的影响，这些行为与不持续使用行为有类似之处③。

因此，本章认为认知情绪理论的"认知—情感—行为意向"框架作为认知心理学领域一种重要的理论，对于社交媒体领域用户行为分析具有重要作用。该框架能够将期望不一致理论与社会比较理论下的负面情

①　Verhagen T. , Dolen W. V. , "The Influence of Online Store Beliefs on Consumer Online Impulse Buying: A Model and Empirical Application", *Information & Management*, Vol. 48, No. 8, December 2011, pp. 320 – 327.

②　Lam S. Y. , Shankar V. , Erramilli M. K. , et al. , "Customer Value, Satisfaction, Loyalty, and Switching Costs: An Illustration from a Business-To-Business Service Context", *Journal of the Academy of Marketing Science*, Vol. 32, 2004, pp. 293 – 311.

③　Lim M. , Yang Y. , "Effects of Users' Envy and Shame on Social Comparison that Occurs on Social Network Services", *Computers in Human Behavior*, Vol. 51, October 2015, pp. 300 – 311.

绪视角良好地互补在一起，以共同解释社交媒体用户不持续使用行为。一方面，该框架能良好地解释期望不一致的认知到不满意情绪的机制；另一方面，该框架能够恰当地使社会比较理论的负面情绪进一步充实期望不一致理论中的情感维度。这两方面使认知情绪理论框架能够从期望不一致理论视角与社会比较理论视角两方面的共同作用，即将期望不一致理论作为社交媒体 App 使用确认维度，社会比较理论下的负面情绪视为用户内在情感维度，对不持续使用行为进行解释。因此，认知情绪理论框架适用于本章研究需要，并且为社交媒体领域提供新的研究视角奠定了良好的理论基础。

第四节　研究假设与模型

一　研究假设

社交媒体作为一种典型的享乐型信息系统，当个体使用社交媒体后的体验没有达到预期标准或社交媒体提供的服务水平没有达到个体预期时，就会引起期望不一致。期望不一致反映用户对使用社交媒体前的期望与使用后的实际绩效之间的内在比较。当某款社交媒体的性能达不到用户使用期望时，就会引发社交媒体用户使用不满意。针对期望不一致对不满意的影响研究，相关领域也有论述，如 Fan L. 在解释用户从现有技术转向颠覆性技术研究中，发现当前 IT 不确认显著正向影响当前 IT 不满意。Lin T. C. 等①在研究智能手机用户转移意向中，发现不确认对用户的低满意度具有显著正向影响。基于此，本章认为社交媒体用户期望不一致程度越高，用户对使用社交媒体后的不满意程度越高。因此，提出以下假设 H1a：

H1a：社交媒体期望不一致对社交媒体用户使用不满意有正向影响。

---

① Lin T. C., Huang S. L., "Understanding the Determinants of Consumers' Switching Intentions in a Standards War", *International Journal of Electronic Commerce*, Vol. 19, No. 1, December 2014, pp. 163 – 189.

后悔体现为当前使用的社交媒体与其他社交媒体的外在比较，当选择的社交媒体性能低于之前放弃的选择时，就会让用户产生后悔情绪①。针对期望不一致对后悔的影响研究，相关领域也有论述，如 Huang C. K. 等②指出，若当前使用的应用程序带来的好处或性能低于预期，较低的确认会增加用户的后悔程度，并在对移动健身 App 用户不持续使用意向的研究中，发现确认显著负向影响后悔。Ding Y. ③ 在针对移动笔记应用程序持续使用研究中，发现不一致正向显著影响预期后悔。基于此，本章认为期望不一致程度越高，用户在使用社交媒体后实际绩效与使用前期望之间的差距越大，用户在使用社交媒体后产生后悔情绪越强烈。因此，提出以下假设 H1b：

H1b：社交媒体期望不一致对社交媒体用户使用后悔有正向影响。

用户对所使用 IS 的满意度是行为学范式下 IS 研究中最关键的因素，因为它与 IS 的持续使用有关。Bhattacherjee A. 等④指出不满意的用户更容易产生不持续使用意向。不满意对不持续使用意向的正向显著影响在社交网络服务用户不持续使用意向的研究得到证实。在社交媒体领域，不满意会引起不持续使用意向。基于此，本章认为用户在社交媒体使用后不满意的程度越高，其不持续使用社交媒体意向越强。因此，提出以下假设 H2：

---

① Keaveney S. M., Huber F., Herrmann A., "A Model of Buyer Regret: Selected Prepurchase and Postpurchase Antecedents with Consequences for the Brand and the Channel", *Journal of Business Research*, Vol. 60, No. 12, December 2007, pp. 1207 – 1215.

② Huang C. K., Chen C. D., Liu Y. T., "To Stay or Not to Stay? Discontinuance Intention of Gamification Apps", *Information Technology & People*, Vol. 32 No. 6, pp. 1423 – 1445.

③ Ding Y., "Modelling Continued Use of Information Systems from a Forward-Looking Perspective: Antecedents and Consequences of Hope and Anticipated Regret", *Information & Management*, Vol. 55, No. 4, June 2018, pp. 461 – 471.

④ Bhattacherjee A., Limayem M., Cheung C. M. K., "User Switching of Information Technology: A Theoretical Synthesis and Empirical Test", *Information & Management*, Vol. 49, No. 7 – 8, November-December 2012, pp. 327 – 333.

H2：社交媒体使用不满意对社交媒体用户不持续使用意向有正向影响。

计划行为理论（TPB）指出行为意向是决定是否执行某一特定行为的主要因素，预测个人意向是执行特定行为的最佳途径[①]。技术接受和使用统一理论（UTAUT）指出用户接受 IT 的意愿是其 IT 接受行为的主要预测因素[②]。社交媒体领域，用户不持续使用意向对其不持续使用行为的正向影响也有报道，如 Maier C. 等研究发现 SNS 用户不持续使用意向正向影响其不持续使用行为。基于此，本章认为社交媒体用户不持续使用意向是其执行不持续使用行为的前提条件，用户不持续使用意向越强烈，其不持续使用社交媒体的可能性越大。因此，提出以下假设 H3：

H3：社交媒体不持续使用意向对社交媒体用户不持续使用行为有正向影响。

当个体想要拥有自己缺乏而他人所具备的优越品质、成就和财富，或者希望其他人同样缺乏这些时，嫉妒就产生了[③]。嫉妒是一种混合情感因素，可能包括自卑感、渴望、对现状的怨恨，以及对被嫉妒者的敌意。有时这种情感会伴随着内疚，否认或对恶意的不恰当认知[④]，以及当自己渴望而不得的事物被其他人所拥有，进行比较时产生的一种痛苦的情绪。在社交媒体上，用户在与其他用户进行上行比较时，往往会产生嫉妒情绪。嫉妒情绪能够进一步使用户将这种情绪归因为是社交媒体平台所带来的。因而针对社交媒体平台的不满意便产生了，甚至有可能

---

① Ajzen I. , "The Theory of Planned Behavior", *Organizational Behavior & Human Decision Processes*, Vol. 50, No. 2, December 1991, pp. 179 –211.

② Venkatesh V. , Morris M. G. , Davis G. B. , et al. , "User Acceptance of Information Technology: Toward a Unified View", *MIS Quarterly*, Vol. 27, No. 3, 2003, pp. 425 –478.

③ Parrott W. G. , Smith R. H. , "Distinguishing the Experiences of Envy and Jealousy", *Journal of Personality and Social Psychology*, Vol. 64, No. 6, 1993, pp. 906 –920.

④ Parrott W. G. , *The Emotional Experience of Envy and Jealousy. In P. Salovey* (ed.), The Psychology of Jealousy and Envy, Guilford Press, 1991, pp. 3 –30.

产生减少使用社交媒体的负向行为意向。Erler S. H. 指出在社交媒体平台上，社会比较的嫉妒情绪能够引发人们的不满意情绪。因此，本章认为嫉妒能够直接对不满意产生作用，并提出以下假设 H4：

H4：社交媒体使用嫉妒对社交媒体使用不满意有正向影响。

除嫉妒对不满意的直接作用外，本章进一步探索嫉妒所产生的衍生负面情绪对不满意的间接作用。基于前文的文献回顾，本章认为嫉妒能够产生两种相关的负面情绪：沮丧与后悔。本章认为沮丧是人们当前的内心情绪反映，而后悔是对先前行为的负面情绪反应。因此，沮丧与后悔两种情绪从两个方面更加明晰了社会比较下的嫉妒效应。

沮丧，一方面是用户因嫉妒而产生的一种负向情绪，Krasnova H. 等[1]研究发现用户在 Facebook 形成的嫉妒情绪会让用户产生沮丧。Laumer S. 等[2]指出 SNS 用户因为嫉妒其他用户的成就或财产而感到沮丧，用户对他人嫉妒得越强烈，越容易感到沮丧。Wang H. Z. 等[3]研究发现嫉妒是用户使用社交网络后产生沮丧情绪的直接原因。另一方面可以被看作一种失落的情绪，当用户因使用 IT 感到沮丧时，其会将 IT 视为一种威胁，继而无法控制 IT 引发的事件[4]。由此可以推断出，沮丧被认为是在与 IT 相关的事件中造成的、个人无法控制的事件，并且该事件被视为满足需求的威胁障碍。当用户没有收到他们期望收到的消息，或者没有

---

① Krasnova H. , Wenninger H. , Widjaja T. , et al. , "Envy on Facebook: A Hidden Threat to Users' Life Satisfaction?", *International Conference on Wirtschaftsinformatik（WI）2013 Proceedings*, Leipzig, Germany, February 27 – March 1, 2013.

② Laumer S. , Maier C. , Weitzel T. , et al. , "Drivers and Consequences of Frustration When Using Social Networking Services: A Quantitative Analysis of Facebook Users", *Americas Conference on Information Systems（AMCIS）2015 Proceedings*, Puerto Rico, USA, August 13 – 15, 2015.

③ Wang H. Z. , Yang T. T. , Gaskin J. , et al. , "The Longitudinal Association between Passive Social Networking Site Usage and Depressive Symptoms: The Mediating Role of Envy and Moderating Role of Life Satisfaction", *Journal of Social and Clinical Psychology*, Vol. 38, No. 3, 2019, pp. 181 – 199.

④ Beaudry A. , Pinsonneault A. , "The Other Side of Acceptance: Studying the Direct and Indirect Effects of Emotions on Information Technology Use", *MIS Quarterly*, Vol. 34, No. 4, 2010, pp. 689 – 710.

通过 SNS 的搜索引擎找到特定的人等情况时，SNS 用户可能会出现沮丧。Laumer S. 等指出当用户感到沮丧时，用户的期望没有得到满足，并发现使用 SNS 后产生的沮丧情绪会导致用户不满意。

后悔，一方面可以看作嫉妒后的一种情绪反应，代表选择与放弃替代方案之间的比较。当一个已经放弃的选择被证明或被认为比所做的选择更好时，就会引起后悔这种消极情绪的产生①。另一方面它对不满意存在影响作用。社交媒体用户在对先前的使用行为产生后悔情绪时，往往伴随着对当前社交媒体使用的不满意，这种伴生的不满意状态会随着后悔程度更加严重。例如，Nawaz M. A. 等发现后悔对 SNS 用户不满意有显著促进作用。

基于此，本章认为：当用户在社交媒体上经常看到他人过度曝光工作或生活上的成功时，这种与其他用户的外在比较会让用户产生一种负面的嫉妒情绪，并衍生出其他负面情绪，包括在社交媒体上产生的沮丧感，对过去使用社交媒体的后悔情绪，以及对社交媒体使用后的不满意情绪。因此，提出以下假设 H5a—H6b：

H5a：社交媒体使用嫉妒对社交媒体使用沮丧有正向影响。

H5b：社交媒体使用沮丧对社交媒体用户不满意有正向影响。

H6a：社交媒体使用嫉妒对社交媒体使用后悔有正向影响。

H6b：社交媒体使用后悔对社交媒体用户不满意有正向影响。

上文解释了沮丧、后悔作为社会比较下嫉妒所产生的衍生情绪对不满意的影响，下文进一步论述这两种负面情绪可能直接对不持续使用意向产生影响。根据 Zeelenberg M. 等②的研究，后悔是个体过度使用社交媒体产生的一种内疚感。如果可以，用户渴望得到第二次机会来纠正自己的错误，投入更少的时间与精力在当前使用的社交媒体上。

---

① Liao C. , Liu C. C. , Liu Y. P. , et al. , "Applying the Expectancy Disconfirmation and Regret Theories to Online Consumer Behavior", *Cyberpsychology*, *Behavior*, *and Social Networking*, Vol. 14, No. 4, April 2011, pp. 241 – 246.

② Zeelenberg M. , Pieters R. , "Comparing Service Delivery to What Might Have Been: Behavioral Responses to Regret and Disappointment", *Journal of Service Research*, Vol. 2, No. 1, August 1999, pp. 86 – 97.

当出现后悔情绪后，用户会转向使用其他替代社交媒体，从而减缓之前使用的内疚感。Huang C. K. 等指出用户对当前社交媒体使用后产生的后悔情绪程度较高时，其不持续使用社交媒体的意向也会相应增加，通过研究移动健身 App 用户不持续使用意向，发现后悔正向显著影响用户不持续使用意向。后悔对用户不持续使用意向的正向显著影响分别在社交网络服务、社交媒体用户不持续使用意向的研究中得到证实。

沮丧，是用户使用社交媒体时产生的负向情绪。人们往往是希望在社交媒体使用中获得享乐型的心理收益①，可一旦产生沮丧这种负面情绪，人们便会对这种行为产生抵触，进而减少使用社交媒体的行为意向。Woods H. C. 等②在研究社交媒体所引起的负面问题时指出，沮丧负面情绪会使用户减少在社交媒体上的投入，如减少使用时间。Guntuku S. C. 等③在综述社交媒体平台上沮丧情绪的基础上，探讨了沮丧这种负面情绪会引发的负面行为意向，如减少社交互动等。基于此，本章认为用户在使用社交媒体过程中形成的后悔或沮丧情绪越强烈，其不持续使用意向越大。因此，提出以下假设 H7a 与假设 H7b：

H7a：社交媒体使用后悔对社交媒体用户不持续使用意向有正向影响。

H7b：社交媒体使用沮丧对社交媒体用户不持续使用意向有正向影响。

---

① Allom H., Bliemel M., Spiteri L., et al., "Applying a Multi-Dimensional Hedonic Concept of Intrinsic Motivation on Social Tagging Tools: A Theoretical Model and Empirical Validation", *International Journal of Information Management*, Vol. 45, April 2019, pp. 211 – 222.

② Woods H. C., Scott H., "Sleepyteens: Social Media Use in Adolescence is Associated with Poor Sleep Quality, Anxiety, Depression and Low Self-Esteem", *Journal of Adolescence*, Vol. 51, No. 1, August 2016, pp. 41 – 49.

③ Guntuku S. C., Yaden D. B., Kern M. L., et al., "Detecting Depression and Mental Illness on Social Media: An Integrative Review", *Current Opinion in Behavioral Sciences*, Vol. 18, December 2017, pp. 43 – 49.

二　研究模型

本章从"认知—情感—行为意向"框架出发，结合期望不一致理论，引入社会比较理论下的负向情绪要素，构建社交媒体不持续使用行为研究模型，如图1-1所示。期望不一致、不满意、不持续使用意向、不持续使用行为来自期望不一致理论，嫉妒、沮丧、后悔来自社会比较理论。

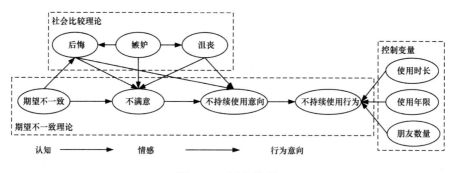

图 1-1　研究模型

为了消除个体人口统计特征差异对社交媒体用户不持续使用行为的干扰作用，Luqman A. 等针对 Facebook 不持续使用意向的研究中，将"社交媒体中朋友的数量、社交媒体使用年限、每天使用社交媒体时间长度"作为控制变量，分析其对不持续使用意向的影响。因此，借鉴此研究，本章将社交媒体中朋友的数量（简称朋友数量）、社交媒体使用年限（简称使用年限）、每天使用社交媒体时间长度（简称使用时长）作为控制变量，揭示它们对不持续使用行为的干扰作用。

第五节　量表设计与数据收集

一　量表设计

本章的测量量表是在已有研究中成熟量表的基础上进行设计开发，共有 7 个潜在变量，遵循每个潜在变量设计至少 3 个测量题项的原则，共设计了 29 个测量题项。调查问卷包括两部分：第一部分为被调查者的个人基本信息，包括性别、年龄、学历、使用社交媒体年限、每天使用社交媒体时间长度、社交媒体中朋友的数量。第二部分为社交媒体用户不持续使用行为量表题项，包括期望不一致、后悔、沮丧、不满意、嫉妒、不持续使用意向、不持续使用行为 7 个潜在变量。其中，期望不一致的测量题项借鉴了 Xu F. 等[①]、Shen X. L. 等的研究；后悔、沮丧、不满意的测量题项分别改编自 Cao X. F. 等、Laumer S. 等、Zhang S. W. 等的研究；嫉妒的测量题项整合了 Wenninger H. 等[②]、Laumer S. 等的研究；不持续使用意向的测量题项参考了 Luqman A. 等、Nawaz M. A. 等、Zhang S. W. 等的研究；不持续使用行为的测量题项来源于 Turel O.[③] 的研究。

为了保证问卷中的测量题项能很好地反映潜在变量所需测量的内容，在正式大规模调查前，本章邀请经验丰富的社交媒体用户和 IS 用户行为领域专家进行预测试，请求他们对测量题项的表述进行评判，并勾选出"较难理解、表述模糊、区分度不明显"等测量题项[④]。依据反馈意见进行问卷修订，对部分测量题项进行更新、增加或删除。由于已有研究中潜在变量的测量题项为英文，本量表设计时经过专家翻译成中文，修订后又再次翻译成英文进行比较并修订，最终生成了社交媒体用户不持续使用行为模型中潜在变量的测量量表，如表 1 – 1 所示。所有题项均采用李克特 5 级量表（1 = 非常不同意，2 = 不同意，3 = 一般，4 = 同意，5 = 非常同意）。

---

① Xu F. , Tian M. , Xu G. H. , et al. , "Understanding Chinese Users' Switching Behaviour of Cloud Storage Services", *The Electronic Library*, Vol. 35, No. 2, 2017, pp. 214 –232.

② Wenninger H. , Cheung C. M. K. , Krasnova H. , "College-Aged Users Behavioral Strategies to Reduce Envy on Social Networking Sites: A Cross-Cultural Investigation", *Computers in Human Behavior*, Vol. 97, August 2019, pp. 10 –23.

③ Turel O. , "Quitting the Use of a Habituated Hedonic Information System: A Theoretical Model and Empirical Examination of Facebook Users", *European Journal of Information Systems*, Vol. 24, No. 4, 2015, pp. 431 –446.

④ 王晰巍、贾若男、王雷等：《社交媒体用户转移行为影响因素模型及实证研究》，《图书情报工作》2018 年第 18 期。

表 1 - 1　　　　　　　　　　　**潜在变量及其测量题项**

潜在变量	题项编号	测量题项
期望不一致（ED）	ED1	使用社交媒体后的体验并不像预期的那么好
	ED2	社交媒体提供的服务水平并没有达到我的预期
	ED3	总的来说，我对使用社交媒体的大部分期望都没得到满足
后悔（Reg）	Reg1	我很内疚经常使用社交媒体
	Reg2	我后悔过度使用社交媒体
	Reg3	我应该少花点时间在社交媒体上
	Reg4	如果可以，我会少花点时间和精力在社交媒体上
沮丧（Fru）	Fru1	在社交媒体上的评论没有人回复，让我很沮丧
	Fru2	发布的内容没有得到别人认可，让我感到沮丧
	Fru3	使用社交媒体对我形成压力，让我容易感到沮丧
	Fru4	我在使用社交媒体时，有时会感到沮丧
不满意（DIS）	DIS1	我对自己使用社交媒体的总体体验感到不满意
	DIS2	我对自己使用社交媒体的总体体验感到不愉悦
	DIS3	我对自己使用社交媒体的总体体验感到不满足
	DIS4	我对自己使用社交媒体的总体体验感到不欣喜
嫉妒（Env）	Env1	当我在社交媒体上时，我发现自己嫉妒那些已经见识过更多世界的人
	Env2	当我在社交媒体上时，我发现自己嫉妒那些比我更成功的人
	Env3	当我在社交媒体上时，我发现自己嫉妒别人，因为他们比我更快乐
	Env4	当我在社交媒体上时，我感觉我许多朋友的生活比我好
	Env5	当我在社交媒体上时，我感觉生活是不公平的
	Env6	当我在社交媒体上时，我发现自己嫉妒那些比我更受欢迎的人
不持续使用意向（DI）	DI1	未来我使用社交媒体的次数会比现在少很多
	DI2	我将暂时停止使用社交媒体
	DI3	我将控制自己在社交媒体上花费的时间
	DI4	如果可以，我将放弃使用社交媒体
不持续使用行为（DB）	DB1	在过去的三个月，我使用社交媒体的时间在减少
	DB2	在过去的三个月，我每天使用社交媒体的频率相对以前在减少
	DB3	在过去的三个月，我停止了使用社交媒体
	DB4	在过去的三个月，我转向使用其他社交媒体

二　数据收集及描述性统计

参照已有文献，本章选择高校用户作为调查对象，高校用户所属专业多样，社交圈层领域丰富，他们的行为具有一定的代表性。因此，本章以高校社交媒体用户作为目标调查对象，通过"问卷星"平台（https：//www. wjx. cn/）制作网络问卷，借助微信、QQ 工具发放网络调查问卷。剔除所有问题项回答一致、填写时间过短的问卷①。历时两周共收集到541 份有效问卷，被调查对象的描述性统计结果如表 1 - 2 所示。

表 1 - 2   调查样本描述性统计

变量	题项	频次	百分比（%）
性别	男	277	51.2
	女	264	48.8
年龄	18 岁以下	4	0.7
	18—24 岁	290	53.6
	25—30 岁	123	22.7
	31—40 岁	101	18.7
	40 岁以上	23	4.3
学历	大专及以下	17	3.2
	本科	410	75.8
	硕士研究生	84	15.5
	博士研究生	30	5.5
使用社交媒体年限	1 年以下	2	0.4
	1—3 年（包括 3 年）	58	10.7
	4—6 年（包括 6 年）	219	40.5
	7 年及以上	262	48.4
每天使用社交媒体时间长度	1 小时以内	14	2.6
	1—2 小时（包括 2 小时）	127	23.5
	2—3 小时（包括 3 小时）	140	25.9
	3 小时以上	260	48.1
社交媒体中朋友的数量	100 人以下	107	19.8
	101—200 人	178	32.9
	201—300 人	110	20.3
	300 人以上	146	27.0

---

① 朱侯、张明鑫、路永和：《社交媒体用户隐私政策阅读意愿实证研究》，《情报学报》2018 年第 4 期。

541 个调查样本中，本章调查对象中具有本科及以上学历的占比 96.8%，30 岁以下用户群体规模占 77%，这符合 2018 年《中国社交媒体影响报告》中显示的"34 岁以下人群依然是市场主力人群"特征。男性、女性用户分别占比 51.2%、48.8%，符合 CNNIC 发布的《2016 年中国社交应用用户行为研究报告》[①] 中的"中国社交应用用户中男女比例趋近一致"特征。使用社交媒体年限主要集中在 4 年及以上，占比 88.9%，可见本次调查对象具有丰富的社交媒体使用经验。另外，每天使用社交媒体时间长度为 2 小时及以上的用户占比 74%，可见长时间使用社交媒体现象可能普遍存在。由此可推断出，受调查对象的社交媒体使用经验丰富、用户年龄符合社交媒体市场主力人群年龄分布特征，因此调查样本选择具有代表性。

三 共同方法偏差与无反应偏差检验

为了避免在横截面调查中收集到的自我报告式数据可能存在共同方法偏差，借鉴 Podsakoff P. M. 等[②]的方法，采用 Harman 单因子方法检验调研数据是否存在共同方法偏差。在未旋转时，共抽取 6 个主成分，对总方差的解释为 69.645%。其中，第一个主成分解释了 30.289% 的总方差，低于 50%。因此，不存在一个主成分解释大部分方差的现象。可见，本章收集到的调查数据未发现存在共同方法偏差威胁。

根据 Armstrong J. S. 等[③]提出的方法，本章将所有潜在变量最早与最后收集被调查对象的问卷数据进行无反应偏差检验。应用独立样本 T 检验分析最早收集的 25% 与最后收集的 25% 数据在所有测量题项中是否存在显著差异[④]。结果显示，两组样本在 29 个题项上显著性检验得到的 P

---

① 中国互联网信息中心（CNNIC）：2016 年中国社交应用用户行为研究报告，http://www.cnnic.net.cn/hlwfzyj/hlwxzbg/sqbg/201712/t20171227_70118.htm，2019 年 5 月 3 日。

② Podsakoff P. M., Organ D. W., "Self-Reports in Organizational Research: Problems and Prospects", *Journal of Management*, Vol. 12, No. 4, 1986, pp. 531 – 544.

③ Armstrong J. S., Overton T. S., "Estimating Nonresponse Bias in Mail Surveys", *Journal of Marketing Research*, Vol. 14, No. 3, 1977, pp. 396 – 402.

④ 曹忠鹏、赵晓煜、代祺：《SSTs 情境下顾客技术准备的结果模型》，《管理评论》2011 年第 11 期。

值介于 0.306（Fru1）与 0.964（DB3）之间，均大于 0.05。因此，本章先后收集的调查数据无反应偏差问题不明显。

第六节　数据分析

一　测量模型分析

偏最小二乘结构方程模型（PLS-SEM）方法对有效问卷数据的正态分布的限制较少，且在探索性研究、预测分析方面具有优势，因此选择PLS-SEM 方法[①]。运用 Smart PLS 3 软件进行调查问卷的信度、收敛效度、共线性与区别效度分析，结果如表 1 - 3 所示。

表 1 - 3　　　　　　　　信度、收敛效度、共线性分析结果

潜在变量	测量题项	标准因子载荷量	T 统计量	VIF	Cronbach's α	CR	AVE
不持续使用 意向（DI）	DI1	0.804	42.960	1.299	0.792	0.865	0.616
	DI2	0.813	46.441				
	DI3	0.729	29.086				
	DI4	0.791	36.467				
不持续使用 行为（DB）	DB1	0.884	80.500	1.272	0.831	0.888	0.666
	DB2	0.878	72.681				
	DB3	0.769	38.339				
	DB4	0.720	24.033				
不满意（DIS）	DIS1	0.876	61.438	1.437	0.931	0.951	0.829
	DIS2	0.924	107.526				
	DIS3	0.920	88.802				
	DIS4	0.920	87.668				

---

① Hair J. F., Risher J. J., Sarstedt M., et al., "When to Use and How to Report the Results of PLS-SEM", *European Business Review*, Vol. 31, No. 1, January 2019, pp. 2 - 24.

续表

潜在变量	测量题项	标准因子载荷量	T统计量	VIF	Cronbach's α	CR	AVE
后悔（Reg）	Reg1	0.806	48.193	1.127	0.872	0.913	0.723
	Reg2	0.853	54.730				
	Reg3	0.895	75.675				
	Reg4	0.844	51.953				
嫉妒（Env）	Env1	0.881	66.181	1.138	0.928	0.944	0.737
	Env2	0.896	74.342				
	Env3	0.896	85.835				
	Env4	0.776	31.761				
	Env5	0.809	40.625				
	Env6	0.888	76.910				
期望不一致（ED）	ED1	0.853	48.617	1.201	0.789	0.877	0.703
	ED2	0.859	49.028				
	ED3	0.803	30.297				
沮丧（Fru）	Fru1	0.842	42.996	1.066	0.861	0.904	0.701
	Fru2	0.823	36.086				
	Fru3	0.875	78.728				
	Fru4	0.808	46.888				

（1）信度：需要满足克朗巴哈系数（Cronbach's α）值、组合信度（Composite Reliability，CR）值大于0.7的要求[①]。表1-3中数据显示，所有变量中最低Cronbach's α为0.789，最低的组合信度为0.865，表明本章测量量表具有较高的信度，量表的内部一致性较好。

（2）收敛效度：需要同时满足两个条件：其一，测量题项的标准化因子载荷系数大于0.5且达到统计显著水平，每个潜在变量尽量满足3个测量题项；其二，每个潜在变量的平均方差抽取值（AVE）大于0.5。表1-3中数据显示，所有测量题项的标准因子载荷量均高于0.7，且P值均小于0.001；所有潜在变量的AVE值中最小的为0.616，超过0.5标准。因此，本章测量量表具有较高的收敛效度。

---

① Hair J. F., Ringle C. M., Sarstedt M., "PLS-SEM: Indeed a Silver Bullet", *Journal of Marketing Theory and Practice*, Vol. 19, No. 2, 2011, pp. 139-152.

（3）共线性：各潜在变量的方差膨胀因子（VIF）值应小于5。参考 Kock N. 等①基于方差的 SEM 方法中潜在变量共线性处理方法，进行本章中潜在变量的 VIF 检验，结果如表1-3所示。可以看出：本章中所有潜在变量的 VIF 值均小于5，说明潜在变量之间不存在多重共线性。

（4）区别效度：各个潜在变量之间具有较高区别效度的量表，需满足：所有潜在变量的 AVE 算术平方根均高于该变量与其他潜在变量之间的相关系数。结果如表1-4所示，可以看出：对角线上为各个潜在变量对应 AVE 值的平方根，最小值为0.785；位于对角线下半部分为各潜在变量与其他潜在变量之间的 Pearson 相关系数，最大值为0.605。因此，本章测量量表中各个潜在变量之间具有较高的区别效度。

表1-4　　　　　　　　　区别效度分析结果

	不持续使用意向	不持续使用行为	不满意	后悔	嫉妒	期望不一致	沮丧
不持续使用意向	0.785						
不持续使用行为	0.605	0.816					
不满意	0.407	0.271	0.910				
后悔	0.403	0.208	0.349	0.850			
嫉妒	0.218	0.117	0.431	0.298	0.859		
期望不一致	0.260	0.180	0.402	0.218	0.164	0.839	
沮丧	0.206	0.101	0.450	0.332	0.579	0.154	0.837

二　结构模型分析

（一）主路径分析

运用 Smart PLS 3 软件进行社交媒体用户不持续使用行为研究模型的

① Kock N., Lynn G. S., "Lateral Collinearity and Misleading Results in Variance-Based SEM: An Illustration and Recommendations", *Journal of the Association for Information Systems*, Vol. 13, No. 7, 2012, pp. 546 – 580.

结构模型分析，结果如图 1 - 2 所示。结构模型分析主要从三个方面进行评价[①]：标准化残差均方根（SRMR）、决定系数 R^2 值和路径系数的显著性水平。当 SRMR 值小于 0.08 时，表示估计模型的整体拟合度较好。本章研究模型的 SRMR 估计值为 0.064，符合模型适配度要求。

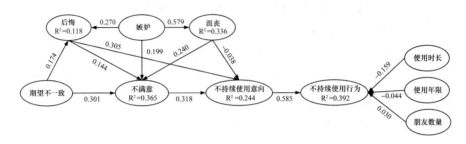

图 1 - 2　结构模型检验结果

由于预测导向的 PLS-SEM 主要用来解释内生潜在变量的方差，因此关键目标构念的 R^2 值应足够大。R^2 值主要用来解释内生潜在变量的方差，Hair J. F. 等指出消费者行为领域 R^2 值为 0.2 时就可以被认为足够大，本章中除后悔变量的 R^2 值为 0.118 外（高于 Falk R. F. 等[②]提出的 0.1 标准），其他内生潜在变量（嫉妒、沮丧、不满意、不持续使用意向、不持续使用行为）的方差解释率均超过 0.2 的阈值。

基于期望不一致理论与社会比较理论下的负面情绪对社交媒体用户不持续使用意向（$R^2 = 0.244$），不持续使用行为（$R^2 = 0.392$）的解释程度，均超过 Hair J. F. 等提出的消费者行为领域 R^2 值要求。可见，本章模型中情绪类变量能很好地解释不持续使用意向，不持续使用行为被不持续使用意向的解释程度较高。采用 5000 个子样本的 Bootstrap 抽样方法对结构模型路径系数的显著性进行了检验，结果如表 1 - 5 所示。

① Benitez J., Henseler J., Castillo A., et al., "How to Perform and Report an Impactful Analysis Using Partial Least Squares: Guidelines for Confirmatory and Explanatory IS Research", *Information & Management*, Vol. 57, No. 2, March 2020, p. 103168.

② Falk R. F., Miller N. B., *A Primer for Soft Modeling*, Ohio: University of Akron Press, 1992.

表 1 - 5　　　　　　　　　　路径分析结果

假设	路径	标准化路径系数	T 值	P 值	结论
H1a	期望不一致→不满意	0.301	6.801	0.000	支持
H1b	期望不一致→后悔	0.174	3.749	0.000	支持
H2	不满意→不持续使用意向	0.318	5.854	0.000	支持
H3	不持续使用意向→不持续使用行为	0.585	17.320	0.000	支持
H4	嫉妒→不满意	0.199	3.989	0.000	支持
H5a	嫉妒→沮丧	0.579	17.663	0.000	支持
H5b	沮丧→不满意	0.240	5.205	0.000	支持
H6a	嫉妒→后悔	0.270	5.858	0.000	支持
H6b	后悔→不满意	0.144	3.214	0.001	支持
H7a	后悔→不持续使用意向	0.305	6.159	0.000	支持
H7b	沮丧→不持续使用意向	- 0.038	0.801	0.423	不支持

注：T 值 > 2.58，P 值 < 0.01。

（1）期望不一致理论中变量间的作用：期望不一致（$\beta = 0.301$，$P < 0.01$）对社交媒体用户使用不满意具有显著正向影响，假设 H1a 成立。期望不一致（$\beta = 0.174$，$P < 0.01$）对社交媒体用户后悔具有显著正向影响，假设 H1b 成立。可见用户使用社交媒体后的实际绩效与使用前期望进行评价时所形成的差距越大，即期望不一致程度越大，用户产生不满意、后悔情绪越强。同时，不满意（$\beta = 0.318$，$P < 0.01$）对不持续使用意向有正向显著影响，假设 H2 成立。社交媒体用户不持续使用意向（$\beta = 0.585$，$P < 0.01$）对其不持续使用行为存在显著正向影响，假设 H3 成立，证实了 C. Maier 等的研究结论。由此可见，社交媒体用户不持续使用意向越强烈，其不持续使用社交媒体的可能性越大。

（2）社会比较理论中负面情绪变量的作用：1）嫉妒对不满意的直接影响。嫉妒（$\beta = 0.199$，$P < 0.01$）对社交媒体用户不满意情绪的出现具有显著正向影响，假设 H4 成立。用户在社交媒体上与其他用户外在比较而产生的嫉妒心理越强，其在使用社交媒体后更容易产生不满意

的负面情绪。2）嫉妒通过沮丧与后悔对不满意的间接影响。嫉妒（β = 0.579，P < 0.01）对社交媒体用户沮丧情绪的形成具有显著正向影响，假设 H5a 成立，与 Laumer S. 等、Wang H. Z. 等的研究结论一致。进一步，沮丧（β = 0.240，P < 0.01）对社交媒体用户使用不满意具有显著正向影响，假设 H5b 成立，与 Laumer S. 等的研究结论相吻合。由此可推断出，用户使用社交媒体后产生的沮丧情绪越激烈，其在使用社交媒体后形成不满意情绪越强。嫉妒（β = 0.270，P < 0.01）对社交媒体用户后悔情绪的产生具有显著正向影响，假设 H6a 成立。后悔（β = 0.144，P < 0.01）对社交媒体用户使用不满意具有显著正向影响，假设 H6b 成立，这与 Cao X. F. 等、Nawaz M. A. 等的研究结论一致。3）沮丧、后悔对不持续使用意向的影响。后悔（β = 0.305，P < 0.01）对社交媒体用户不持续使用意向有正向影响，H7a 得到验证；可见，用户使用社交媒体后产生的后悔情绪越大，其对社交媒体不持续使用意向越强。而沮丧（β = −0.038，P > 0.05）对社交媒体用户不持续使用意向的负向影响 H7b 并没有得到验证。进一步的中介分析表明，不满意完全中介了沮丧对不持续使用意向的影响。由此可见，沮丧这个负面情绪并非直接对不持续使用意向产生影响，而是通过不满意的间接作用产生正向影响。

（二）后悔、沮丧、不满意的中介作用分析

依据"认知—情感—行为意向"框架，用户在使用社交媒体后形成的认知，会影响用户对社交媒体的情绪反应，进而影响用户的行为变化。因此，本章认为负面情绪可能对社交媒体用户不满意、不持续使用意向的影响起中介作用，需要进一步验证后悔、沮丧、不满意变量的中介作用，主要包括：（1）分析后悔在期望不一致与不满意、嫉妒与不满意，沮丧在嫉妒与不满意之间关系中的中介作用。（2）分析社会比较理论下负面情绪通过不满意中介作用对不持续使用意向的影响。参考 Liu Z. L. 等[①]的中介效应作用评判依据，采用置信区间法作为中介效应的统计检

---

① Liu Z. L. , Wang X. Q. , Min Q. F. , et al. , "The Effect of Role Conflict on Self-Disclosure in Social Network Sites: An Integrated Perspective of Boundary Regulation and Dual Process Model", *Information Systems Journal*, Vol. 29, No. 2, March 2019, pp. 279 − 316.

验方法[①]，在 SPSS 24 软件中进行中介效应分析，将 Bootstrap 样本设置为 5000，Bias-corrected 设置为 95% 置信区间，分析结果如表 1 - 6 所示。

表 1 - 6　　　　　　　　　中介效应检验结果

IV	M	DV	IV + M→DV					Bootstrap 分析			中介作用
			IV→DV	IV→M	IV	M	中介效应	Bias-Corrected			
									Lower	Upper	
ED	Reg	Dis	0. 324 ***	0. 160 ***	0. 301 ***	0. 144 ***	0. 023	0. 006	0. 050	部分中介
Env	Reg	Dis	0. 220 ***	0. 142 ***	0. 199 ***	0. 144 ***	0. 020	0. 005	0. 049	部分中介
Env	Fru	Dis	0. 325 ***	0. 524 ***	0. 199 ***	0. 240 ***	0. 126	0. 076	0. 182	部分中介
Reg	Dis	DI	0. 376 ***	0. 224 ***	0. 305 ***	0. 318 ***	0. 071	0. 032	0. 122	部分中介
Fru	Dis	DI	0. 206 ***	0. 450 ***	0. 028 ns	0. 394 ***	0. 177	0. 113	0. 251	完全中介
Env	Dis	DI	0. 218 ***	0. 431 ***	0. 053 ns	0. 384 ***	0. 166	0. 098	0. 241	完全中介

注1：*** 代表 $P < 0.001$，ns 代表不显著；IV、M、DV 分别代表自变量、中介变量、因变量。

2：ED、Reg、Dis、Env、Fru、DI 分别代表期望不一致、后悔、不满意、嫉妒、沮丧、不持续使用意向。

从表 1 - 6 中可以看出：（1）后悔在期望不一致与不满意、嫉妒与不满意之间均起部分中介作用，沮丧在嫉妒与不满意之间起部分中介作用，即期望不一致→后悔→不满意，嫉妒→后悔→不满意，嫉妒→沮丧→不满意 3 条路径均得到确认。（2）不满意在后悔与不持续使用意向之间起部分中介作用，不满意分别在沮丧、嫉妒与不持续使用意向之间起完全中介作用，即后悔→不满意→不持续使用意向，沮丧→不满意→不持续使用意向，嫉妒→不满意→不持续使用意向 3 条路径均得到证实。

---

① Zhao X. S., Lynch J., Chen Q. M., "Reconsidering Baron and Kenny：Myths and Truths about Mediation Analysis", *Journal of Consumer Research*, Vol. 37, No. 2, August 2010, pp. 197 - 206.

进一步说明了用户对社交媒体使用后的期望不一致，即会直接引起使用不满意，也会通过后悔的部分中介作用间接影响使用不满意；同时，社交媒体上的社会比较容易让用户产生嫉妒情绪，这种情绪的产生给用户带来的不仅是直接使用社交媒体的不满意，也会衍生出后悔和沮丧情绪，进而通过这些情绪的部分中介作用间接影响不满意。期望不一致理论中负面情绪变量（不满意）在社会比较理论下的负面情绪变量（后悔、沮丧、嫉妒）对不持续使用意向的影响中发挥着中介作用。中介作用的结果进一步验证了负面情绪变量在社交媒体用户不持续使用过程中扮演着重要角色。

（三）控制变量的干扰作用分析

加入控制变量（社交媒体中朋友的数量、社交媒体使用年限、每天使用社交媒体时间长度）之前结构模型对不持续使用行为的解释率 R^2 为 0.366，考虑控制变量的影响后 R^2 增加至 0.392，说明控制变量的干扰作用较小。社交媒体使用年限（$\beta = -0.044$，$P = 0.225$）对不持续使用行为的负向控制作用不显著；社交媒体中朋友的数量（$\beta = 0.03$，$P = 0.375$）对不持续使用行为的正向控制作用不显著。Luqman A. 等的研究显示：社交媒体使用年限、社交媒体中朋友的数量对社交媒体用户不持续使用意向均不具有显著影响，这一结论与本章基本吻合。每天使用社交媒体时间长度（$\beta = -0.159$，$P < 0.01$）对不持续使用行为的负向干扰作用显著。而 Luqman A. 等研究发现：每天使用社交媒体时间长度对用户不持续使用意向无显著影响，与本章结论存在差异的可能原因是：Luqman A. 等分析了每天使用社交媒体时间长度对不持续使用意向的影响，而本章揭示的是对不持续使用行为的影响，使用意向转化为实际行为尚有其他复杂因素的影响。

第七节　结论与讨论

一　结论

基于认知情绪理论的"认知—情感—行为意向"模型框架，通过期望不一致理论与社会比较理论下的负面情绪（嫉妒、后悔、沮丧）将认知、情感、行为意向三个核心部分细化出具体变量，以期望不一致为认知变量，不满意、后悔、嫉妒、沮丧为情绪变量，不持续使用意向和行为为行为意向变量，构建社交媒体用户不持续使用行为研究模型。采用网络问卷调查方式获取模型验证所需的数据，运用偏最小二乘结构方程模型（PLS-SEM）方法进行研究模型中假设检验，得到以下研究结论：（1）从认知（App 使用）的期望不一致视角来看，期望不一致会引起用户使用社交媒体后产生不满意，不满意是用户形成不持续使用意向的主要因素，进而影响社交媒体用户产生不持续使用行为。（2）从情绪（负面情绪）的社交比较视角来看，用户在社交媒体中的社会比较产生的嫉妒会引发沮丧、后悔等负面情绪。（3）在 C-A-C 框架下，两个视角共同从认知与情绪两方面，互补地解释了社交媒体用户不持续使用行为。具体而言，情绪视角的嫉妒、后悔、沮丧会引起社交媒体用户使用不满意，进而影响不持续使用意向；后悔对不持续使用意向的直接影响显著，而沮丧对不持续使用意向的直接影响不显著。同时，认知视角的期望不一致显著影响社交媒体用户后悔情绪。（4）两个视角的交互作用表明，用户使用社交媒体所产生的负面情绪（后悔、沮丧、嫉妒）均会通过不满意的中介作用间接影响不持续使用意向。用户使用社交媒体后形成的期望不一致、嫉妒均会通过后悔的中介作用间接影响社交媒体使用不满意。用户在社交媒体上因社会比较产生的嫉妒情绪会通过沮丧的中介作用间接影响社交媒体使用不满意。（5）社交媒体使用年限、社交媒体上朋友的数量对社交媒体用户不持续使用行为不具有显著影响，而每天使用社交媒体时间长度的影响显著。

二　讨论

（一）理论贡献

已有研究鲜见关注社交媒体上社会比较产生的负面情绪对用户不持续使用意向的影响，而本章对此进行了补充与拓展，相对已有研究具有创新性。具体表现在：

（1）本章采用认知情绪理论的"认知—情感—行为意向"框架，基于期望不一致理论、社会比较理论对认知、情感、行为意向三类因素进行了细化，使之适合于社交媒体用户不持续使用行为研究。深入分析了期望不一致的认知对负面情绪变量（不满意、后悔）的影响，重点探讨了负面情绪变量（嫉妒对后悔、沮丧、不满意）之间的内在作用机制，揭示了负面情绪（沮丧、后悔、不满意）对用户不持续使用意向的直接影响。探讨了不满意在嫉妒、后悔、沮丧对不持续使用意向影响中的中介作用，沮丧、后悔在嫉妒对不满意影响中的中介作用，后悔在期望不一致对不满意影响中的中介作用。

（2）本章将不持续使用行为设置为研究终点拓展了已有研究，基于认知情绪理论的"认知—情感—行为意向"框架，将期望不一致理论与社会比较理论下的负面情绪视角（嫉妒、沮丧、后悔）进行了整合，构建的社交媒体用户不持续使用行为研究模型具有一定的新颖性。该模型沿袭了期望不一致理论中"期望不一致→不满意→不持续使用"逻辑思路，基于社会比较理论中负面情绪视角，即引入嫉妒、后悔、沮丧三个变量，来解释社交媒体中负面情绪对用户不持续使用意向的作用机制，不仅丰富了期望不一致理论，拓展了 IS 不持续使用研究的理论视角，而且更好地解释了社交媒体用户不持续使用行为现象。

（二）管理启示

本章主要基于中国社交媒体用户进行调查，所得研究结论对中国社交媒体服务提供商和终端用户更具现实意义。

（1）对社交媒体用户而言，应理性看待社交媒体带来的双刃剑作用，避免设置过高的期望，降低负向期望不一致引发社交媒体使用后悔、不满意情绪产生的概率。如正确认识社交媒体在日常生活中沟通、信息获取等需求方面的辅助作用，理性看待社交媒体上发布信息的质量、社交媒体的系统质量及其服务质量，降低使用预期，避免这些负面情绪的产生。应理智对待朋友在社交媒体上发布出来的各种信息，减少与社交媒体上朋友之间的非理性比较，避免因盲目攀比滋生嫉妒情绪，继而引起沮丧、不满意、后悔情绪的出现。

（2）对社交媒体服务商而言，需要深入调研用户对使用社交媒体的期望，优化服务结构，尽可能满足用户使用期望，增加用户使用满意度，避免用户使用后出现后悔情绪。为用户减少外在不必要的信息干扰，有效避免用户与其他用户之间非理性外部比较所形成的嫉妒心理而引起沮丧、不满意、后悔负面情绪的产生，如可以通过增强社交媒体上内容智能识别功能，为用户提供个性化定制内容接收服务；对不持续使用的用户群体应予以重点关注，剖析其从使用转向不持续使用的潜在原因，从而把握用户使用期望的诉求，弱化因攀比引起的嫉妒以降低不适，帮助不持续使用的用户群体理性回归。此外，还可以为用户提供每天连续使用社交媒体时长的提醒，继而帮助用户减少因沟通过载出现的后悔经历。

（三）研究局限与展望

本章存在一定的局限性：首先，影响社交媒体用户不持续使用意向的负面情绪因素很多，未来需要结合质性研究方法进一步探索其他情绪变量。其次，基于青年用户群体调查所得的研究结论是否适合面向老年人用户群体有待进一步验证。最后，如何促使用户从不持续使用转向继续使用研究也是未来值得关注的方向。

第二章

社交媒体使用从成瘾向不持续使用的
行为转变：基于自我差异理论的解释

第一节　引言

社交媒体已成为人们日常生活中不可或缺的部分，社交媒体带来的技术刺激不断提升着用户的需求阈值，越来越多的用户出现了社交媒体问题性使用，甚至社交媒体成瘾现象。一方面，部分社交媒体用户倾向于忽视成瘾性使用的危害，仍然沉迷社交媒体，陷入了需求无限放大的恶性循环[①]。另一方面，对社交媒体的过度沉溺使得大量负面效应显现，影响用户的身心健康及正常生活秩序。考虑到社交媒体成瘾可能导致的消极症状及冲突，理性的用户会采取不持续使用社交媒体策略来缓解社交媒体成瘾[②]。凯度发布的《2018—2019 中国社交媒体影响研究报告》[③]显示，社交媒体的过度使用导致用户产生视力下降、睡眠不足等健康问题，为了减少这些负面影响，更多的用户选择采取在特定场合、时间不使用社交媒体，关闭社交媒体消息推送等措施。可见，社交媒体成瘾作

---

① Vaghefi I., Qahri-Saremi H., "From IT Addiction to Discontinued Use: A Cognitive Dissonance Perspective", *Hawaii International Conference on System Sciences（HICSS）2017 Proceedings*, Big Island, Hawaii, USA, January 4 – 7, 2017.

② Turel O., "Quitting the Use of A Habituated Hedonic Information System: A Theoretical Model and Empirical Examination of Facebook Users", *European Journal of Information Systems*, Vol. 24, No. 4, 2015, pp. 431 – 446.

③ 凯度：《2018—2019 中国社交媒体影响研究报告》，https：//www.doc88.com/p-112 73346848455. html。

为一种病态的 IT 使用①。因此，在成瘾的负面效应影响下，用户对社交媒体使用行为进行自我反思及理性调整，逐步形成社交媒体不持续使用意愿，如暂时或永久地减少使用、停止使用，或转移使用其他替代性社交媒体②。根据信息系统（IS）生命周期三个阶段，即采纳、使用、终止，成瘾、不持续使用分别作为使用、终止两个不同阶段的典型行为特征③。目前，鲜有研究关注到社交媒体用户从成瘾到不持续使用的行为转变。因此，本章旨在揭示社交媒体成瘾与用户不持续使用意愿间的内在关联，以期为把握社交媒体使用从成瘾向不持续使用的行为转变机制提供理论参考。

　　社交媒体成瘾，也可以称为问题使用、强迫使用或过度使用，是一种非适应社交媒体使用的现象，指的是个体对社交媒体的非适应心理依赖，以至于出现行为成瘾症状，反映个体过度关注社交媒体，有强烈的动机，并投入大量时间和精力使用社交媒体，以至于个体的社交活动、人际关系、学习/工作或健康和幸福感受到损害④。社交媒体成瘾带来的影响涉及用户的认知、情感、行为方面：（1）在认知方面，SNS 成瘾会引起用户的认知失调⑤。（2）在情感方面，社交媒体成瘾通常会引起用户的焦虑和抑郁等负面情绪，如 Facebook 成瘾会造成用户的社交焦虑和抑郁⑥，

① Maier C. , "Overcoming Pathological IT Use: How and Why IT Addicts Terminate Their Use of Games and Social Media", *International Journal of Information Management*, Vol. 51, April 2020, p. 102053.

② Zhang S. W. , Zhao L. , Lu Y. B. , et al. , "Do You Get Tired of Socializing? An Empirical Explanation of Discontinuous Usage Behaviour in Social Network Services", *Information & Management*, Vol. 53, No. 7, 2016, pp. 904 – 914.

③ Vaghefi I. , Qahri-Saremi H. , Turel O. , "Dealing with Social Networking Site Addiction: A Cognitive-Affective Model of Discontinuance Decisions", *Internet Research*, Vol. 30, No. 5, 2020, pp. 1427 – 1453.

④ Sun Y. L. , Zhang Y. , "A Review of Theories and Models Applied in Studies of Social Media Addiction and Implications for Future Research", *Addictive Behaviors*, Vol. 114, March 2021, p. 106699.

⑤ Vaghefi I. , "Sustaining Abstinence from Social Media: Results from a Seven-Day Facebook Break: Social Media Abstinence", *International Academic Mindtrek Conference 2021 Proceedings*, Tampere, Finland, June 1 – 3, 2021.

⑥ Foroughi B. , Iranmanesh M. , Nikbin D. , et al. , "Are Depression and Social Anxiety the Missing Link between Facebook Addiction and Life Satisfaction? The Interactive Effect of Needs and Self-Regulation", *Telematics and Informatics*, Vol. 43, October 2019, pp. 101 – 247.

强迫性 SNS 使用不仅会引起用户 SNS 倦怠，还会通过倦怠引起焦虑与抑郁[1]，强迫性微信使用会使用户产生社交媒体倦怠，进一步会引起用户情绪压力、社交焦虑[2]。然而，社交焦虑和抑郁作为成瘾使用带来的两种典型负面情绪，鲜有研究揭示二者之间的转化机制。（3）在行为方面，作为社交媒体成瘾的一种纠正行为[3]，不持续使用行为逐渐受到学界的关注。有研究将过度使用作为环境刺激或压力源，探讨了其对用户不持续使用意愿的间接影响机理，如 Luqman A. 等[4][5]、Masood A. 等[6]；也有研究将不持续使用作为成瘾的直接后果变量进行探讨，如 SNS 成瘾和 SNS 减少使用意愿之间存在一种 U 形曲线关系，SNS 成瘾对不持续使用意愿的正向影响不显著[7]；也有研究将不持续使用作为成瘾的间接后果进行分析，如 SNS 成瘾通过自我效能与内疚感的中介作用间接影响不持续使用意愿，SNS 成瘾通过认知失调、自我效能、内疚的共同作用使用户产生不持续使用意愿，社交媒体成瘾通过认知失调、积极情感、消极情感间接影响社交媒体戒断行为。然而，鲜有研究关注到社交焦虑和

---

① Dhir A. , Yossatorn Y. , Kaur P. , et al. , "Online Social Media Fatigue and Psychological Wellbeing-A Study of Compulsive Use, Fear of Missing out, Fatigue, Anxiety and Depression", *International Journal of Information Management*, Vol. 40, June 2018, pp. 141 – 152.

② Pang H. , "How Compulsive Wechat Use and Information Overload Affect Social Media Fatigue and Well-Being during the COVID – 19 Pandemic? A Stressor-Strain-Outcome Perspective", *Telematics and Informatics*, Vol. 64, November 2021, p. 101690.

③ Osatuyi B. , Turel O. , "Conceptualisation and Validation of System Use Reduction as a Self-Regulatory IS Use Behaviour", *European Journal of Information Systems*, Vol. 29, No. 1, January 2020, pp. 44 – 64.

④ Luqman A. , Cao X. F. , Ali A. , et al. , "Empirical Investigation of Facebook Discontinues Usage Intentions Based on S-O-R Paradigm", *Computers in Human Behavior*, Vol. 70, May 2017, pp. 544 – 555.

⑤ Luqman A. , Masood A. , Weng Q. D. , et al. , "Linking Excessive SNS Use, Technological Friction, Strain, and Discontinuance: The Moderating Role of Guilt", *Information Systems Management*, Vol. 37, No. 2, February 2020, pp. 94 – 112.

⑥ Masood A. , Feng Y. , Rasheed M. R. , et al. , "Smartphone-Based Social Networking Sites and Intention to Quit: Self-Regulatory Perspective", *Behaviour & Information Technology*, Vol. 40, No. 11, 2021, pp. 1055 – 1071.

⑦ Maier C. , Laumer S. , Weitzel T. , "Although I am Stressed, I Still Use IT! Theorizing the Decisive Impact of Strain and Addiction of Social Network Site Users in Post-Acceptance Theory", *International Conference on Information Systems (ICIS) 2013 Proceedings*, Milan, Italy, December 15 – 18, 2013.

抑郁对不持续使用意愿的影响①。

已有研究就社交媒体成瘾如何向不持续使用的行为转变进行了初步探索，但仍有值得继续深入探究的空间。（1）在研究内容上，社交媒体成瘾是否会直接影响用户产生不持续使用意愿，以及社交焦虑与抑郁间的影响效应均有待进一步检验；反映个体行动力差异的自我效能变量是否会调节社交媒体成瘾下用户的社交焦虑、抑郁与不持续使用意愿的关系也有待验证。（2）在研究方法上，已有研究仅探讨社交媒体成瘾对不持续使用意愿的"净效应"，忽略了社交媒体成瘾及其触发用户的负面情绪（社交焦虑、抑郁）对不持续使用意愿影响的联动效应。用户不持续使用意愿的形成源于多个前因因素的相互作用，单一定量研究方法——结构方程模型（SEM）无法阐明社交媒体成瘾下用户不持续使用产生的复杂因果关系。因此，需要在 SEM 方法的基础上引入模糊集定性比较分析（fsQCA）方法，从组态视角进行不持续使用意愿前因变量的构型分析。

综上所述，本章旨在深入理解社交媒体成瘾者是如何从成瘾向不持续使用的行为转变，试图回答以下问题：（1）社交媒体成瘾是否会转变为不持续使用，哪些因素会影响这一行为转变？（2）自我效能如何调节社交焦虑、抑郁与不持续使用意愿间的关系？（3）社交媒体成瘾如何与社交焦虑、抑郁共同影响不持续使用意愿？为回答上述问题，本章基于自我差异理论，以社交媒体成瘾为自变量、不持续使用意愿为因变量，引入中介变量（社交焦虑、抑郁）、调节变量（自我效能），构建一个有调节的中介模型，运用偏最小二乘结构方程模型（PLS-SEM）与模糊集定性比较分析（fsQCA）的组合方法，揭示社交媒体使用从成瘾向不持续使用的行为转变机制。

第二节　自我差异理论

自我差异理论是一种印象管理理论，它认为社交过程中的负面情绪

产生于不同类型自我状态表征的差异。其将自我状态表征分为他人、自我两种自我观点立场以及现实自我、应该自我、理想自我三种自我领域[①]，而自我差异来源于不同自我立场、领域间的自我表现冲突。自我差异不同类型映射了不同类型的消极心理情境，与特定的情绪问题密切关联。基于自我差异理论框架现实自我与理想自我差异产生的消极心理情境，通常会导致沮丧类情绪，主要涉及抑郁、失望、挫折感等；而现实自我与应该自我差异所产生的消极心理情境，则会导致焦虑类情绪[②]。

由自我差异产生的抑郁与焦虑两类情绪分类得到了众多研究的认可并用于解释自我差异导致的消极情绪如何影响个体行为。例如，在心理学领域，Gürcan-Yıldırım D. 等[③]研究了情绪管理如何干预自我差异所产生的抑郁与焦虑两种情绪；在信息系统领域，Liu X. D. 等基于自我差异理论揭示了社交网络多样性如何影响用户对社交网络服务的潜水意愿，将社交网络使用归纳出两种自我差异，即现实自我与应该自我、现实自我与理想自我，指出现实自我与应该自我差异是由于对预期的处罚或他人的负面反应的担忧会产生的社交焦虑；而现实自我与理想自我差异则会导致 SNS 用户失望情绪，由于其前因变量探讨的是角色冲突和角色过载，因此选取了失望作为不良心理反应进行论证。与此同时，潜水意愿与不持续使用意愿同样是对社交媒体消极使用的表现，其基于自我差异理论的模型构建与假设检验，为社交媒体用户不持续使用行为领域自我差异理论的适用性提供了参考。

---

① Higgins E. T. , "Self-Discrepancy: A Theory Relating Self and Affect", *Psychological Review*, Vol. 94, No. 3, 1987, pp. 319 – 340.

② Mason T. B. , Smith K. E. , Engwall A. , et al. , "Self-Discrepancy Theory as A Transdiagnostic Framework: A Meta-Analysis of Self-Discrepancy and Psychopathology", *Psychological Bulletin*, Vol. 145, No. 4, 2019, pp. 372 – 389. Liu X. D. , Min Q. F. , Wu D. Z. , et al. , "How does Social Network Diversity Affect Users' Lurking Intention toward Social Network Services? A Role Perspective", *Information & Management*, Vol. 57, No. 7, November 2020, pp. 103 – 258. 杨荣华、陈中永：《自我差异研究述评》，《心理科学》2008 年第 2 期。

③ Gürcan-Yıldırım D. , Gençöz T. , "The Association of Self-Discrepancy With Depression and Anxiety: Moderator Roles of Emotion Regulation and Resilience", *Current Psychology*, Vol. 41, April 2022, pp. 1821 – 1834.

　　本章聚焦于社交媒体使用从成瘾向不持续使用的行为转变，认为社交焦虑和抑郁作为用户在社交媒体上两种自我差异的结果，两种负面情绪最终影响用户不持续使用的行为转变。现有诸多实证研究对社交媒体成瘾问题进行了探讨，结果表明焦虑情绪，尤其是社交焦虑，常常被认为与抑郁有较高共病率，并且社交焦虑在大部分情况下会先于抑郁出现。吴晓薇等[①]在研究中指出大学生的社交焦虑不仅能够直接影响个体抑郁，而且能够通过情绪调节自我效能感的中介效应对个体抑郁产生间接影响。侯娟等[②]研究发现，手机成瘾、社交焦虑和抑郁两两存在正相关；手机成瘾者更容易导致抑郁，而且社交焦虑对手机成瘾与抑郁之间的关系存在完全中介作用。Foroughi B. 研究发现，Facebook 成瘾与社交焦虑、抑郁密切关联，具有显著正向影响。以往的研究表明成瘾状况下，社交焦虑与抑郁症有较高的共病率，是用户成瘾性使用易导致的负面后果。

　　自我差异理论为深入理解社交媒体对话及用户交互过程中的自我差异感知与消极情绪的关联提供了解释框架。具体而言，对于社交媒体用户来说，三种不同自我状态表征存在差异。现实自我是指个体或他人认为个体实际具有的属性表征，用户通过在社交媒体上与他人交互来进一步了解自我，理解个体的信念、偏好等，是个体追寻现实自我的表现。应该自我是指个体或他人认为个体应该具备的属性表征，人们在社交媒体的各种社交圈层中，遵循着各种社交媒体交互准则或规范，并据此评价自己的行为与表现，这突出的是应该自我的状态。理想自我是指个体或他人认为个体应具备的理想属性表征。当个体使用社交媒体时，会希望展现出更好的自己，进行印象管理。例如，在社交媒体上突出个体的责任感，展现积极的生活态度等被期待的属性，有意识的调节和控制他人对自己所呈现印象的感知，突出理想自我。自我差异理论的三种自我状态表征类型，形成了两种维度的自我差异，即现实自我与应该自我、

---

　　① 吴晓薇、黄玲、何晓琴：《大学生社交焦虑与攻击、抑郁：情绪调节自我效能感的中介作用》，《中国临床心理学杂志》2015 年第 5 期。
　　② 侯娟、朱英格、方晓义：《手机成瘾与抑郁：社交焦虑和负性情绪信息注意偏向的多重中介作用》，《心理学报》2021 年第 4 期。

现实自我与理想自我，不同的自我差异类型对应了不同的负面情绪①。对于社交媒体用户而言，当现实自我与应该自我存在差异时，即用户的实际行为或表现与个体或其他用户期待个体应该达到状态存在较大差异时，个体会处于紧张、焦虑的状态，担心自我差异的负面效应出现；而当现实自我与理想自我存在差异时，即个体实际行为或表现与自己或他人期待的理想状态存在较大差异时，个体因无法达到理想状态，而容易产生失望、抑郁的情绪②。当社交媒体成瘾的用户持续处在社交媒体环境中，用户现实自我与应该自我、理想自我的差距会加剧。因此，社交焦虑、抑郁是社交媒体用户问题性使用过程的典型情感反应，是社交媒体成瘾触发用户两种直观的负面情绪。

因此，本章将自我差异理论作为构建社交媒体用户不持续使用意愿研究模型的理论基础，将社交焦虑、抑郁视为自我差异在社交媒体成瘾下用户的负面情绪反应结果。社交焦虑和抑郁作为用户在社交媒体上两种自我差异的结果，是解释用户社交媒体使用从成瘾向不持续使用行为转变的关键中介变量。

第三节　研究模型与假设

一　研究模型

基于自我差异理论，本章构建了社交媒体成瘾下用户不持续使用意愿研究模型，如图 2 – 1 所示。具体而言，社交媒体成瘾不仅会通过触发用户社交焦虑、抑郁两种负面情绪的间接作用影响用户不持续使用意愿，而且会直接影响用户产生不持续使用意愿。社交焦虑会转化为抑郁，而自我效能可能对调节社交焦虑、抑郁与不持续使用意愿间的关系存在调节效应。

---

① Watson N. , Bryan B. C. , Thrash T. M. , "Self-Discrepancy: Comparisons of the Psychometric Properties of Three Instruments", *Psychological Assessment*, Vol. 22, No. 4, 2010, pp. 878 – 892.

② Strauman T. J. , Higgins E. T. , "Self-Discrepancies as Predictors of Vulnerability to Distinct Syndromes of Chronic Emotional Distress", *Journal of Personality*, Vol. 56, No. 4, December 1988, pp. 685 – 707.

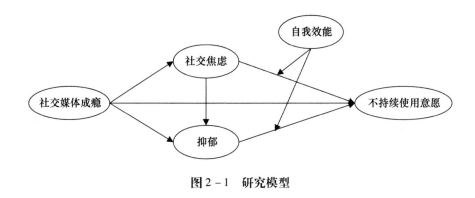

图 2 - 1　研究模型

二　研究假设

社交焦虑和抑郁作为社交媒体用户典型的负面情绪后果，通常伴随社交媒体成瘾共病症状发生。社交焦虑是指与他人交往中产生的不适感，这种不适感来源于个体对社会情境的负面认知和情感评价，是对想象或真实环境中可能或实际的个人判断或评价的焦虑状态。抑郁是一种对个体感觉、思维及行为产生负向影响的情绪障碍，是损害社会或职业功能的不良心理健康缺陷。由于社交媒体成瘾性使用严重影响了用户的生活、工作秩序，因此这种不合理的使用方式会为用户带来强烈的负面情绪。已有研究表明，社交媒体成瘾被认为是导致抑郁、焦虑情绪的关键风险因素，例如：Foroughi B. 研究表明，Facebook 成瘾对社交焦虑和抑郁有显著正向影响；Meshi D. [①] 研究也发现社交媒体问题性使用会引起用户产生焦虑与抑郁情绪。可见，社交媒体成瘾与用户的社交焦虑和抑郁密切相关。基于此，本章认为社交媒体成瘾的用户更容易产生社交焦虑与抑郁两种负面情绪，并提出以下假设：

H1：社交媒体成瘾正向影响社交焦虑。

H2：社交媒体成瘾正向影响抑郁。

---

① Meshi D., Ellithorpe M. E., "Problematic Social Media Use and Social Support Received in Real-Life Versus on Social Media：Associations with Depression, Anxiety and Social Isolation", *Addictive Behaviors*, Vol. 119, August 2021, p. 106949.

随着社交媒体成瘾的负面效应日渐显著，用户试图减少社交媒体使用，以规避负面后果带来的心理及生理危害。与之相对应的，社交媒体用户的不持续使用则逐渐被视为一种应对损害的健康行为方式，是用户为减少社交媒体成瘾的负向后果而采取的干预措施。因此，社交媒体用户的不持续使用意愿与其对社交媒体的成瘾程度密切相关。Webb T. L. 等在分析成瘾行为改变机制时指出，成瘾症状越严重，用户减少使用的动机越强烈，尤其是当用户感知到使用社交媒体带给自身的危害远超于收益时[1]。Osatuyi B. 研究发现，相较于成瘾症状较轻的 SNS 用户，成瘾症状越严重，用户越发感到不安时，用户对社交媒体的使用积极性就会越低。当 SNS 用户认为自己对社交网络成瘾负有高度责任时，会产生不持续使用 SNS 意愿[2]。基于此，本章认为社交媒体成瘾的用户更容易产生不持续使用意愿，并提出以下假设：

H3：社交媒体成瘾正向影响不持续使用意愿。

负面情绪是解释个体不持续使用社交媒体意愿的重要因素[3]，社交焦虑、抑郁是个体在社交媒体上体验到两种典型的负面情绪。汪雅倩[4]以强关系微信朋友圈平台为研究对象，研究发现用户隐私关注焦虑、互动焦虑以及自我评估焦虑对不持续使用意愿具有显著正向影响。社交焦虑是一种社交情境中短时不安的状态，抑郁则是一种持续时间较长的情

① Webb T. L. , Sniehotta F. F. , Michie S. , "Using Theories of Behaviour Change to Inform Interventions for Addictive Behaviours", *Addiction*, Vol. 105, No. 11, November 2010, pp. 1879 – 1892.

② Qahri-Saremi H. , Vaghefi I. , Turel O. , "Addiction to Social Networking Sites and User Responses: Toward A Typological Theory and Its Relation to Users' Personality Traits", *ACM SIGMIS Database: the DATABASE for Advances in Information Systems*, Vol. 52, No. 4, 2021, pp. 65 – 91.

③ Zhang X. , Ma L. , Zhang G. , et al. , "An Integrated Model of the Antecedents and Consequences of Perceived Information Overload Using Wechat as an Example", *International Journal of Mobile Communications*, Vol. 18, No. 1, January 2020, pp. 19 – 40.

④ 汪雅倩：《焦虑视角下强关系社交媒体不持续使用研究——以微信朋友圈为例》，《新闻界》2019 年第 10 期。

绪。Jacobson N. C. 等①考察了早期焦虑和后期抑郁之间的纵向关系，发现焦虑和抑郁密切相关，焦虑可以预测后期抑郁。基于此，本章认为产生社交焦虑的用户更容易形成抑郁情绪与不持续使用意愿，并提出以下假设：

　　H4：社交焦虑正向影响不持续使用意愿。

　　H5：社交焦虑正向影响抑郁。

　　自我差异理论将特定类型的消极自我评价与特定类型的情绪困扰联系起来，实际自我和应该自我导向之间的差异被认为与抑郁、恐惧和焦虑有关②。有研究指出，社交媒体使用与抑郁的发展存在密切联系③。社交媒体的使用过程中，具有抑郁情绪的用户通常在社交媒体交互过程中表现出退缩，因此他们试图寻找更具有安全性的社交方式作为替代。有研究发现，抑郁越严重，用户上传的帖子就越少，或者在别人的帖子上留言的就越少④。Park J. 等⑤研究发现上行比较产生的情绪（愤怒、抑郁、嫉妒等）正向影响 SNS 用户不持续使用意愿。基于此，本章认为抑郁的个体更容易产生社交媒体不持续使用意愿，并提出以下假设：

　　H6：抑郁正向影响不持续使用意愿。

　　①　Jacobson N. C. , Newman M. G. , "Avoidance Mediates the Relationship between Anxiety and Depression Over a Decade Later", *Social Science Electronic Publishing*, Vol. 28, No. 5, June 2014, pp. 437 – 445.

　　②　Scott L. , O'Hara M. W. , "Self-Discrepancies in Clinically Anxious and Depressed University Students", *Journal of Abnormal Psychology*, Vol. 102, No. 2, 1993, pp. 282 – 287.

　　③　Primack B. A. , Shensa A. , Sidani J. E. , et al. , "Temporal Associations between Social Media Use and Depression", *American Journal of Preventive Medicine*, Vol. 60, No. 2, February 2021, pp. 179 – 188.

　　④　De Choudhury M. , Counts S. , Horvitz E. , "Social Media as a Measurement Tool of Depression in Populations", *Annual Acm Web Science Conference 2013 Proceedings (WebSci)*, Paris, France, *May* 2 – 4, 2013.

　　⑤　Park J. , Kim B. , Park S. , "Understanding the Behavioral Consequences of Upward Social Comparison on Social Networking Sites: The Mediating Role of Emotions", *Sustainability*, Vol. 13, No. 11, May 2021, pp. 57 – 81.

自我效能即个体对自身能否成功实施一项行动的能力评价，对个体认知、情感和行为反应具有重要意义①。自我效能在用户行为改变过程中具有重要作用，是用户是否尝试改变问题行为的重要因素。通常自我效能高的用户，认为自己更有能力改变行为，使其趋于合理化；而对于自我效能感较低的用户，相较于改变问题行为，他们更有可能采取其他策略来减少或降低负面影响。现有研究发现，自我效能调节了负面情绪与不持续使用意愿之间的关系，如牛静等②发现自我效能在社交媒体倦怠对不持续使用意愿的影响中起正向调节作用；Vaghefi I. 等发现自我效能在内疚对 SNS 不持续使用决策的影响中起负向调节作用。在社交媒体使用情境下，自我效能高的用户，能够激励个体调动必要的资源，以改变其社交媒体的问题性使用现状，他们会通过不持续使用来消减抑郁、焦虑等负面情绪。基于此，本章认为自我效能在社交焦虑、抑郁与不持续使用意愿间关系中起到调节作用，并提出以下假设：

H7a：自我效能调节社交焦虑与不持续使用意愿的关系。

H7b：自我效能调节抑郁与不持续使用意愿的关系。

第四节　量表设计与数据收集

一　测量量表

本章潜在变量的测量题项在借鉴前人相关测量量表的基础上，结合社交媒体情境进行量表开发，邀请 6 名社交媒体用户行为领域研究人员和 6 名使用经验丰富的社交媒体用户进行了试填，根据他们的反馈进行量表修订。因此，本章测量量表的内容效度能得到有效保证。正式调查问卷分为两部分：第一部分为潜在变量的测量题项；第二部分为调查对象的人口统计信息。每个潜在变量的测量均不少于 3 个测量题目，5 个

---

① Pachankis J. E. , "The Psychological Implications of Concealing a Stigma: A Cognitive-Affective-Behavioral Model", *Psychological Bulletin*, Vol. 133 , No. 2 , 2007 , pp. 328 – 345.

② 牛静、常明芝：《社交媒体使用中的社会交往压力源与不持续使用意向研究》，《新闻与传播评论》2018 年第 6 期。

潜在变量共设计了 25 条测量题项。

抑郁的测量题项主要参考 Pilkonis P. A. 等①的研究进行改编，包括 5 个题项；社交媒体成瘾、不持续使用意愿的测量题项借鉴了 Osatuyi B. 、Vaghefi I. 等的研究，分别包括 7 个、4 个题项；自我效能的测量题项参考 Turel O. 、Vaghefi I. 等的研究，包括 3 个题项；社交焦虑的测量主要借鉴 Alkis Y. 等②、McCord B. 等③的研究，包括 6 个题项。本章潜在变量及其测量项如表 2 - 1 所示，所有题项均采用李克特 5 级量表进行测量（1 = 非常不同意，2 = 不同意，3 = 一般，4 = 同意，5 = 非常同意）。

表 2 - 1 潜在变量及其测量题项

潜在变量	题项编号	测量题项
抑郁 （DEP）	DEP1	我对自己使用社交媒体的表现感到失望
	DEP2	我对自己使用社交媒体的表现感到沮丧
	DEP3	我对自己使用社交媒体的表现感到内疚
	DEP4	我对自己使用社交媒体的表现感到不满意
	DEP5	使用社交媒体以来，很多事情越来越难以引起我的兴趣
社交媒体成瘾 （ADD）	ADD1	我在社交媒体上花费的时间远远超出预期
	ADD2	我试图减少社交媒体的使用时间但没有成功
	ADD3	沉迷使用社交媒体，干扰了我的生活，使我忽略了一些重要的人或事
	ADD4	一旦有空闲时间，我就会花在社交媒体上
	ADD5	我经常因为社交媒体的使用而得不到足够的休息
	ADD6	如果长时间无法使用社交媒体，我会感到烦躁不安
	ADD7	身边的家人、朋友经常抱怨我的社交媒体使用时间过长

① Pilkonis P. A. , Choi S. W. , Reise S. P. , et al. , "Item Banks for Measuring Emotional Distress from The Patient-Reported Outcomes Measurement Information System (PROMIS)：Depression, Anxiety, and Anger", *Assessment*, Vol. 18, No. 3, September 2011, pp. 263 – 283.

② Alkis Y. , Kadirhan Z. , Sat M. , "Development and Validation of Social Anxiety Scale for Social Media Users", *Computers in Human Behavior*, Vol. 72, July 2017, pp. 296 – 303.

③ McCord B. , Rodebaugh T. L. , Levinson C. A. , "Facebook：Social Uses and Anxiety", *Computers in Human Behavior*, Vol. 34, May 2014, pp. 23 – 27.

续表

潜在变量	题项编号	测量题项
不持续使用意愿 （DUI）	DUI1	我试图在未来三个月减少使用社交媒体
	DUI2	我预测自己在未来三个月中能减少使用社交媒体
	DUI3	我计划在未来三个月中减少使用社交媒体
	DUI4	如果可以，以后我会不再使用社交媒体
自我效能 （SE）	SE1	在 4 周之内，我能减少对社交媒体的使用
	SE2	在 8 周之内，我能减少对社交媒体的使用
	SE3	在三个月之内，我能减少对社交媒体的使用
社交焦虑 （ANX）	ANX1	使用社交媒体与人互动时，我有时会感到紧张
	ANX2	我担心我在社交媒体上的表现会令人尴尬
	ANX3	使用社交媒体与人互动时，我很难质疑他人的观点
	ANX4	我担心我在社交媒体上的表达被人忽略
	ANX5	我很担心我的私人信息会被社交媒体平台公开或泄露
	ANX6	在社交媒体分享内容会受到他人评判，这让我感到不安

二 数据收集及描述性统计

结合已有文献对调查样本的选择，本章选取高校社交媒体用户作为主要调查对象，并借助微信、QQ 等渠道以滚雪球的方式将问卷发放给调查对象，即将问卷发放给不同地域、年龄段、学历的同学、朋友或学生[1]。高校拥有移动社交媒体使用最为活跃的用户群体，有着较高的网络参与度与丰富的社交媒体使用经验，对社交媒体相关技术技能的掌握较为成熟，能够更为明晰地表达个体的社交诉求；此外，高校用户专业背景多元化，个体间思维方式和行为特征呈现多样化差异。因此，高校社交媒体用户群体对本章所研究问题的理解和认知兼具深刻性和多元性，能够满足样本的丰富性和代表性要求。

正式问卷于 2021 年 6 月上旬通过"问卷星"平台（https：//www.wjx.cn/）进行调查，借助微信、QQ 发放网络问卷。历时 7 周，在剔除

---

① 牛静、孟筱筱：《社交媒体信任对隐私风险感知和自我表露的影响：网络人际信任的中介效应》，《国际新闻界》2019 年第 7 期。

答题时间过短、所有题项回答一致等无效问卷后①，最终回收到有效问卷 399 份，调查样本的人口统计学信息描述性统计如表 2 - 2 所示。

表 2 - 2 调查样本描述性统计

变量	题项	频次	百分比（%）
性别	男	183	45.86
	女	216	54.14
年龄	18 岁以下	14	3.51
	18—24 岁	240	60.15
	25—30 岁	97	24.31
	31—40 岁	36	9.02
	40 岁以上	12	3.01
学历	高中及以下	11	2.76
	大专	34	8.52
	本科	262	65.66
	硕士研究生	60	15.04
	博士研究生	32	8.02
社交媒体使用年限	1 年以下	5	1.25
	1—3 年（包括 3 年）	45	11.28
	3—7 年（包括 7 年）	185	46.37
	7 年以上	164	41.10
每天使用社交媒体时长	小于 1 小时	21	5.26
	1—2 小时（包括 2 小时）	73	18.30
	2—4 小时（包括 4 小时）	158	39.60
	4—6 小时（包括 6 小时）	96	24.06
	6 小时以上	51	12.78

① Heide J. B., Wathne K. H., "Friends, Business People, and Relationship Roles: A Conceptual Framework and A Research Agenda", *Journal of Marketing*, Vol. 70, No. 3, July 2006, pp. 90 - 103.

续表

变量	题项	频次	百分比（%）
社交媒体使用频率	每小时使用	207	51.88
	每天几次	170	42.61
	每天一次	15	3.76
	每周几次	7	1.75

在399个有效样本中，在性别方面，男女用户分布基本均衡，分别占比45.86%、54.14%。在年龄方面，本章调查样本多数为18—30岁的青年用户，占比84.46%，是目前较为活跃的社交媒体用户群体。在学历方面，调查样本中本科及以上学历者占比88.72%，说明调查样本对于调查内容具有较好的理解能力。在社交媒体使用年限方面，3—7年、7年以上的用户占比分别为46.37%、41.10%，反映出调查样本社交媒体使用经验丰富。在社交媒体使用习惯方面，每天使用社交媒体时长在2—4小时、4小时以上的用户占比分别为39.60%、36.84%；每小时使用与每天使用几次社交媒体的用户占比较高，分别为51.88%、42.61%。这反映出调查样本每天使用社交媒体的时长不等、频率较高，表明调查样本对社交媒体使用依赖性强，且使用程度不同。因此，本章选取的调查样本具有代表性。

第五节　结构方程模型分析

采用偏最小二乘结构方程模型（PLS-SEM）方法对本章收集到的有效问卷进行数据分析。选择PLS-SEM方法的原因在于[①]：PLS-SEM对有效样本量、数据是否符合正态分布的要求较为灵活，限制条件较少；适用于探索性、预测性的分析研究；适用于包含较多指标、变量的复杂结构模型。因此，本章采用PLS-SEM方法，运用Smart PLS 3软件进行测量

---

① Hair J. F., Risher J. J., Sarstedt M., et al., "When to Use and How to Report the Results of PLS-SEM", *European Business Review*, Vol. 31, No. 1, January 2019, pp. 2 – 24.

模型、结构模型分析。

一　测量模型分析

测量模型的分析结果如表 2-3 所示。

（1）信度检验。当信度检验结果满足克朗巴哈系数（Cronbach's α）值、组合信度（Composite Reliability，CR）值均大于 0.7 时，数据信度较高、变量内部具有较好的一致性[①]。表 2-3 中数据显示，所有潜在变量克朗巴哈系数（Cronbach's α）值最小为 0.902，CR 值最小为 0.923，均大于0.7。因此，本章测量量表具有良好的信度。

表 2-3　　　　　　　　信度、收敛效度分析结果

潜在变量	题项编号	标准因子载荷量	Cronbach's α	CR	AVE
社交媒体成瘾（ADD）	ADD1	0.852	0.902	0.923	0.631
	ADD2	0.815			
	ADD3	0.830			
	ADD4	0.810			
	ADD5	0.799			
	ADD6	0.732			
	ADD7	0.712			
社交焦虑（ANX）	ANX1	0.814	0.909	0.929	0.687
	ANX2	0.874			
	ANX3	0.782			
	ANX4	0.849			
	ANX5	0.811			
	ANX6	0.842			

[①] Hair J. F., Ringle C. M., Sarstedt M., "PLS-SEM：Indeed a Silver Bullet", *Journal of Marketing Theory and Practice*, Vol. 19, No. 2, 2011, pp. 139-152.

续表

潜在变量	题项编号	标准因子载荷量	Cronbach's α	CR	AVE
抑郁（DEP）	DEP1	0.905	0.945	0.958	0.820
	DEP2	0.914			
	DEP3	0.923			
	DEP4	0.914			
	DEP5	0.870			
不持续使用意愿（DUI）	DUI1	0.926	0.933	0.952	0.832
	DUI2	0.913			
	DUI3	0.938			
	DUI4	0.869			
自我效能（SE）	SE1	0.938	0.944	0.964	0.899
	SE2	0.961			
	SE3	0.946			

（2）效度检验。效度是指测量标准或指标能够反映所测变量的有效性及准确性程度。主要分为内容效度、结构效度两部分。在内容效度方面，本章量表在借鉴多个成熟量表的基础上，根据研究目的进行调整，并邀请多位用户行为领域专家和社交媒体用户进行试填。问卷内容、表述均经过多轮修改、测试，因此本章研究量表具有较好的内容效度。

在结构效度方面，主要检验收敛效度、区别效度两类测量指标。在收敛效度部分，需同时满足测量题项的标准因子载荷量与潜在变量的平均萃取方差值（Average Variance Extracted，AVE）均大于 0.5。通过表 2-3 可以发现，所有题项的标准因子载荷量最低为 0.712，所有变量的 AVE 值最低为 0.631，均大于 0.5。因此，本章的测量量表具有较好的收敛效度。在区别效度部分，采用 Fornell-Larcker 判别标准检验区别效度，需满足各潜在变量 AVE 值的算术平方根均高于该变量与其他潜在变量之间的相关系数。检验结果如表 2-4 所示，对角线上的粗体数值（潜在变量的 AVE 算术平方根）最小值为 0.794，均大于对角线下方（变量间相关系数）数值的最大值 0.527。可见，本章潜在变量具有良好的区别效度。

表2－4   区别效度分析结果

	不持续使用意愿	抑郁	社交焦虑	社交媒体成瘾	自我效能
不持续使用意愿	**0. 912**				
抑郁	0. 464	**0. 905**			
社交焦虑	0. 467	0. 525	**0. 829**		
社交媒体成瘾	0. 513	0. 519	0. 527	**0. 794**	
自我效能	0. 065	－ 0. 056	－ 0. 104	－ 0. 011	**0. 948**

二　结构模型分析

结构模型分析结果，如图2－2和表2－5所示。结构模型分析主要依据标准化残差均方根（SRMR）、决定系数 R^2 值、路径系数的显著性水平3项指标进行拟合评价。结果显示，SRMR 估计值为 0.048，小于 0.08 的标准；不持续使用意愿、抑郁、社交焦虑的 R^2 值分别为 0.415、0.357、0.278，均大于 0.2 的阈值。因此，本章的结构模型具有较好的拟合度。

路径分析结果显示：社交媒体成瘾（β = 0.527，P < 0.01）对社交焦虑具有显著正向作用，假设 H1 成立；社交媒体成瘾（β = 0.335，P < 0.01）对抑郁具有显著正向作用，假设 H2 成立；社交媒体成瘾（β = 0.292，P < 0.01）对不持续使用意愿具有显著正向作用，假设 H3 成立。可见，社交媒体成瘾会引发社交媒体用户的社交焦虑、抑郁两种负面情绪，并促使用户产生不持续使用意愿。社交焦虑（β = 0.187，P < 0.01）对不持续使用意愿具有显著正向影响，假设 H4 成立；社交焦虑（β = 0.348，P < 0.01）对抑郁具有显著正向影响，假设 H5 成立；抑郁（β = 0.233，P < 0.01）对不持续使用意愿具有显著正向影响，假设 H6 成立。由此可见，社交焦虑的用户更容易产生抑郁情绪，抑郁、社交焦虑负面情绪在很大程度上促进社交媒体用户不持续使用意愿。

潜在变量的路径系数比较：相较于抑郁、不持续使用意愿，社交媒体成瘾更易造成用户的社交焦虑情绪。可能的原因是：相比之下，社交焦虑是负面程度较轻的消极情绪，因此更常见于各种程度的社交媒体成瘾用户。长期持续的社交焦虑情绪会更容易引发抑郁，引起用户产生不持续使用意愿。在对不持续使用意愿的作用中，社交媒体成瘾影响最强，社交焦虑的影响最弱。可能的原因是：社交媒体成瘾带来的危害涉及用户的身心多重方面，影响用户的正常工作、生活，因此，这种整体性严重程度高的负面效应会使用户产生更为强烈的不持续使用意愿。对比之下，由抑郁、社交焦虑单一负面情绪对不持续使用意愿的影响会弱于社交媒体成瘾。

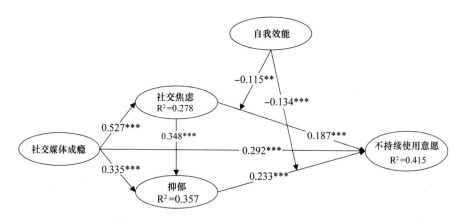

图 2-2　结构模型结果

注：＊＊＊、＊＊分别代表1%、5%显著性。

表 2-5　　　　　　　　　　路径分析结果

假设	路径	标准路径系数	T 值	P 值	假设检验
H1	社交媒体成瘾→社交焦虑	0.527 ＊＊＊	13.351	0.000	支持
H2	社交媒体成瘾→抑郁	0.335 ＊＊＊	6.122	0.000	支持
H3	社交媒体成瘾→不持续使用意愿	0.292 ＊＊＊	5.050	0.000	支持
H4	社交焦虑→不持续使用意愿	0.187 ＊＊＊	3.675	0.000	支持
H5	社交焦虑→抑郁	0.348 ＊＊＊	6.378	0.000	支持
H6	抑郁→不持续使用意愿	0.233 ＊＊＊	4.163	0.000	支持

假设	路径	标准路径系数	T 值	P 值	假设检验
H7a	自我效能 × 抑郁→不持续使用意愿	− 0.134 ***	3.041	0.002	支持
H7b	自我效能 × 社交焦虑→不持续使用意愿	− 0.115 **	2.273	0.023	支持

注：***、** 分别代表1%、5% 显著性。

三　中介效应分析

本章参考 Zhao X. S. 等[1]的中介效应分析方法，在 SPSS 24 软件中安装 PROCESS 插件，采用 Bootstrap 置信区间法（Confidence Intervals）检验社交焦虑、抑郁的中介效应，Bootstrap 样本设置为5000，置信水平为95%。使用 Smart PLS 3 软件生成的潜在变量得分作为中介效应检验数据，选取模型4进行分析[2]。通过 Bias-Corrected 置信区间是否包含0来判断中介效应的存在性。若置信区间不包括0，表明存在中介效应，否则不存在中介效应。参考 Liu Z. L. 等[3]、王天华等[4]的中介作用判断条件，判断是存在完全中介还是部分中介作用。社交焦虑与抑郁的中介作用，结果如表2–6所示。

从表2–6中可知，在95% 显著性水平下社交焦虑、抑郁的中介效应 Bias-Corrected 置信区间均不包括0。因此，社交焦虑、抑郁的中介作用成立。未加入中介变量（社交焦虑、抑郁）的自变量（社交媒体成

① Zhao X. S., Lynch J., Chen Q. M., "Reconsidering Baron and Kenny: Myths and Truths about Mediation Analysis", *Journal of Consumer Research*, Vol. 37, No. 2, August 2010, pp. 197 – 206.

② Chen H., Chen H. T., "Understanding the Relationship between Online Self-Image Expression and Purchase Intention in SNS Games: A Moderated Mediation Investigation", *Computers in Human Behavior*, Vol. 112, No. 5, November 2020, p. 106477.

③ Liu Z. L., Wang X. Q., Min Q. F., et al., "The Effect of Role Conflict on Self-Disclosure in Social Network Sites: An Integrated Perspective of Boundary Regulation and Dual Process Model", *Information Systems Journal*, Vol. 29, No. 2, March 2019, pp. 279 – 316.

④ 王天华、刘子龙：《社会化媒体情景下问题性使用的影响因素研究》，《管理科学》2021年第1期。

瘾）对不持续使用意愿的回归系数大于加入时的回归系数，表明社交焦虑、抑郁在社交媒体成瘾与不持续使用意愿的关系中具有部分中介作用；同理可以得到结论，抑郁在社交焦虑与不持续使用意愿的关系中起部分中介作用。

表 2 - 6　　　　　　　　　中介效应检验结果

IV	M	DV	IV→DV	IV→M	IV + M→DV		Bootstrap 分析			中介作用
					IV	M	间接效应	Bias-Corrected		
								Lower	Upper	
ADD	ANX	DUI	0.370 ***	0.351 ***	0.295 ***	0.215 ***	0.075	0.037	0.125	部分中介
ADD	DEP	DUI	0.364 ***	0.336 ***	0.295 ***	0.204 ***	0.069	0.030	0.122	部分中介
ANX	DEP	DUI	0.285 ***	0.346 ***	0.215 ***	0.204 ***	0.071	0.029	0.127	部分中介

注：*** 代表 $P < 0.01$；IV、M、DV 分别代表自变量、中介变量、因变量。

四　调节效应分析

自我效能作为本章中的调节变量，在社交焦虑、抑郁对不持续使用意愿的作用中起调节作用。其中，自我效能（$\beta = -0.115$，$P < 0.05$）在社交焦虑对不持续使用的影响中呈现负向调节作用，假设 H7a 成立；自我效能（$\beta = -0.134$，$P < 0.01$）在抑郁对不持续使用的影响中呈现显著负向调节作用，假设 H7b 成立。研究结果表明，自我效能会削弱负面情绪对用户产生不持续使用意愿的影响。可能的原因是：具有较强自我效能的用户，对个体所作决定、情绪管理能力等都较有信心。因此，他们认为自己有能力解决社交媒体使用带来的负面效应，不会因社交媒体使用产生的负面情绪而轻易采取不持续使用社交媒体的措施。

第六节　模糊集定性比较分析

本章在使用结构方程模型进行假设检验的基础上，引入模糊集定性比较分析（fsQCA），进一步对不持续使用意愿前因条件变量间的"联动效应"进行挖掘[1]。SEM 和 fsQCA 混合方法运用，从整体与系统逻辑角度出发，深入揭示多维度、多变量诱因对社交媒体用户不持续使用意愿的复杂作用机制。

一　变量校准

进行模糊集定性比较分析（fsQCA）的关键一步是对各变量进行校准，将各变量原始数据转化为模糊集数据，即设置三个锚点：完全隶属，交叉点和完全不隶属，生成案例在条件集合中的隶属度。对采用多个题项测量的前因变量及结果变量，使用测量题项的平均值代替各变量原始值[2]。本章参考 Ragin C. C.[3] 提出的 5%（Fully Out）、95%（Fully In）以及 50%（Crossover Point）的标准，将各变量数据对应于构成模糊集的三个定性断点，进行数据校准。

二　前因变量的必要性分析

在使用 fsQCA 方法进行分析前，对各个前因变量是否是结果变量的必要性条件进行检验。必要性条件常用一致性（Consistency）来衡量，表示前因变量在多大程度上影响结果变量。一般认为，当一致性检验值大于 0.9 时，该前因变量即为必要条件。通过 fsQCA 运行识别结果的必要性和充分性，分析结果如表 2 - 7 所示。一致性最高为 0.788，单项前因变量的必要性检验均未超过阈值 0.9，未达绝对必要性条件标准，因此，单项前因变量对结果变量的解释度不足，需要进一步从组态视角下分析社交媒体用户不持续使用意愿的不同影响路径。

---

① 张大伟、陈彦馨、王敏：《期望与确认：短视频平台持续使用影响因素初探——基于 SEM 与 fsQCA 的研究》，《现代传播》（中国传媒大学学报）2020 年第 8 期。

② 宋华、卢强：《什么样的中小企业能够从供应链金融中获益？——基于网络和能力的视角》，《管理世界》2017 年第 6 期。

③ Ragin C. C.，*Redesigning Social Inquiry：Fuzzy Sets and Beyond*，University of Chicago Press，Chicago，London，2008.

表 2 - 7 　　　　　　　　　　　　　**必要条件分析**

变量	一致性	覆盖率	变量	一致性	覆盖率
DEP	0.766	0.753	SE	0.738	0.637
~ DEP	0.532	0.571	~ SE	0.530	0.672
ADD	0.788	0.791	ANX	0.760	0.774
~ ADD	0.493	0.519	~ ANX	0.529	0.548

注:"~"表示逻辑"非"运算。

三　分析结果

　　分析多种前因变量的组态效应,探讨其对结果变量的复杂影响机制。fsQCA 依赖于布尔代数将所有理论上可能的组合进行逻辑简化,运用真值表算法在 Quine-McCluskey 算法和反事实分析的基础上,将大量的可能性组合提炼出最小原因条件组态[1]。在分析过程中,将可接受个案数设为 1,一致性阈值设定为 0.85[2]。通过真值表算法分析,得到复杂解、中间解和简约解。复杂解是不使用反事实分析的结果,中间解是只使用简单反事实分析的结果,简约解是使用简单和困难反事实分析后得出的结果[3]。中间解不允许消除必要条件,这是其重要优点。因此,结合中间解和简约解判断组态核心与边缘条件,依据中间解对结果变量进行解释,不持续使用意愿的前因条件构型,分析结果如表 2 - 8 所示。其中,●和 ⊗表示该条件变量为核心条件,●表示该条件变量出现,⊗表示该条件变量不出现,空格表示条件可存在也可缺失[4]。

----

　　① 池毛毛、杜运周、王伟军:《组态视角与定性比较分析方法:图书情报学实证研究的新道路》,《情报学报》2021 年第 4 期。

　　② 张舒宁、李勇泉、阮文奇:《接收、共鸣与分享:网络口碑推动网红餐饮粉丝效应的过程机理》,《南开管理评论》2021 年第 3 期。

　　③ 卢恒、张向先、张莉曼等:《理性与偏差视角下在线问答社区用户知识付费意愿影响因素构型研究》,《图书情报工作》2020 年第 19 期。

　　④ Fiss P. C. , "Building Better Causal Theories: A Fuzzy Set Approach to Typologies in Organization Research", *Academy of Management Journal*, Vol. 54, No. 2, April 2011, pp. 393 - 420.

表 2 - 8　　　　　　　　　　　　　组态分析结果

组合构型	不持续使用意愿		
	S1	S2	S3
DEP		●	
ADD		●	●
SE	⊗		
ANX	●		●
一致性	0.886	0.853	0.863
覆盖率	0.476	0.658	0.663
净覆盖率	0.052	0.070	0.046
总体一致性	0.815		
总体覆盖率	0.785		

从 fsQCA 分析结果来看，引发社交媒体用户不持续使用意愿的模型总体解释一致性水平为 0.815，总体覆盖率为 0.785，表示覆盖了 78.5% 结果案例，模型具有良好的解释力。从各前因条件构型结果的一致性来看，一致性最低为 0.853，一致性最高为 0.886，均超过阈值 0.8，各前因条件构型的一致性较好。fsQCA 分析中间解结果得到三种前因条件构型，结合社交媒体用户不持续使用意愿的影响机制进行分析。

（1）模式一：S1（~SE * ANX），核心条件包括 ~ 自我效能和社交焦虑，即自我效能缺失，社交焦虑存在。结果表明：自我效能在用户行为改变过程中具有重要作用，是用户是否尝试改变问题行为的重要因素。通常自我效能高的用户，认为自己更有能力改变行为，使其趋于合理化。对于自我效能感较低的用户，相较于改变问题行为，他们更有可能采取其他策略来减少或降低负面影响。对于社交媒体用户而言，社交媒体成瘾等问题性使用行为会加剧用户现实自我与应该自我、理想自我的差距，社交焦虑是其使用过程中较易产生负向情绪之一，而较低自我效能的用户在这种情况下，可能会放大社交焦虑负面情绪对行为意愿的影响，更容易让社交媒体用户产生不持续使用意愿。低自我效能和高社交焦虑对促进社交媒体用户不持续使用意愿的产生具有关键作用。

（2）模式二：S2（DEP * ADD），核心条件包括抑郁和社交媒体成瘾，即二者均存在。在这种条件组态下，具有高社交媒体成瘾水平的用户可能会因当下的问题性使用方式所带来的抑郁负面情绪而产生较高的社交媒体不持续使用意愿。由于社交媒体成瘾性使用严重影响了用户的生活、工作秩序，激化社交媒体成瘾用户产生对人的感觉、思维及行为产生了负向影响的情绪障碍，在此情况下，高社交媒体成瘾和抑郁水平容易触发社交媒体用户不持续使用意愿的产生。

（3）模式三：S3（ADD * ANX），核心条件为社交媒体成瘾和社交焦虑，二者均存在。社交媒体成瘾被认为是社交焦虑情绪的关键风险因素之一，对于具有高社交媒体成瘾水平的用户而言，在社交媒体使用中产生的社交焦虑情绪越强，其对社交媒体的不持续使用意愿也会增强。社交媒体用户的不持续使用意愿与其对社交媒体的成瘾程度密切相关，社交媒体用户的不持续使用被视为用户为减少社交媒体成瘾的负向后果而采取的干预措施。用户社交成瘾症状越严重，用户越发感到社交焦虑，用户减少使用的动机越强烈。对于此类构型触发模式而言，社交媒体用户不持续使用意愿受社交媒体用户高社交媒体成瘾和社交焦虑水平引动。

第七节　结论与讨论

一　结论

基于自我差异理论，以社交焦虑、抑郁两种负面情绪作为社交媒体成瘾与不持续使用意愿关系间的中介变量，自我效能作为社交焦虑、抑郁与不持续使用意愿关系间的调节变量，探究社交媒体使用从成瘾向不持续使用的行为转变机制。采用偏最小二乘结构方程模型方法揭示了社交媒体成瘾、负面情绪（社交焦虑、抑郁）、不持续使用意愿的三者之间相互作用机理，并分析了自我效能在负面情绪（社交焦虑、抑郁）与不持续使用意愿关系间的调节作用。在此基础上，进一步采用模糊集定性比较分析方法，探讨了成瘾使用背景下社交媒体用户不持续使用意愿产生的前因构型，对结构方程模型的分析结果进行了检验与补充。

基于结构方程模型的分析结果显示：（1）社交媒体成瘾向不持续使

用意愿的转化路径：一方面，社交媒体成瘾正向影响社交焦虑、抑郁，社交焦虑、抑郁正向影响不持续使用意愿。社交媒体成瘾放大了用户认知、情绪领域的自我差异，从而加剧了用户社交焦虑、抑郁负面情绪；而具有较强社交焦虑、抑郁负面情绪的用户产生不持续使用意愿的倾向更强烈。另一方面，社交媒体成瘾正向影响不持续使用意愿，表明社交媒体成瘾用户为了缓解成瘾症状会增强其对社交媒体的不持续使用意愿。此外，社交焦虑正向影响抑郁，表明具有社交焦虑情绪的用户更容易产生抑郁情绪。由此可见，社交媒体成瘾带来的负面情绪并非稳定静止的，情绪的强烈程度、持续时间等都会产生变化。（2）中介效应分析：社交焦虑、抑郁在社交媒体成瘾与不持续使用意愿的关系中具有部分中介作用，抑郁在社交焦虑与不持续使用意愿的关系中也具有部分中介作用。因自我差异而产生的负面情绪在社交媒体成瘾与不持续使用意愿的转化关系中具有重要作用。（3）调节效应分析：自我效能负向调节社交焦虑、抑郁对不持续使用意愿的作用关系，用户的自我效能感会削弱负面情绪对不持续使用意愿的作用。

基于模糊集定性比较分析的结果显示：在社交媒体成瘾、社交焦虑、抑郁、自我效能的共同作用下，用户不持续使用意愿形成的前因条件构型共有三类，分别为：～自我效能×社交焦虑、抑郁×社交媒体成瘾、社交媒体成瘾×社交焦虑。社交媒体成瘾与负面情绪的组态，不同的作用路径，呈现出对社交媒体用户不持续使用意愿的差异性影响。

二　讨论

（一）理论意义

以往关于社交媒体不持续使用的研究多从压力源、倦怠情绪出发解释这一行为产生的原因，本章将社交媒体不持续使用作为一种应对社交媒体成瘾，规避负面后果的健康行为方式，从自我差异理论视角切入以解释从社交媒体成瘾到社交媒体不持续使用的心理机制，具有一定的创新性。主要表现为：

（1）本章引入自我差异理论，探究社交媒体用户从成瘾到不持续使用的行为转变机理，为理解信息系统生命周期中使用与终止两个不同阶段之间的转变关系提供了参考依据，为情感体验视角下社交媒体用户的不持续使用行为研究进行了有益补充。将自我差异理论引入社交媒体不持续使用领域，拓展了自我差异理论的应用场景，丰富了社交媒体用户不持续使用的情感体验。根据自我差异理论，本章将个体的不持续使用意愿作为负面情绪（社交焦虑和抑郁）的结果，这些负面情绪通常伴随社交媒体成瘾共病症状发生。本章不仅揭示了社交媒体成瘾对不持续使用意愿的直接影响，而且分析了社交媒体成瘾通过社交焦虑、抑郁对不持续使用意愿的间接影响，还探究了自我效能在社交焦虑、抑郁与不持续使用意愿间关系间的调节作用。

（2）本章在结构方程模型方法的基础上，引入了模糊集定性比较分析方法，突破了社交媒体用户不持续使用行为领域应用单一传统定量方法的局限。基于组态视角，本章开展社交媒体不持续使用的研究，将不持续使用意愿视为多个前因变量的不同组合构型，揭示了社交媒体成瘾、社交焦虑、抑郁、自我效能对不持续使用意愿的联动效应，为不持续使用意愿的形成提供了新的解释。从组态视角揭示了社交媒体成瘾使用下用户不持续使用意愿产生的多条等效路径，更符合事物的本质现象、规律。本章为把握用户在社交媒体上的社交焦虑与抑郁两种负面情绪的关系提供了理论支撑，为厘清社交媒体使用从成瘾向不持续使用的行为转变机制提供了研究基础。

（二）管理启示

本章所得结论对推进社交媒体合理使用具有重要实践意义，具体如下：

（1）增加对社交媒体成瘾负面效应的关注：社交媒体成瘾并非仅仅是用户对社交媒体的持续性使用，其为用户带来了严重的社交焦虑、抑郁情绪，影响用户的正常工作、生活。因此，社交媒体成瘾作为日益显著的社会性问题，应得到社会各界的关注，以及各主体间通力合作解决。相关部门应向大众科普社交媒体成瘾行为的症状与危害，加强社会各界对社交媒体成瘾现象的了解，这也是缓解社交媒体成瘾的重要举措。面对不同的社交媒体成瘾程度，应该采取差异化的缓解策略，进行有效干预。因社交媒体成瘾产生社交焦虑的用户应有意识地参与线下的各类社交活动，打破当前对现实社交环境的不适应。成瘾者的家人、朋友也应增进对成瘾者的关怀，使其体会到被重视的感觉，提升其生活幸福感，以此消减此类用户对社交媒体的非适应性依赖。产生抑郁情绪程度较为严重的社交媒体成瘾用户，则应通过心理、药物两方面干预、改善当下的成瘾症状，积极地接受临床、药物治疗，配合专业的修复疗法。

（2）重视用户的社交焦虑情绪：社交焦虑作为社交媒体成瘾与抑郁，以及社交媒体成瘾与不持续使用意愿的中介变量，其对社交媒体成瘾用户后续的情绪及行为走向具有重要作用，因此重视社交媒体成瘾用户的社交焦虑情绪是引导用户合理使用社交媒体的关键。对于社交焦虑用户的情绪引导，一方面应该提示其社交媒体问题性使用会导致过多的社会比较，从而引发社交焦虑、抑郁负面情绪，用户应意识到过度使用社交媒体的危害；另一方面应该建议用户转移对于社交媒体的注意力，更多地将兴趣转移至真实生活，避免进一步陷入因社交媒体使用而带来的自我认知冲突中。

（3）提倡对社交媒体的合理使用：针对社交媒体成瘾行为，应尽可能引导用户产生合理的不持续使用行为，如减少使用频率，或者转移使用极具吸引、诱惑力的社交媒体。社交媒体运营商应通过完善社交媒体的实用性功能，来维系用户的长期、稳定的使用，而非通过增加娱乐性功能来诱使用户增加使用时间、频率，影响健康的互联网秩序。用户在无法依靠自制力合理使用社交媒体的情况下，可以借助辅助性工具来引导、规范个体的社交媒体使用行为，例如，通过设备锁、forest 等软件来控制个体对手机或特定软件的使用时间。

（三）不足及展望

首先，本章基于自我差异理论选择了社交焦虑、抑郁两种社交媒体成瘾带来的典型负面情绪进行探究，然而社交媒体成瘾带来的情感负荷远不止这些，因此，未来需要探究社交媒体成瘾触发的其他情感负荷变量与不持续使用的发生机理。其次，本章未从微观层面打开不持续使用行为的黑箱，因此，未来需要进一步研究社交媒体成瘾对不同类型不持续使用行为的影响机理。

第三章

信息过载如何影响社交媒体用户不持续使用：基于情感负荷演化视角

第一节　引言

　　社交媒体作为用户表达观点，维系社交关系的平台，已经成为线上生活不可或缺的部分。伴随着用户对社交媒体的深度使用，大量信息无节制地产出，使得社交媒体平台信息过载现象日益加重，给社交媒体用户带来的负面影响也日渐显著，间歇性不持续使用行为在用户群体中逐渐出现①，信息过载也成为影响用户不持续使用社交媒体的关键因素之一②。为了减轻社交媒体信息过载带来的负面情绪影响，用户不得不减少使用，产生潜水甚至弃用等消极的不持续使用行为③。近年来，用户的不持续使用行为日益成为社交媒体平台面临的问题。《2020 社交媒体趋势报告》显示，与 2019 年相比，越来越多网民意识到社交媒体使用负

① Ng Y. M. , Building an Innovation Discontinuance Model: The Case of Twitter, The University of Texas at Austin, Ph. D. dissertation, 2018.

② Niu G. F. , Yao L. S. , Tian Y. , et al. , "Information Overload and the Intention to Reduce SNS Usage: The Mediating Roles of Negative Social Comparison and Fatigue", *Current Psychology*, Vol. 41, 2022, pp. 5212 – 5219. Xie X. Z. , Tsai N. C. , "The Effects of Negative Information-Related Incidents on Social Media Discontinuance Intention: Evidence from SEM and fsQCA", *Telematics and Informatics*, Vol. 56, January 2021, p. 101503.

③ Zhang X. , Ma L. , Zhang G. , et al. , "An Integrated Model of the Antecedents and Consequences of Perceived Information Overload Using Wechat as an Example", *International Journal of Mobile Communications*, Vol. 18, No. 1, January 2020, pp. 19 – 40；代宝、续杨晓雪、罗蕊:《社交媒体用户信息过载的影响因素及其后果》,《现代情报》2020 年第 1 期。

面效应，使用社交媒体时长呈现出减少或不变状态①，这反映出更多的社交媒体用户对社交媒体使用产生了负面体验以及不持续使用意向。可见，不持续使用现象已经成为社交媒体可持续性发展过程中面临的最为严峻的挑战之一。因此，厘清信息过载对社交媒体用户不持续使用意向的作用机制，有利于维持用户对社交媒体的持续使用。

不持续使用作为社交媒体用户信息行为领域的重要现象②，已经受到学术界的持续关注。社交媒体用户不持续使用意向是指个体主动减少社交媒体的使用强度，包括暂时、永久停止对社交媒体的使用，或是转移使用其他替代性社交媒体的意向③。在以往研究中，信息过载通常通过影响社交媒体用户情绪（情感体验），进而作用于用户的不持续使用意向（行为后果），包括：（1）由信息过载引发单一情绪的研究，主要关注在信息过载情境下，用户产生倦怠④、耗竭⑤、沮丧⑥等负面情绪因素，进而产生不持续使用意向。（2）由信息过载引发多种情绪的研究，探讨了信息过载通过引发多种负面情绪，进一步作用于不持续使用意向。有研究认为信息过载会在引发社交媒体使用不满意的同时，带来其他负

---

①　GlobleWebIndex：2020 社交媒体趋势报告，https：//www. doc88. com/p-481473048099 29. html，2021 年 4 月 10 日。

②　Maier C.，Laumer S.，Eckhardt A.，When Social Networking Turns to Social Overload：Explaining the Stress，Emotional Exhaustion，and Quitting Behavior from Social Network sites' Users，*The 20th European Conference on Information Systems* (*ECIS*' 12)，Barcelona，Spain，June 11 – 13，2012. Turel O.，"Quitting the Use of a Habituated Hedonic Information System：A Theoretical Model and Empirical Examination of Facebook Users"，*European Journal of Information Systems*，Vol. 24，No. 4，2015，pp. 431 – 446.

③　Zhang S. W.，Zhao L.，Lu Y. B.，et al.，"Do You Get Tired of Socializing? An Empirical Explanation of Discontinuous Usage Behaviour in Social Network Services"，*Information & Management*，Vol. 53，No. 7，November 2016，pp. 904 – 914.

④　Shokouhyar S.，Siadat S. H.，Razavi M. K.，"How Social Influence and Personality Affect Users' Social Network Fatigue and Discontinuance Behavior"，*Aslib Journal of Information Management*，Vol. 70，No. 4，2018，pp. 344 – 366.

⑤　Fu S. X.，Li H. X.，Liu Y.，et al.，"Social Media Overload，Exhaustion，and Use Discontinuance：Examining the Effects of Information Overload，System Feature Overload，and Social Overload"，*Information Processing and Management*，Vol. 57，No. 6，November 2020，p. 102307.

⑥　Laumer S.，Maier C.，Weitzel T.，et al.，"Drivers and Consequences of Frustration when Using Social Networking Services：A Quantitative Analysis of Facebook Users"，*Americas Conference on Information Systems* (*AMCIS*) *2015 Proceedings*，Puerto Rico，USA，August 13 – 15，2015.

面情绪，如倦怠①、后悔②等，多种情绪均对社交媒体不持续使用意向产生影响。社交媒体倦怠常与恐惧③、错失焦虑④等负面情绪共同作用于不持续使用意向。

上述研究通过问卷调查方法获得用户行为数据，采用结构方程模型（SEM）方法围绕信息过载对社交媒体用户不持续使用意向的作用机理进行了初步探讨，为本章提供了有益参考。这些研究具有以下特点：（1）在研究内容上，目前研究较多关注信息过载背景下，单一或离散的负面情绪变量的分类以及对不持续使用意向的影响，而缺乏对于负面情感体验本身的演化、发展深层规律的探究，也未能形成不持续使用意向研究领域的情感负荷演化框架。引起不持续使用意向的情绪因素，并不是独立与稳定的。随时间的推移，个体因信息过载而产生的情感体验会产生规律性的演变与相互影响。同时，目前研究缺乏探讨何种积极策略会对负面情绪与不持续使用意向之间的关系进行调整。（2）在研究视角上，已有研究多基于用户零散的使用情感体验进行探讨，鲜有研究针对情感采取时间维度分类的视角关注用户不同维度情感的递进影响，以及他们如何对不持续使用意向存在不同的作用。现实生活中，用户情绪对社交媒体用户不持续使用意向的影响是动态的⑤。用户在使用社交媒体时，会产生对社交媒体过去进行评判以及对未来发展及服务存在预期。因而，需要对社交媒体用户情绪进行过去、现在、未来维度划分，并探寻如何影响社交媒体用户的不持续使用意向。（3）在研究方法上，已有研究主

① Zhou Z. Y., Li X. L., Jin X. L., "Enablers and Inhibitors of Discontinuous Use in Social Networking Sites: A Study on Weibo", *Pacific Asia Conference on Information Systems（PACIS）2018 Proceedings*, Yokohama, Japan, June 26 – 30, 2018.

② Nawaz M. A., Shah Z., Nawaz A., et al., "Overload and Exhaustion: Classifying SNS Discontinuance Intentions", *Cogent Psychology*, Vol. 5, No. 1, October 2018, p. 1515584.

③ Liu H. F., Liu W. T., Yoganathan V., et al., "COVID – 19 Information Overload and Generation Z's Social Media Discontinuance Intention during the Pandemic Lockdown", *Technological Forecasting and Social Change*, Vol. 166, May 2021, p. 120600.

④ 刘国亮、张汇川、刘子嘉：《移动社交媒体用户不持续使用意愿研究——整合错失焦虑与社交媒体倦怠双重视角》，《情报科学》2020年第12期。

⑤ Ding Y., "Modelling Continued Use of Information Systems from a Forward-Looking Perspective: Antecedents and Consequences of Hope and Anticipated Regret", *Information & Management*, Vol. 55, No. 4, June 2018, pp. 461 – 471.

要探讨单一前因因素对不持续使用意向的"净效应"①，然而社交媒体用户不持续使用意向是外在压力、内在情感等多种因素相互依赖而形成的复杂现象，单一的传统定量研究方法结构方程模型难以阐明多个前因条件互相作用的复杂因果关系，需要采用模糊集定性比较方法（fsQCA）进行补充分析。

因此，本章研究的问题包括：（1）从"过去—现在—未来"的时间视角，信息过载会引起社交媒体用户哪些负面情绪反应？它们之间的作用关系是怎样的及如何共同影响用户不持续使用意向？（2）自我情绪管理是否会调节社交媒体用户负面情绪与不持续使用意向之间的关系？（3）信息过载、负面情绪、自我情绪管理对不持续使用意向的影响是否存在不同的组合构型？为了回答这些问题，本章采用压力源—应变—结果（Stressor-Strain-Outcome，S-S-O）理论框架，构建信息过载下社交媒体用户的负面情绪与不持续使用行为的发生机理研究模型，采用组合研究方法（SEM + fsQCA）进行模型检验。以信息过载作为压力源，将后悔、不满意、不信任融入同一个框架下构建情感负荷演化模型，作为用户在信息过载下的应变反应，并引入自我情绪管理作为调节变量，探究其在社交媒体用户的负面情绪与不持续使用意向（结果）关系间的调节作用。

第二节　理论基础

一　压力源—应变—结果框架

压力源—应变—结果（Stressor-Strain-Outcome，S-S-O）框架是社交媒体用户不持续使用研究领域的一种重要理论模型，该模型揭示了社交媒体使用过程中的外部压力源与用户内在情感及后续行为间的关系。在S-S-O框架中，个体对压力的处理被分解为发现压力源、产生应变反应、影响个体行为表现三个部分②。压力源是促使个体产生压力的外界刺激，

---

① 杜运周、李佳馨、刘秋辰等：《复杂动态视角下的组态理论与QCA方法：研究进展与未来方向》，《管理世界》2021年第3期。

② 张敏、孟蝶、张艳：《社交网络用户间歇性中辍行为关键问题研究综述》，《图书情报工作》2019年第21期。

应变反应是个体应对压力源所产生的内在反应，应变反应会引发个体行为意向的变化，从而产生不同的后续结果①。

选择 S-S-O 框架作为本章模型构建的理论框架的原因在于：S-S-O 框架充分涵盖了社交媒体用户不持续使用意向形成的内、外部因素，并阐明各因素间的作用关系，为更好地理解社交媒体用户不持续使用意向的形成机理提供了框架，这与本章的主要目标相符合。此外，已有较多相关研究采用 S-S-O 框架构建社交媒体用户不持续使用行为模型，证实了 S-S-O 框架在社交媒体用户不持续使用研究领域的科学性，如 Nawaz M. A. 等、Fu S. X. 等、Zhang S. W. 等。因此，S-S-O 框架适用于阐释社交媒体用户不持续使用意向的影响机制。

在社交媒体使用背景下，过载被认为是一种具有代表性的压力源，使用户产生较强的情感负荷，进一步导致用户产生不持续使用意向。因此，本章将信息过载作为压力源（S），将用户使用社交媒体后产生的情绪（后悔、不满意、不信任）作为压力源下的应变反应（S），将社交媒体用户不持续使用意向视为用户情感负荷演化产生的结果（O）。

二 情感负荷演化框架

情感（Emotion）是人们对可评判事物而表现出的一种心理情绪状态②。目前，情感往往被分为多种类别，用于研究某种情绪如何影响人们的行为决策。例如，Russell J. A. ③ 指出情感维度不是独立的，而是以一种高度系统的方式相互关联的，并基于愉快—不愉快、唤起—困倦的二维空间提出了一种复杂的情感模型；Nahl D. 针对网络检索环境提出的情感负荷理论将个体情感负荷归纳为刺激、焦虑、沮丧、愤怒四种特定

---

① 林家宝、林顺芝、郭金沅：《社交媒体超载对用户不持续使用意愿的双刃剑效应》，《管理学报》2019 年第 4 期。

② Reisenzein R. , Schönpflug W. , "Stumpf's Cognitive-Evaluative Theory of Emotion", *American Psychologist*, Vol. 47, No. 1, 1992, pp. 34 – 45.

③ Russell J. A. , "A Circumplex Model of Affect", *Journal of Personality and Social Psychology*, Vol. 39, No. 6, 1980, pp. 1161 – 1178.

负面情感变量[1]；Beaudry A. 等提出的情绪分类框架[2]，将情绪分为四类，分别为挑战情绪、成就情绪、损失情绪、威胁情绪。

　　然而，目前的研究大多强调对用户情感负荷变量的划分，未能体现出用户情感负荷的内在转化特征。尤其在社交媒体领域，众多研究局限于用 IT 技术进行情感的分类与测量[3]。例如，Sun X. 等[4]关注于检测微博上正向、负向与中性情绪，Waterloo S. F. 等[5]关注识别与对比 Facebook、Twitter、Instagram 等众多社交媒体平台的用户情绪。然而，在社交媒体情境下，个体使用社交媒体产生的情感负荷过程相比单一分类更为复杂。社交媒体用户的负面情绪并非静态稳定，往往会随时间推移而产生动态演化。这种情感的演化得到了众多情感理论下认知流派的支持。例如，情感的认知评价理论（Cognitive-Evaluative Theory of Emotion）倾向于认为人们的情绪是基于认知的改变而不断演化，甚至影响新的行为意向产生。尤其是情感调整（Emotion Regulation）的众多研究认为，情感能够在干预状态下的不同时间阶段表现出新的演变[6]。

　　因此，需要打破关注单一时间节点上负面情感的局限，突出社交媒体用户的情感负荷动态演化过程，将原本孤立的负面情绪变量建立联系。事实上，已有研究开始关注社交媒体用户随着时间推移的情感演变。例

---

① Nahl D. , "Measuring the Affective Information Environment of Web Searchers", *Proceedings of the ASIST Annual Meeting*, Vol. 41, No. 1, 2004, pp. 191 – 197.

② Beaudry A. , Pinsonneault A. , "The Other Side of Acceptance: Studying the Direct and Indirect Effects of Emotions on Information Technology Use", *MIS Quarterly*, Vol. 34, No. 4, 2010, pp. 689 – 710.

③ Panger G. T. , Emotion in social media, Ph. D. dissertation, University of California, Berkeley, 2017.

④ Sun X. , Zhang C. , Li G. Q. , et al. , "Detecting Users' Anomalous Emotion Using Social Media for Business Intelligence", *Journal of Computational Science*, Vol. 25, March 2018, pp. 193 – 200.

⑤ Waterloo S. F. , Baumgartner S. E. , Peter J. , et al. , "Norms of Online Expressions of Emotion: Comparing Facebook, Twitter, Instagram, and Whatsapp", *New Media & Society*, Vol. 20, No. 5, 2018, pp. 1813 – 1831.

⑥ Thompson R. A. , "Emotion and Emotion Regulation: Two Sides of the Developing Coin", *Emotion Review*, Vol. 3, No. 1, 2011, pp. 53 – 61.

如，*Gaind B.* 等①检测出社交媒体用户会随着时间变化而产生不同程度的开心、悲伤、恐惧等，Andalibi N. 等②指出在社交媒体的情绪研究中，情感是多类多阶段的，须依据现在与将来的阶段研究情绪的演变以及其对用户行为的结果。此外，Franks J. 等③提出的社交媒体用户不持续体验概念框架，将用户不持续使用社交媒体体验划分为之前（prior）、期间（during）、之后（post）三个不同阶段。基于此，本章认为有必要以过去、现在、未来的演化视角为基础，将反映过去、现在、未来特征的三类负面情绪变量统一到 S-S-O 的情感框架内，构建情感负荷演化模型用于解释社交媒体用户不持续使用行为。

基于过去时间节点，后悔是个体因过往选择失误而产生的一种负面情绪。当个体意识到过去选择产生的绩效低于已放弃的选择时，其会产生后悔情绪。这种基于过去时间节点产生的情感负荷会影响用户当前、未来的情感反应。基于当前时间节点，不满意是用户感知到当前的产品、服务不符合自身期望时所产生的负面情绪④。对过去选择的后悔情绪，会导致个体对当下所选产品、服务的不满意。后悔情绪产生于对被选择及被放弃事物的比较，这种比较会进一步引发个体对被选择事物的期望不一致，从而产生当下的不满意情绪。基于未来时间节点，对当前使用体验的不满意会带来对事物未来发展的不信任。不信任是个体对服务商做出损害个体利益行为的积极预期⑤。当个体对当前选择的满意度较低时，其对未来的预期会趋向负面，即产生不信任的情感。对未来的负面

① Gaind B. , Syal V. , Padgalwar S. , "Emotion Detection and Analysis on Social Media", *Arxiv Preprint Arxiv*, 2019, p. 1901，08458.

② Andalibi N. , Buss J. , "The Human in Emotion Recognition on Social Media: Attitudes, Outcomes, Risks", *Conference on Human Factors in Computing Systems（CHI）2020 Proceedings*, Honolulu, HI, USA, April 25 – 30, 2020.

③ Franks J. , Chenhall R. , Keogh L. , "Conceptual Framework for Temporal Discontinuance Experiences of Social Media Users: What Factors are Responsible?", *Convergence: The International Journal of Research into New Media Technologies*, Vol. 29, No. 1, 2022, pp. 225 – 245.

④ Nam K. , Baker J. , Ahmad N. , et al. , "Dissatisfaction, Disconfirmation, and Distrust: An Empirical Examination of Value Co-Destruction through Negative Electronic Word-of-Mouth（Ewom）", *Information Systems Frontiers*, Vol. 22, 2020, pp. 113 – 130.

⑤ 金晓玲、田一伟：《共享经济下消费者信任和不信任的形成机制——基于结构方程模型和模糊集定性比较方法》，《技术经济》2019 年第 8 期。

预期也将作为个体情绪反应的一部分，影响个体的行为决策。

在患者满意度与提供者信任度的相关性研究中，也有研究指出后悔、不满意和不信任存在内在的转化可能①。可见，后悔、不满意、不信任三种负面情绪的演化过程，从时间视角揭示了个体对某一产品或服务的情感负荷演化特征。因此，本章将后悔、不满意、不信任三个负面情绪变量作为一个有机整体，构建情感负荷演化框架，探究负面情绪的演化过程及其对社交媒体不持续使用意向的影响。在社交媒体信息过载的环境刺激下，用户会产生情感负荷的应变反应，其具体表现形式会随时间推移而产生演变。当用户对社交媒体使用产生后悔情绪时，这种源于与过去选择比较的负面情绪，将会激发用户对当前选择的不满意，从而对未来社交媒体提供的信息、服务产生不信任。因此，本章通过构建后悔、不满意、不信任的情感负荷演化框架，具体阐释社交媒体用户负面情绪与不持续使用意向的发生机理。

第三节　研究模型与假设

一　研究模型

基于"压力源—应变—结果"理论框架，本章以信息过载为压力源，应变反应中设计了"后悔—不满意—不信任"的情感负荷演化变量，引入自我情绪管理变量，构建社交媒体用户不持续使用意向研究模型，如图 3 - 1 所示。

二　研究假设

当社交媒体用户需要处理的信息超出其信息处理能力时，信息过载就产生了。在社交媒体使用过程中，当用户经历信息过载时，他们会产生后悔的情绪。有限注意力理论认为，个体处理信息的认知资源是有限的。社交媒体上超出用户认知处理能力的信息，会使用户产生困惑甚至

---

① Waljee J. F., Hu E. S., Newman L. A., et al., "Correlates of Patient Satisfaction and Provider Trust after Breast-Conserving Surgery", *Cancer*, Vol. 112, No. 8, April 2008, pp. 1679 – 1687.

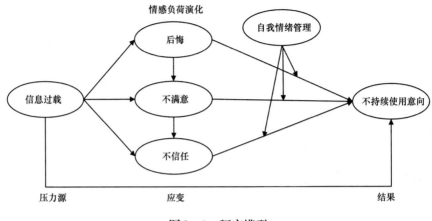

图 3 - 1　研究模型

失控的感觉，这些感觉极大程度影响了用户的正常生活，是社交媒体用户不希望出现的。因此，他们会因选择持续使用该社交媒体而感到后悔。已有相关研究发现，信息过载会导致社交媒体用户产生后悔情绪①。基于此，本章认为，社交媒体信息过载程度越强，社交媒体用户的后悔情绪也更强烈。因此，提出以下假设：

H1a：信息过载对社交媒体用户后悔有正向影响。

信息过载背景下产生的大量无用信息会扰乱用户对关键信息判断、理解的准确性，从而降低用户的工作、生活效率，这在极大程度上影响了用户对社交媒体使用的满意度。同时，信息过载也会增加社交媒体平台使用的功能复杂性，削弱其可用性，进而增强用户对社交媒体使用的不满意程度②。有研究发现，信息过载加剧了用户对社交媒体的不满意情绪；微博用户感知到的信息过载会导致他们对微博平台的不满意。基

① Cao X. F., Sun J. S., "Exploring the Effect of Overload on the Discontinuous Intention of Social Media Users: An S-O-R Perspective", *Computers in Human Behavior*, Vol. 81, April 2018, pp. 10 – 18.

② Fu S., Li H., "Understanding Social Media Discontinuance from Social Cognitive Perspective: Evidence from Facebook Users", *Journal of Information Science*, Vol. 48, No. 4, 2022, pp. 544 – 560.

于此，本章认为，社交媒体信息过载程度越强，用户会产生越强烈的不满意情绪。因此，提出以下假设：

　　H1b：信息过载对社交媒体用户不满意有正向影响。

　　信息过载问题的存在，加大了用户选择、理解信息的难度①。用户在大体量信息环境中，难以辨别信息的真伪，这在一方面将导致用户产生信息焦虑、倦怠等负面情绪，另一方面不利于用户形成对事实的客观认知，这些不良使用体验使用户逐渐形成对社交媒体的不信任。已有研究发现人们对信息过载的感知会降低人际信任②。在社交媒体背景下，用户通过发布、接收信息建立与社交媒体平台及其他用户的信任关系，而信息过载的环境将直接影响用户对社交媒体的信任。基于此，本章认为社交媒体信息过载程度越强，用户对社交媒体的不信任程度也会越强。因此，提出以下假设：

　　H1c：信息过载对社交媒体用户不信任有正向影响。

　　作为社交媒体使用场景中的压力源，信息过载不仅会激发用户的负面情绪，也可能直接改变用户的使用行为。基于应对理论，在压力情境下，个体会选择一定的应对策略来缓解压力。当个体感知到信息过载带来的压力时，他们会产生不持续使用社交媒体的意向，以此来控制承受的压力。已有研究表明，信息过载意味着用户在社交媒体使用过程中产生了负面的体验，它会削弱社交媒体的有用性，进而引发用户的不持续使用意向。信息过载会通过引发社交媒体耗竭，间接影响用户的不持续使用意向，但信息过载对不持续使用意向的直接作用不显著③。基于此，

---

　　① 李旭、刘鲁川：《信息过载背景下社会化阅读 App 用户的忽略与退出行为——心理契约违背视角》，《图书馆》2018 年第 2 期。

　　② Beaudoin C. E., "Explaining the Relationship between Internet Use and Interpersonal Trust: Taking into Account Motivation and Information Overload", *Journal of Computer-Mediated Communication*, Vol. 13, No. 3, April 2008, pp. 550 – 568.

　　③ Gao W., Liu Z. P., Guo Q. Q., et al., "The Dark Side of Ubiquitous Connectivity in Smartphone-Based SNS: An Integrated Model from Information Perspective", *Computers in Human Behavior*, Vol. 84, July 2018, pp. 185 – 193.

本章认为信息过载程度越强，用户对社交媒体的不持续使用意向也会越强。因此，提出以下假设：

H1d：信息过载对社交媒体用户不持续使用意向有正向影响。

当用户意识到因持续使用社交媒体取得的绩效不如所放弃的选择时，用户会产生后悔的负面情绪，这种负面情绪会放大用户对社交媒体使用体验与预期的差距，从而产生不满意的情绪。有研究发现，社交媒体使用带来的不满意情绪会随着社交媒体后悔的加剧而变得更加显著①。后悔情绪会直接导致社交媒体使用不满意②。基于此，本章认为后悔程度越强，用户使用社交媒体的不满意情绪也会越强。因此，提出以下假设：

H2a：后悔对社交媒体用户不满意有正向影响。

当社交媒体提供的信息、服务不能满足用户的期望时，用户心中会产生不满意的情绪。对社交媒体使用的不满意，可能会引发用户对社交媒体的不信任。从信任形成的过程来看，满足用户期望的能力是信任发展的关键驱动力③。而当期望与现状不一致时，社交媒体用户会产生不满意情绪。这种消极的情绪体验，使得用户对社交媒体原有的信任受损。有研究发现众筹平台创始者的不称职、恶意欺骗等行为引发了投资者对众筹平台的不满意，随之带来的负面情绪触发了对众筹平台的不信任④。

---

① 程慧平、苏超、王建亚：《社交媒体用户不持续使用行为模型构建及实证研究》，《情报学报》2020 年第 9 期。

② Chang I. C., Liu C. C., Chen K., "The Push, Pull and Mooring Effects in Virtual Migration for Social Networking Sites", *Information Systems Journal*, Vol. 24, No. 4, July 2014, pp. 323 – 346.

③ Hsu M. H., Chang C. M., Chuang L. W., "Understanding the Determinants of Online Repeat Purchase Intention and Moderating Role of Habit: The Case of Online Group-Buying in Taiwan", *International Journal of Information Management*, Vol. 35, No. 1, February 2015, pp. 45 – 56.

④ Strohmaier D., Zeng J., Hafeez M., "Impact of Dissatisfaction on Funders' Decision to Reinvest in Crowdfunding: A Distrust-Based Perspective", *Human Systems Management*, Vol. 39, No. 3, 2020, pp. 309 – 327.

在消费网站电子口碑的研究中，不满意会间接影响用户对网站的不信任。基于此，本章认为用户对社交媒体使用的不满意程度越强，其对社交媒体的不信任程度也会增强。因此，提出以下假设：

H2b：不满意对社交媒体用户不信任有正向影响。

如果社交媒体用户对持续性的社交媒体使用产生了后悔情绪，他们可能会产生不持续使用的意向，以保护自己免受负面情绪的干扰。用户在社交媒体使用过程中产生的后悔情绪，一方面会加剧社交媒体用户的不满意情绪；另一方面用户会对已投入于社交媒体平台的时间、精力感到愧疚，从而产生不持续使用的意向。社交媒体持续性使用带来的负面结果会为用户带来后悔的情绪，并促使人们产生不持续使用意向以纠正行为。基于此，本章认为用户在社交媒体使用中产生的后悔情绪越强，其对社交媒体的不持续使用意向也会增强。因此，提出以下假设：

H3a：后悔对社交媒体用户不持续使用意向有正向影响。

期望不一致理论认为，用户的持续使用意向是由满意度水平决定的。不满意是停止使用 IT 的主要驱动因素之一，不满意和社交媒体不持续使用意向之间的正相关关系已在一些研究中得到检验。社交媒体使用不满意对用户的不持续使用意向具有正相关关系。当用户对品牌服务质量不满意时，他们更倾向于产生不持续关注品牌微博主页的意向[①]。基于此，本章认为用户对社交媒体服务的不满意情绪越强，其对社交媒体的不持续使用意向也会增强。因此，提出以下假设：

H3b：不满意对社交媒体用户不持续使用意向有正向影响。

---

① Tang Z. Y., Chen L. D., "Exploring the Drivers of Brand Fan Page Follower Discontinuance Intention: An Adaptation of the Furneaux and Wade's Framework", *Information Technology & People*, Vol. 33, No. 5, October 2020, pp. 1381 – 1401.

当处于对社交媒体不信任的状态时，用户对社交媒体产生较为消极的期望，他们认为持续使用社交媒体将会损害自身利益。因此，不信任状态下的用户，更倾向于产生对社交媒体不持续使用意向。信任与品牌微博主页的不持续关注呈现负相关关系，信任度高的消费者更容易阅读、转发和评论品牌微博主页发布的信息。基于此，本章认为用户对社交媒体的不信任越强烈，其对社交媒体不持续使用意向也会增强。因此，提出以下假设：

H3c：不信任对社交媒体用户不持续使用意向有正向影响。

自我情绪管理是个体对其情绪的感知、抑制、调节，具有较强自我情绪管理能力的个体可以有效地管理自己的负面情绪，并产生相应行为以应对情绪[1]；高自我情绪管理能力的员工可以更好地发现自身情绪的来源及影响，并作出调整策略[2]。在社交媒体背景下，自我情绪管理会对社交媒体用户的不持续使用意向产生影响。具有较高自我情绪管理能力的用户，可以准确地判断、识别由社交媒体使用带来的负面情绪，并有能力调节个体的负面情绪，以保证社交媒体使用行为的合理性。已有相关研究表明，自我情绪管理会影响社交媒体用户的使用行为。自我情绪管理水平较高的用户，更有可能采取合适的策略缓解微信使用带来的后悔情绪[3]；自我情绪管理水平较低的用户更有可能产生社交媒体过度使用问题[4]。基于此，高自我情绪管理水平的用户，在使用社交媒体产生负面情绪后，更易于识别负面情绪的来源，并产生理性的不持续使用

---

[1] Li S. S., Jiang Y. W., Cheng B., et al., "The Effect of Flight Delay on Customer Loyalty Intention: The Moderating Role of Emotion Regulation", *Journal of Hospitality and Tourism Management*, Vol. 47, June 2021, pp. 72 – 83.

[2] 李家俊、李晏墅、秦伟平等：《团队结构约束对员工创造力的影响：基于情绪理论视角》，《江苏社会科学》2017 年第 1 期。

[3] 许芳、杨杰、田萌等：《微信用户后悔情绪影响因素与应对策略选择——基于 SEM 与 fsQCA 的研究》，《图书情报工作》2020 年第 16 期。

[4] Zsido A. N., Arato N., Lang A., et al., "The Role of Maladaptive Cognitive Emotion Regulation Strategies and Social Anxiety in Problematic Smartphone and Social Media Use", *Personality and Individual Differences*, Vol. 173, April 2021, p. 110647.

意向，以调整个体情绪。因此，提出以下假设：

H4a：自我情绪管理在后悔对不持续使用意向的影响关系中起正向调节作用。

H4b：自我情绪管理在不满意对不持续使用意向的影响关系中起正向调节作用。

H4c：自我情绪管理在不信任对不持续使用意向的影响关系中起正向调节作用。

第四节　量表设计与数据收集

微信是主流的社交媒体平台，拥有 10 余亿活跃用户，然而经过 10 年的发展与积累，用户已经关注了众多的公众号、小程序、短视频账号、直播等，已经出现信息过载的现象。因此，本章选取微信为研究对象，具有代表性。本章采用基于情景的问卷方法进行数据收集，为准确体现信息过载情景，在设计问卷时采用了以下方案：首先，设计信息过载情景。在问卷开篇，描述信息过载的现象，使参与者明确信息过载情景。其次，采用回忆方法。回忆方法是问卷设计中常用的技术，广泛应用在营销与信息系统领域的问卷与数据收集中，用于启发参与者的回忆与体验。在设定的情境中，参与者会被要求回想最近一段时间内信息过多的使用体验。为保障参与者能够明确地在时间维度上区分是对过去、现在与未来的情绪感知，问卷在设计时将对应的情绪题项分别放置于三段时间区域内，并在每段时间区域开头进行回忆的启发式引导，强调是针对该时间段的情绪感知。这样的设计能够精准地捕获参与者在过去、现在与未来对微信上信息过载的情感体验。最后，在问卷情景结束部分，设计了感知信息过载的题目。只有当参与者回答感知到信息过载时才可以进行下一步。同时，选取具有丰富社交媒体使用经验的用户作为调查对象。在问卷正式发放前，进行了预备实验。随机招募了 15 名线下大学生作为社交媒体用户观看情景并回答问卷。针对被试者的反馈意见，进一步完善了情景的设计以及个别问题的表述。

一 测量量表

本章量表是在已有成熟量表的基础上，结合国内社交媒体用户使用情境改编开发的。本章设计的调查问卷分为两部分：第一部分是潜在变量的测量题项；第二部分是受访者的基本统计信息。潜在变量的测量题项包括信息过载、后悔、不满意、不信任、自我情绪管理、不持续使用意向6个潜在变量，每个潜在变量设计3—4条测量题项，共计23条题项，如表3-1所示。受访者的人口统计学信息包括性别、年龄、学历、使用社交媒体年限及每天使用社交媒体时长。

所有题项均采用李克特5级量表（1 = 非常不同意，2 = 不同意，3 = 一般，4 = 同意，5 = 非常同意）。其中，信息过载的测量参考了熊慧等[①]、Zhang S. W. 等的研究；整合 Cao X. F. 等、Nawaz M. A. 等的研究测量后悔；借鉴 Zhang S. W. 等的研究测量不满意、不持续使用意向；改编 Strohmaier D. 等的研究测量不信任；引用 Wong C. S. 等[②]的研究测量自我情绪管理。

表3-1　　　　　　　　　　潜在变量及其测量题项

潜在变量	题项编号	测量题项
信息过载（IO）	IO1	社交媒体中每天会有很多信息更新，我有一种被淹没在其中的感觉
	IO2	我发现社交媒体中很多信息不是我需要的
	IO3	浏览社交媒体的信息常常让我花费较多的时间和精力
	IO4	社交媒体中过多的信息常常会让我分心

---

① 熊慧、郭倩：《朋友圈中辍行为的影响因素研究》，《新闻界》2019年第10期。

② Wong C. S., Law K. S., "The Effects of Leader and Follower Emotional Intelligence on Performance and Attitude：An Exploratory Study", *The Leadership Quarterly*, Vol. 13, No. 3, June 2002, pp. 243 - 274.

续表

潜在变量	题项编号	测量题项
后悔（Reg）	Reg1	我后悔过度使用社交媒体
	Reg2	我常常在使用完社交媒体后感到并没有什么收获
	Reg3	我应该减少在社交媒体上花费的时间
不满意（DISS）	DISS1	对于社交媒体的整体使用，我感到并不满意
	DISS2	对于社交媒体的整体使用，我感到并不愉悦
	DISS3	对于社交媒体的整体使用，我感到并不满足
	DISS4	对于社交媒体的整体使用，我感到并不欣喜
不信任（DIST）	DIST1	我不确定社交媒体服务商是否会维护我的权益
	DIST2	我不确定社交媒体服务商是否会信守他们的承诺
	DIST3	我觉得社交媒体服务商无法有效控制社交媒体上的信息质量
	DIST4	我认为大多数社交媒体服务商是不可靠的
自我情绪管理（SER）	SER1	我能控制自己的脾气，理性地处理困难
	SER2	我有能力控制自己的情绪
	SER3	我生气的时候总是能很快平静下来
	SER4	我能很好地控制自己的情绪
不持续使用意向（DISC）	DISC1	以后我会减少社交媒体的使用次数
	DISC2	以后我的社交活动可能会转移至其他社交平台
	DISC3	以后我可能会短暂停止使用某个社交媒体
	DISC4	如果可以的话，我将停止使用社交媒体

二　数据收集及描述性统计

用于收集数据的情景问卷，通过"问卷星"平台（http：//www. wjx. cn/）制作网络问卷。结合已有研究对调查样本的选择，本章借助微信、QQ 等渠道以滚雪球的方式向不同地域、年龄段、学历的社交媒体用户进行投放，限制每个 IP 地址只能提交一份调查问卷。对回收到的 529 份问卷进行筛选，剔除作答时间过短、所有题项回答一致的无效问卷后①，最终获得有效问卷 379 份，被调查对象的人口统计学信息描述性统计结果如表 3-2 所示。

表 3-2　　　　　　　　　　　调查样本描述性统计

变量	题项	频次	百分比（%）
性别	男	182	48.02
	女	197	51.98
年龄	18 岁以下	9	2.37
	18—24 岁	191	50.40
	25—30 岁	101	26.65
	31—40 岁	53	13.98
	40 岁以上	25	6.60
学历	高中及以下	10	2.64
	大专	29	7.65
	本科	192	50.66
	硕士研究生	103	27.18
	博士研究生	45	11.87
使用社交媒体年限	1 年以下	8	2.11
	1—3 年（包括 3 年）	60	15.83
	3—6 年（包括 6 年）	144	37.99
	6 年以上	167	44.06
每天使用社交媒体的时长	小于 1 小时	13	3.43
	1—2 小时（包括 2 小时）	67	17.68
	2—3 小时（包括 3 小时）	97	25.59
	3—4 小时（包括 4 小时）	71	18.73
	4 小时以上	131	34.56

在 379 个有效调查样本中，男性、女性用户分别占比 48.02%、51.98%，男女比例分布较为均衡。在年龄方面，被调查者中 40 岁及以下的年轻用户有 354 人，占比 93.4%。在学历方面，被调查者中本科及

---

① Heide J. B., Wathne K. H., "Friends, Business People, and Relationship Roles: A Conceptual Framework and A Research Agenda", *Journal of Marketing*, Vol. 70, No. 3, July 2006, pp. 90 - 103.

以上学历者有 340 人，占比 89.71%，表明被调查者具有较好的理解能力。在社交媒体使用情况方面，超过 80% 的被调查者已经使用社交媒体超过 3 年，并且每天使用社交媒体超过 4 小时的用户占比最大，这表明本章的调查样本都具有丰富的社交媒体使用经验，且使用程度各异，因此调查样本选择具有代表性。

第五节　结构方程模型分析

结构方程模型将变量及其关系简化成结构模型形式，主要基于协方差和方差两种分析方法。偏最小二乘结构方程模型（PLS-SEM）方法基于方差估计参数，可对具有许多结构、指标变量和结构路径的复杂模型进行估计。相对于协方差方法的结构方程模型（CB-SEM）方法而言，PLS-SEM 具有以下特点[①]：（1）适用于从探索、预测角度分析、检验理论框架；（2）适用于结构复杂，包含较多变量、指标、路径的模型；（3）对样本量的要求较为灵活，大、小样本兼适用；（4）对数据分布的要求较为灵活，数据不必满足正态分布；（5）适用于需要潜在变量分数进行后续分析的研究。基于此，本章采用 PLS-SEM 方法进行数据分析，利用 Smart PLS 3 软件进行测量模型和结构模型分析。

一　测量模型分析

（1）信度检验

信度检验反映数据的可信度与变量内部一致性，检验结果需满足克朗巴哈系数（Cronbach's α）值、组合信度（Composite Reliability，CR）值大于 0.7 的要求[②]。表 3-3 中数据显示，所有变量中 Cronbach's α 值最小为 0.812，CR 值最小为 0.877，均超过 0.7。表明本章测量量表具有较高的可信度，变量内部一致性良好。

---

① Hair J. F., Risher J. J., Sarstedt M., et al., "When to Use and How to Report the Results of PLS-SEM", *European Business Review*, Vol. 31, No. 1, January 2019, pp. 2-24.

② Hair J. F., Ringle C. M., Sarstedt M., "PLS-SEM: Indeed a Silver Bullet", *Journal of Marketing Theory and Practice*, Vol. 19, No. 2, 2011, pp. 139-152.

表 3 - 3　　　　　　　　　信度、收敛效度分析结果

潜在变量	题项编号	标准因子载荷量	Cronbach's α	CR	AVE
不持续使用意向（DISC）	DISC1	0.737	0.812	0.877	0.640
	DISC2	0.813			
	DISC3	0.829			
	DISC4	0.818			
不满意（DISS）	DISS1	0.887	0.909	0.936	0.786
	DISS2	0.910			
	DISS3	0.861			
	DISS4	0.887			
不信任（DIST）	DIST1	0.890	0.895	0.927	0.762
	DIST2	0.912			
	DIST3	0.873			
	DIST4	0.813			
信息过载（IO）	IO1	0.834	0.831	0.887	0.663
	IO2	0.833			
	IO3	0.821			
	IO4	0.768			
后悔（Reg）	Reg1	0.875	0.834	0.900	0.750
	Reg2	0.882			
	Reg3	0.840			
自我情绪管理（SER）	SER1	0.974	0.990	0.993	0.971
	SER2	0.992			
	SER3	0.983			
	SER4	0.993			

（2）效度检验

效度检验分为内容效度、结构效度两种指标，反映潜在变量题项的有效性程度。本章题项在参考成熟量表的基础上，根据本章内容进行了调整，并邀请多名社交媒体用户行为领域的专家进行预测试。依据其意见，对量表表述进行多次修改，最终生成问卷。因此，本章测量题项具有较好的内容效度。

　　结构效度部分包括收敛效度、区别效度。收敛效度检验构念的全面性问题，区别效度检验构念的排他性问题①。本章采用标准因子载荷量、平均萃取方差（Average Variance Extracted，AVE）进行收敛效度检验。如表 3 - 3 所示，本章中所有潜在变量均包含 3 个及以上题项，每个题项的标准因子载荷系数值均大于 0.5；各潜在变量的平均萃取方差（AVE）均大于 0.5。因此，本章潜在变量具有较好的收敛效度。

　　为保证量表的区别效度，本章依据 Fornell-Larcker 判别标准进行区别效度检验，需满足所有潜在变量的 AVE 算术平方根均高于该变量与其他潜在变量之间的相关系数，结果如表 3 - 4 所示。对角线上的粗体数值为潜在变量的 AVE 算术平方根，对角线下方数值为各潜在变量与其他潜在变量之间的相关系数。对角线上 AVE 算术平方根最小值为 0.800，大于对角线下方最大值 0.553。由此可见，本章潜在变量间具有较好的区别效度。

表 3 - 4　　　　　　　　　　　　**区别效度分析结果**

	不信任	不持续使用意向	不满意	信息过载	后悔	自我情绪管理
不信任	**0.873**					
不持续使用意向	0.522	**0.800**				
不满意	0.485	0.553	**0.886**			
信息过载	0.465	0.385	0.345	**0.814**		
后悔	0.395	0.401	0.381	0.327	**0.866**	
自我情绪管理	- 0.023	0.184	- 0.019	0.183	0.022	**0.985**

二　结构模型分析

　　运用 Smart PLS 3 软件进行结构模型分析，结果如图 3 - 2、表 3 - 5 所示。结构模型主要依据标准化残差均方根（SRMR）、决定系数 R^2 值、

---

　　① 鄢慧丽、余军、熊浩：《移动旅游应用用户粘性影响因素研究——以网络舆论为调节变量》，《南开管理评论》2020 年第 1 期。

路径系数的显著化水平三项指标进行评估。本章中的 SRMR 估计值为 0.069，小于 0.08 的标准。因此，本章估计模型的拟合度较好。R^2 值反映模型的拟合优度，当模型中的结果变量可以较好地对现象进行解释时，R^2 值会较大[①]。本章中，结果变量不持续使用意向的 R^2 值为 0.518，远大于 0.2 的阈值。因此，本章模型中压力源变量信息过载、应变反应变量（后悔、不满意、不信任）及调节变量（自我情绪管理）能够较好地解释社交媒体用户不持续使用意向。

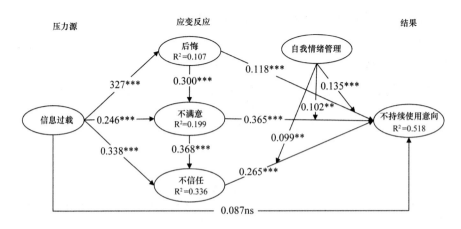

图 3-2　结构模型结果

注：***、** 分别代表 1%、5% 显著性，ns 代表不显著。

（1）压力源因素的影响作用：信息过载（β = 0.327，P < 0.01）对后悔具有显著正向影响，假设 H1a 成立；信息过载（β = 0.246，P < 0.01）对不满意具有正向影响，假设 H1b 成立；信息过载（β = 0.338，P < 0.01）对不信任具有显著正向影响，假设 H1c 成立；这表明较强的信息过载作为压力源，会引发社交媒体用户后悔、不满意、不信任的负面情绪。信息过载对不持续使用意向的正向影响不显著（β = 0.087，P > 0.05），验证了 Gao W. 等的研究结论。信息过载不直接作用于不持

---

① Benitez J., Henseler J., Castillo A., et al., "How to Perform and Report an Impactful Analysis Using Partial Least Squares: Guidelines for Confirmatory and Explanatory IS Research", *Information & Management*, Vol. 57, No. 2, March 2020, p. 103168.

续使用意向的可能原因：信息过载作为外界压力源，首先是通过对用户的情绪、认知产生作用，继而诱发用户的不持续使用意向。用户使用态度的改变通过情感负荷演化产生间接影响，这进一步说明了信息过载在影响社交媒体用户的内在感受下，进而影响其行为决策。

（2）情感负荷演化规律：后悔（β = 0.300，P < 0.01）对不满意呈现出显著正向影响，假设 H2a 成立；不满意（β = 0.368，P < 0.01）对不信任呈现出显著正向影响，假设 H2b 成立。这表明随时间推移，社交媒体用户因使用社交媒体而产生的后悔情绪，会演化为对于社交媒体使用的不满意，并进一步引发对社交媒体平台的不信任。

表 3 – 5　　　　　　　　　　　路径分析结果

假设	路径	标准路径系数	T 值	P 值	假设检验
H1a	信息过载→后悔	0.327***	7.273	0.000	支持
H1b	信息过载→不满意	0.246***	4.478	0.000	支持
H1c	信息过载→不信任	0.338***	7.103	0.000	支持
H1d	信息过载→不持续使用意向	0.087ns	1.782	0.075	拒绝
H2a	后悔→不满意	0.300***	6.452	0.000	支持
H2b	不满意→不信任	0.368***	7.839	0.000	支持
H3a	后悔→不持续使用意向	0.118***	2.759	0.006	支持
H3b	不满意→不持续使用意向	0.365***	8.443	0.000	支持
H3c	不信任→不持续使用意向	0.265***	5.435	0.000	支持
H4a	自我情绪管理*后悔→不持续使用意向	0.135***	2.837	0.005	支持
H4b	自我情绪管理*不满意→不持续使用意向	0.102**	2.444	0.015	支持
H4c	自我情绪管理*不信任→不持续使用意向	0.099**	2.091	0.037	支持

注：***、**分别代表1%、5%显著性，ns 代表不显著。

（3）应变反应对结果的影响作用：后悔（β = 0.118，P < 0.01）对

不持续使用意向有正向影响，假设 H3a 成立；不满意（β = 0.365，P < 0.01）对不持续使用意向有显著正向影响，假设 H3b 成立；不信任（β = 0.265，P < 0.01）对不持续使用意向具有显著正向影响，假设 H3c 成立。上述研究结果表明，用户对社交媒体产生的后悔、不满意、不信任负面情绪，是促使社交媒体用户不持续使用意向产生的关键影响因素。

（4）自我情绪管理的调节作用：自我情绪管理作为调节变量，在本章的应变反应对结果的作用中起到调节作用。其中，自我情绪管理（β = 0.135，P < 0.01）在后悔对不持续使用意向的影响中调节作用显著，假设 H4a 成立。自我情绪管理（β = 0.102，P < 0.05）在不满意对不持续使用意向的影响中起到正向调节作用，假设 H4b 成立。自我情绪管理（β = 0.099，P < 0.05）在不信任对不持续使用意向的影响中起到显著正向调节作用，假设 H4c 成立。这表明自我情绪管理在一定程度上可以调节后悔、不满意、不信任对社交媒体用户不持续使用意向的影响。具有较强自我情绪管理能力的用户，可以合理判断负面情绪产生的原因，并做出理性的行为以回应社交媒体使用带来的后悔、不满意、不信任情绪。因此，他们会更为明显地产生不持续使用意向，以规避自己的负面情绪反应。

（5）潜在变量的路径系数比较：在压力源对应变反应的刺激部分，信息过载对不信任的作用最为强烈，其次是对后悔的作用，其对不满意的影响最弱。可能的原因：信息过载使得用户在社交媒体上获取有用信息的效率大幅较低，从而极大程度地影响了用户对平台未来信息供给、组织能力的预期。而在应变反应对结果的作用部分，不满意对社交媒体用户的不持续使用意向影响最强，其次是不信任，后悔影响最为微弱。其可能的原因是，不满意是用户对于当下使用的直接体验，当前的情感最有可能影响用户当下的行为意向，而后悔与不信任是基于过去、未来的情感，相比之下更难引发用户当下行为意向的改变。

（6）情感负荷变量的中介作用分析：采用置信区间法，检验情感负荷变量（后悔、不满意、不信任）在信息过载与不持续使用意向关系间的中介作用，不满意在后悔、不信任与不持续使用意向关系间的中介作用。Bootstrap 样本为 5000，偏差校正（Bias-Corrected）置信区间为 95%，使用 Preacher K. J. 和 Hayes A. F. 提供的 PROCESS 程序和由 Smart

PLS 3 软件生成的潜在变量得分在 SPSS 24 软件进行中介效应分析①。通过 Bias-Corrected 置信区间来判断是否存在中介效应。若置信区间不包括 0，表明存在中介效应，否则不存在中介效应。结果如表 3 - 6 所示。

表 3 - 6　　　　　　　　　　中介效应检验结果

中介路径	中介效应	Bias-Corrected		中介作用
		Lower	Upper	
IO→Reg→DISC	0.020	0.005	0.044	完全中介
IO→DISS→DISC	0.044	0.003	0.091	完全中介
IO→DIST→DISC	0.087	0.052	0.132	完全中介
Reg→DISS→DISC	0.072	0.042	0.112	部分中介
DISS→DIST→DISC	0.084	0.050	0.130	部分中介

从表 3 - 6 中可以看出，后悔、不满意、不信任的中介效应检验结果在 95% 显著性水平下 Bias-Corrected 置信区间均不包括 0。因此，负面情绪在信息过载与不持续使用意向的关系中具有完全中介作用，这进一步说明信息过载下社交媒体用户的负面情绪是其执行不持续使用的关键中介因素；不满意在后悔与不持续使用意向的关系中起部分中介作用，不信任在不满意与不持续使用意向的关系中起部分中介作用。

第六节　模糊集定性比较分析

本章在使用结构方程模型进行假设检验的基础上，引入模糊集定性比较分析（fsQCA），进一步对不持续使用意向前因条件变量间的"联动效应"进行挖掘②。已有研究认为，SEM 和 fsQCA 混合方法运用能够基

①　Zhao X. S., Lynch J., Chen Q. M., "Reconsidering Baron and Kenny: Myths and Truths about Mediation Analysis", *Journal of Consumer Research*, Vol. 37, No. 2, August 2010, pp. 197 - 206.

②　张大伟、陈彦馨、王敏：《期望与确认：短视频平台持续使用影响因素初探——基于 SEM 与 fsQCA 的研究》，《现代传播》（中国传媒大学学报）2020 年第 8 期。

于整体与系统逻辑，深入揭示多维度、多变量诱因对社交媒体用户不持续使用意向的复杂作用机制①。

一 变量校准

通过模糊集定性比较分析（fsQCA），从组态视角分析多个前因变量对结果变量的复杂因果关系。首先进行连续变量校准，将各变量原始数据转化为模糊集数据，设置三个锚点——完全隶属、交叉点和完全不隶属，生成案例在条件集合中的隶属度。对采用多个题项测量的信息过载、后悔、不满意、不信任、自我情绪管理5个前因变量及结果变量不持续使用意向，使用测量题项的平均值代替各变量原始值。参考 Ragin C. C. 提出的5%（Fully Out）、95%（Fully In）以及50%（Crossover Point）的标准②，将各变量数据对应于构成模糊集的三个定性断点，进行数据校准。

二 前因变量的必要性分析

对各个前因变量是否是结果变量的必要性条件进行检验，通过fsQCA运行识别结果的必要性和充分性，分析结果如表3-7所示。一致性最高为0.801，单项前因变量的必要性检验均未超过阈值0.9，未达绝对必要性条件标准，单项前因变量对结果变量的解释度不足，需要进一步分析组态视角下社交媒体用户不持续使用意向的不同影响路径。

表3-7   必要条件分析

变量	一致性	覆盖率	变量	一致性	覆盖率
IO	0.756	0.653	~ DISS	0.568	0.470
~ IO	0.576	0.543	DIST	0.749	0.710
Reg	0.801	0.657	~ DIST	0.592	0.509

① 宋华、卢强：《什么样的中小企业能够从供应链金融中获益？——基于网络和能力的视角》，《管理世界》2017年第6期。

② Ragin C. C. , *Redesigning Social Inquiry*：*Fuzzy Sets and Beyond*, University of Chicago Press, Chicago, London, 2008.

续表

变量	一致性	覆盖率	变量	一致性	覆盖率
~Reg	0.538	0.539	SER	0.687	0.638
DISS	0.761	0.755	~SER	0.618	0.542

注："~"表示逻辑"非"运算。

三　分析结果

分析多种前因变量的组态效应，探讨其对结果变量的复杂影响机制。fsQCA 依赖于布尔代数将所有理论上可能的组合进行逻辑简化，运用真值表算法在 Quine-McCluskey 算法和反事实分析的基础上，将大量的可能性组合提炼出最小原因条件组态[1]。在分析过程中，将可接受个案数设为 1，一致性阈值设定为 0.85[2]。通过真值表算法分析，得到复杂解、中间解和简约解。复杂解是不使用反事实分析的结果，中间解是只使用简单反事实分析的结果，简约解是使用简单和困难反事实分析后得出的结果[3]。结合中间解和简约解判断组态核心与边缘条件，依据中间解对结果变量进行解释，不持续使用意向的前因条件构型，如表 3-8 所示。其中，●和•表示该条件变量出现，●为核心条件，•为边缘条件，空格表示条件可存在也可缺失[4]。

表 3-8　　　　　　　　　　组态分析结果

组合构型	不持续使用意向		
	S1	S2	S3
IO			

---

[1]　池毛毛、杜运周、王伟军：《组态视角与定性比较分析方法：图书情报学实证研究的新道路》，《情报学报》2021 年第 4 期。

[2]　张舒宁、李勇泉、阮文奇：《接收、共鸣与分享：网络口碑推动网红餐饮粉丝效应的过程机理》，《南开管理评论》2021 年第 3 期。

[3]　卢恒、张向先、张莉曼等：《理性与偏差视角下在线问答社区用户知识付费意愿影响因素构型研究》，《图书情报工作》2020 年第 19 期。

[4]　Fiss P. C.，"Building Better Causal Theories：A Fuzzy Set Approach to Typologies in Organization Research"，*Academy of Management Journal*，Vol. 54，No. 2，April 2011，pp. 393–420.

续表

组合构型	不持续使用意向		
	S1	S2	S3
Reg	●	·	
DISS	●	●	●
DIST	●		·
SER		●	●
一致性	0.854	0.890	0.899
覆盖率	0.556	0.514	0.497
净覆盖率	0.102	0.060	0.043
总体一致性	0.659		
总体覆盖率	0.835		

从 fsQCA 分析结果来看，引发社交媒体用户不持续使用意向的模型总体解释一致性水平为 0.659，总体覆盖率为 0.835，覆盖了 83.5% 结果案例，模型具有良好解释力。从各前因条件构型结果的一致性来看，一致性最低为 0.854，一致性最高为 0.899，均超过阈值 0.8，各前因条件构型的一致性较好。fsQCA 分析中间解结果得到三种前因条件构型，结合社交媒体用户不持续使用意向的影响机制进行分析。

（1）模式一：S1（Reg * DISS * DIST），核心条件包括后悔、不满意、不信任。结果表明：当用户对当下使用满意度评价较低，对过去的选择产生后悔情绪及未来使用产生较为强烈的不信任情绪时，会产生较强的社交媒体不持续使用意向。该组态模式意味着用户对社交媒体使用的负面情绪、体验贯穿其使用社交媒体的各时间节点，因此易于引发不持续使用意向。此外，信息过载作为前因条件可存在也可缺失，不是触发此类前因构型的关键因素，即使对社交媒体使用当下的信息过载未被激化，负向情绪（后悔、不满意、不信任）仍然容易触发社交媒体用户不持续使用意向。说明信息过载无法直接对用户的社交媒体不持续使用意向产生影响。这也印证了结构方程模型方法得出的"信息过载对不持续使用意向直接影响不显著，会通过负面情绪间接影响不持续使用意向"结论。信息过载问题的存在，使得用户使用社交媒体获取信息的效率降低，用户在频繁经历负面使用体验后逐渐产生负向情绪，对社交媒体用户的不持续使用意向产生间接影响。

（2）模式二：S2（Reg＊DISS＊SER），核心条件包括不满意、自我情绪管理，边缘条件为后悔。结果表明：用户使用社交媒体产生的负面情绪会随着时间的推移而产生动态演化，基于过去、现在时间节点，后悔、不满意情感负荷作为应变，对社交媒体用户不持续使用意向产生影响。高自我情绪管理水平的用户，通常更专注于当下及未来的改变，较少因过去的选择而产生后悔情绪。他们的不持续使用意向，通常来源于个体的理性思考及判断，主要依据其对当下社交媒体服务满意度的综合判断。

（3）模式三：S3（DISS＊DIST＊SER），核心条件为不满意、自我情绪管理，边缘条件为不信任。结果表明：具有高自我情绪管理能力的社交媒体用户，在社交媒体使用中产生的不满意甚至不信任情绪越强，其对社交媒体的不持续使用意向也会增强。对于此类构型触发模式而言，社交媒体用户不持续使用意向主要来源于用户内在需求不满导致的负面情绪，受用户对社交媒体服务满意度与信任度评判的综合影响。

第七节　结论与讨论

一　结论

基于"压力源—应变—结果"（S-S-O）框架，构建了社交媒体用户不持续使用意向理论模型。其中，以信息过载为压力源变量，从"过去—现在—未来"的时间演化视角将后悔、不满意、不信任融入同一个框架中衡量信息过载下社交媒体用户情感负荷演化的应变反应变量，不持续使用意向为结果变量。采用偏最小二乘结构方程模型（PLS-SEM）方法揭示了不持续使用意向前因变量的净影响机制，分析了自我情绪管理在负面情绪与不持续使用意向之间关系中的调节作用。采用模糊集定性比较分析（fsQCA）方法，探讨了社交媒体用户不持续使用意向产生的前因构型，从组态视角检验、补充了结构方程模型方法的分析结果。

基于结构方程模型方法的分析结果：（1）从 S-S-O 框架来看：信息过载正向影响后悔、不满意、不信任，是社交媒体用户产生应变反应的重要压力源因素。后悔、不满意、不信任正向影响不持续使用意向，信息过载不直接作用于不持续使用意向。（2）从情感负荷演化框架来看：后悔正向影响不满意，不满意正向影响不信任。在社交媒体使用背景下，负面情绪并非稳定单一的，用户的情感负荷会随时间推移而发生演化。（3）负面情绪在信息过载与不持续使用意向之间的影响中起完全中介作用，不满意在后悔与不持续使用意向、不信任在不满意与不持续使用意向的关系中均起部分中介效应；自我情绪管理正向调节后悔、不满意、不信任对不持续使用意向的影响。

基于模糊集定性比较分析方法的分析结果：在压力源、应变反应及自我情绪管理共同作用下，社交媒体用户不持续使用意向前因条件构型共有三类。分别为：后悔 * 不满意 * 不信任、后悔 * 不满意 * 自我情绪管理、不满意 * 不信任 * 自我情绪管理。比较三类前因条件构型的覆盖率可知，模式一的解释力高于其他两类。基于时间演化的负面情绪特征是核心要素，对触发社交媒体用户不持续使用意向具有关键作用，其中，不满意作为核心条件在三类前因条件构型中均出现，说明不满意在各因素中最易激化社交媒体用户不持续使用意向。此外，自我情绪管理对于社交媒体用户不持续使用意向的强度具有较强调节作用，而无论压力源（信息过载）是否存在，社交媒体用户不持续使用意向都可能会被触发，关键需要考虑各类前因条件的组合联动效应。

二　讨论

（一）理论意义

相较于已有研究，本章的学术价值包括：

（1）本章创新性地从时间演化视角出发，将后悔、不满意、不信任三个负面情绪变量从过去、现在、未来三个时间节点建立关联，构建社交媒体用户的情感负荷演化框架，较为完整地概括了社交媒体用户情感负荷的时间转化特征，增强了对社交媒体用户情感体验时间演变特征的理解，深化了情感负荷理论体系。在心理学领域，Izard C. E. 在综述情感理论时认为，虽然众多学者认同情感与认知存在交互及动态演化过程，然而在其他领域鲜有关注①。基于此，本章扩展该理论至社交媒体领域，认为情感负荷演化模型更贴合现实生活中社交媒体用户的情绪反应，突出了用户情感负荷演化的动态过程，是对该领域理论的有效扩展。在信息系统领域，相比于以往关注情感对参与行为的影响②，本章将社交媒体用户在压力下的应变反应细节化至每个时间节点，更准确地揭示了信息过载背景下社交媒体用户的负面情绪与不持续使用意向的发生机理。

（2）本章引入理性因素（自我情绪管理）作为调节变量，在用户情感因素（后悔、不满意、不信任的负面情绪）的作用基础上添加了理性因素，将理性因素与情感因素相结合，分析了理性因素在情感因素与不持续使用意向关系间的调节效应，扩展了现有研究的理论视角，较为系统地揭示了理性因素与情感因素对社交媒体用户不持续使用意向影响中的交互作用。情绪负荷问题一直以来都是社交媒体领域关注的重点，尤其希望探索出相关策略抑制后悔、不满意、不信任等负面情绪对用户不持续使用行为的影响。本章认为用户的自我情绪管理是良好的解决方案，针对自我情绪管理的研究能为社交媒体不持续使用研究提供新的视角，具有学术研究价值。

（3）本章考虑到不持续使用意向的形成可能存在多条等效路径，在结构方程模型方法的基础上引入了模糊集定性比较分析方法，探究社交媒体用户不持续使用意向影响因素的复杂因果关系。两种方法的混合应用打破了传统的单一方法应用的局限，从更贴近现象本质的组态视角出发，揭示了社交媒体用户不持续使用意向多个前因条件的联动效应。

（二）管理启示

本章所得结论对社交媒体运营商及普通用户具有重要实践启示，具

---

① Izard C. E. , "Emotion Theory and Research: Highlights, Unanswered Questions, and Emerging Issues", *Annual Review of Psychology*, Vol. 60, 2009, pp. 1 – 25.

② Schreiner M. , Fischer T. , Riedl R. , "Impact of Content Characteristics and Emotion on Behavioral Engagement in Social Media: Literature Review and Research Agenda", *Electronic Commerce Research*, Vol. 21, 2021, pp. 329 – 345.

体如下：信息过载易引发用户的负面情绪，重视并优化平台的信息过载问题，对于疏导用户的负面情绪，平台的健康持续发展及网络服务生态良性循环至关重要。面向社交媒体信息过载问题的解决，社交媒体运营商应提升用户使用社交媒体平台的体验与效率，以减少用户使用所导致的后悔情绪产生。例如，为同质性信息建立专题，进行规范化的信息著录。社交媒体运营商应优化平台的信息组织方式，尽可能降低用户为获取信息耗费的认知资源。而用户则可以使用社交媒体检索功能，主动搜索需要的信息，以规避过多无关信息对个体认知资源的占用。对于信息过载引发的用户不满意情绪，社交媒体平台应做到精简平台信息，改善平台的信息过载现状，以期更好地满足用户的信息需求。社交媒体运营商应加强信息发布审核机制建设，并完善信息推送、关键词屏蔽、信息过滤等技术，提高用户信息发布门槛，以控制社交媒体平台的信息数量，提高社交媒体平台的信息质量。对于信息过载引发的用户不信任情绪，一方面不信任情绪的产生可能是由于后悔、不满意情绪的演化，因此对用户的不信任情绪进行处理仍需要从后悔、不满意情绪入手；另一方面，平台的信息数量，以及用户的情绪反应都是长期积累的结果。因此，平台应及时清理部分重复、低质量的信息及账号，并定期收集用户意见，对用户使用数据及意见反馈进行深度分析，及时捕捉用户因使用社交媒体而产生的负面情绪及消极的社交媒体使用行为，促进平台信息、服务质量的改进，同时树立沟通、开放、创新的社交媒体品牌形象。此外，社交媒体用户应尽可能理性地管理自己的情绪，减少负面情绪对个人行为意向的干扰，以确保社交媒体使用行为的合理性。因使用社交媒体而产生负面情绪时，用户应先认清情绪的具体来源，合理地规避社交媒体使用带来的弊端，理性地调整自己的社交媒体使用行为。

（三）研究不足

本章存在的局限性，主要为：首先，本章仅选取了后悔、不满意、不信任三个变量分别衡量社交媒体用户的过去、现在与未来三个时间节点的情感负荷，未来研究需要将社交媒体用户的情绪分为正面情绪和负面情绪，从过去、现在、未来的时间演化的动态性视角，构建更系统的基于时间演化特征的情感分类框架，在正面和负面两种情绪的双重影响下探究社交媒体用户不持续使用行为规律。其次，社交媒体用户从最近停止使用或已经停止很长时间未使用向重新使用（Resumption Behavior）的行为转变机制有待未来进一步的研究。最后，本章仅探讨了信息过载对社交媒体用户情绪与行为后果的影响，未来研究需要关注信息过载的形成前因。

第四章

替代品吸引力会影响社交媒体用户不持续使用吗？基于社会认知理论的探讨

第一节　引言

社交媒体在人们生活中显现出"双刃剑效应"，在给人们生活带来了积极影响的同时，也带来了一系列消极影响，诸如社交焦虑、私人时间占用过多、工作干扰等①。为了消除这些消极影响，用户采取了不同程度类型的不持续使用行为，如降低使用频率、转向使用功能相近的替代性社交媒体平台、卸载目标软件等。因而，近期学者们开始从初始采纳、持续使用的研究阶段进入不持续使用研究阶段。目前，多元化的社交媒体时代，用户可以使用多种社交媒体产品。当新款社交媒体产品能够更好地满足他们的娱乐、认知或社交等需求时，新替代品吸引力会诱发用户对旧产品的不持续使用行为，如 Zhou Z. Y. 等②通过调查 96 位微博用户，发现替代社交媒体（微信）吸引力是用户不持续使用微博的主要原因之一。社交媒体用户不持续使用行为是指用户在使用社交媒体过程中产生负面感知后，采取的一种自我调节行为，如减少使用社交媒体

---

① 凯度中国：《凯度 2018 年中国社交媒体影响报告》，https：//www. kantar. com/zh-cn，2019 年。

② Zhou Z. Y. , Yang M. Z. , Jin X. L. , "Differences in the Reasons of Intermittent versus Permanent Discontinuance in Social Media：An Exploratory Study in Weibo", *Hawaii International Conference on System Sciences*（*HICSS*）*2018 Proceedings*, Waikoloa, Hawaii, USA, January 3 - 6, 2018.

强度、暂时停止或永久停止使用社交媒体、卸载删除社交媒体应用程序等①。

已有研究主要探究了社交媒体过载(信息过载、交流过载、社交过载、系统功能过载、技术过载)②、过度使用(过度社交使用、过度娱乐使用、过度认知使用)③、角色冲突④、微信用户涉入⑤、社会上行比较和冲突⑥等通过负面情绪(疲惫、后悔、不满意、焦虑、失望等)的中介作用影响社交媒体用户不持续使用意愿。在众多影响不持续使用的变量中,大多研究视角主要聚焦于使用者自身使用体验、系统自身功能等方面,鲜有研究关注替代品吸引力的拉力作用。目前,多元化的社交媒体时代使得替代品吸引力成为影响不持续使用的重要外部因素,且逐步获得学者关注。例如,有已有研究揭示了替代品吸引力通过信息质量不满意与服务质量不满意的中介作用间接影响新浪微博品牌粉丝页用户不持

---

① Cho I. H. , "Facebook Discontinuance: Discontinuance as a Temporal Settlement of the Constant Interplay Between Disturbance and Coping", *Quality & Quantity*, Vol. 49, No. 4, May 2015, pp. 1531 – 1548.

② Cao X. F. , Sun J. S. , "Exploring the Effect of Overload on the Discontinuous Intention of Social Media Users: An S-O-R Perspective", *Computers in Human Behavior*, Vol. 81, April 2018, pp. 10 – 18; Fu S. , Li H. , "Understanding Social Media Discontinuance from Social Cognitive Perspective: Evidence from Facebook Users", *Journal of Information Science*, Vol. 48, No. 4, 2022, pp. 544 – 560; Zhang S. , Zhao L. , Lu Y. , et al. , "Do You Get Tired of Socializing? An Empirical Explanation of Discontinuous Usage Behaviour in Social Network Services", *Information & Management*, Vol. 53, No. 7, November 2016, pp. 904 – 914.

③ Luqman A. , Cao X. F. , Ali A. , et al. , "Empirical Investigation of Facebook Discontinues Usage Intentions Based on S-O-R Paradigm", *Computers in Human Behavior*, Vol. 70, May 2017, pp. 544 – 555; Luqman A. , Masood A. , Weng Q. D. , et al. , "Linking Excessive SNS Use, Technological Friction, Strain, and Discontinuance: The Moderating Role of Guilt", *Information Systems Management*, Vol. 37, No. 2, February 2020, pp. 94 – 112.

④ Liu X. D. , Min Q. F. , Wu D. Z. , et al. , "How does Social Network Diversity Affect Users' Lurking Intention toward Social Network Services? A Role Perspective", *Information & Management*, Vol. 57, No. 7, November 2020, pp. 103 – 258; Fan X. , Jiang X. , Deng N. , et al. , "Does Role Conflict Influence Discontinuous Usage Intentions? Privacy Concerns, Social Media Fatigue and Self-Esteem", *Information Technology & People*, Vol. 34, No. 3, May 2021, pp. 1152 – 1174.

⑤ 许芳、杨杰、田萌等:《微信用户后悔情绪影响因素与应对策略选择——基于SEM与fsQCA的研究》,《图书情报工作》2020年第16期。

⑥ 甘春梅、林晶晶、肖晨:《扎根理论视角下微信用户间歇性中辍行为的探索性研究》,《信息资源管理学报》2021年第5期。

续使用意愿①，也会直接影响用户取消关注意愿②和不持续使用行为③，替代品过载作为转移压力源通过转移疲惫间接影响用户不持续使用意愿④，Twitter 永久中辍用户更倾向于寻找和尝试替代 SNS⑤。另外，替代品吸引力不仅会引起用户对当下状况的不满意情绪，还会触发用户其他维度的负面情绪，如对过去时间的后悔情绪⑥。而目前的研究仅将单一时间状况的不满意情绪作为替代品吸引力引起的负面情绪结果是不够的。例如，Tang Z. Y. 仅关注当下用户使用产生的疲惫、不满意情绪，而忽略是否对过往选择的负面情绪（后悔）。正如 Liu J. B. 等所指出的，用户不持续使用意向应当受到多种或者多个层面的负面情绪影响，可以从多角色、多时间段进行考量。因而，对当前使用的不满意情绪，对过往选择的后悔情绪需要被纳入模型，从而令研究更加全面与深入。

更进一步来讲，在负面情绪影响不持续使用行为的过程中，以往研究关注使用过程的流体验⑦、时间压力⑧、经验水平⑨要素的调节效应，

① Tang Z. Y. , Chen L. D. , "Exploring the Drivers of Brand Fan Page Follower Discontinuance Intention: An Adaptation of the Furneaux and Wade's Framework", *Information Technology & People*, Vol. 33, No. 5, October 2020, pp. 1381 – 1401.

② Tang Z. Y. , Chen L. D. , "An Empirical Study of Brand Microblog Users' Unfollowing Motivations: The Perspective of Push-Pull-Mooring Model", *International Journal of Information Management*, Vol. 52, June 2020, p. 102066.

③ Fu S. , Li H. , Liu Y. , "Why Discontinue Facebook Usage? An Empirical Investigation Based on A Push-Pull-Mooring Framework", *Industrial Management & Data Systems*, Vol. 121, No. 11, November 2021, pp. 2318 – 2337.

④ Maier C. , Laumer S. , Weinert C. , et al. , "The Effects of Technostress and Switching Stress on Discontinued Use of Social Networking Services: A Study of Facebook Use", *Information Systems Journal*, Vol. 25, No. 3, May 2015, pp. 275 – 308.

⑤ Ng Y. M. M. , "Re-Examining the Innovation Post-Adoption Process: The Case of Twitter Discontinuance", *Computers in Human Behavior*, Vol. 103, 2020, pp. 48 – 56.

⑥ Liao C. , Lin H. N. , Luo M. M. , et al. , "Factors Influencing Online Shoppers' Repurchase Intentions: The Roles of Satisfaction and Regret", *Information & Management*, Vol. 54, No. 5, July 2016, pp. 651 – 668.

⑦ Lin J. B. , Lin S. Z. , Turel O. , et al. , "The Buffering Effect of Flow Experience on the Relationship between Overload and Social Media Users' Discontinuance Intentions", *Telematics and Informatics*, Vol. 49, June 2020, p. 101374.

⑧ Guo Y. Y. , Lu Z. Z. , Kuang H. B. , et al. , "Information Avoidance Behavior on Social Network Sites: Information Irrelevance, Overload, and the Moderating Role of Time Pressure", *International Journal of Information Management*, Vol. 52, June 2020, p. 102067.

⑨ Zhang X. , Ma L. , Zhang G. , et al. , "An Integrated Model of the Antecedents and Consequences of Perceived Information Overload Using Wechat as An Example", *International Journal of Mobile Communications*, Vol. 18, No. 1, January 2020, pp. 19 – 40.

而对用户自身依赖要素（涉入度）很少提及。然而，在多元化的社交媒体与替代品竞争的环境下，用户对某一社交媒体的涉入度程度极大地决定用户是否会逐渐减少使用当前社交媒体还是避免使用社交媒体[①]。因而，在研究负面情绪影响不持续使用的过程中，依赖因素（涉入度）需要被格外关注。这无疑对不持续使用研究领域提供了更加精细的"环境—个体—行为"研究视角。这种研究视角主要基于社会认知理论[②]，相比较以往研究，它能更好地解释用户如何在多元社交媒体环境下，从"环境要素"与"个体要素"来衡量替代品吸引力产生的负面情绪，进而影响不持续使用行为意向。最后，先前研究均仅采用了结构方程模型（SEM）方法进行实证分析，该方法无法从组态视角分析不持续使用意愿的前因构型，而模糊集定性比较分析（fuzzy-set qualitative comparative analysis，fsQCA）方法弥补了 SEM 方法无法解释多个前因变量之间相互依赖的复杂因果关系的不足[③]。

综上所述，鲜有研究将多元化社交媒体环境下替代品因素（替代品吸引力）、社交媒体用户使用个人依赖因素（涉入度）融合到同一个模型中，探索负面情绪对社交媒体不持续使用行为的作用机理。同时，运用 SEM 与 fsQCA 组合方法，能够挖掘多个社会认知理论框架下的环境因素、个体因素之间的相互依赖关系，从而拓展了社交媒体用户不持续使用行为理论研究。因此，本章研究的问题包括：（1）替代品吸引力会引起社交媒体用户哪些负面情绪反应，它们如何共同影响用户不持续使用意愿？（2）社交媒体涉入度的差异是否会对负面情绪与不持续使用意愿之间的关系产生影响？（3）替代品吸引力、负面情绪、涉入度对不持续

---

① Kang I., Zhang Y., Yoo S., "Elaboration of Social Media Performance Measures: From the Perspective of Social Media Discontinuance Behavior", *Sustainability*, Vol. 12, No. 19, September 2020, p. 7962.

② Cao X. F., Khan A. N., Ali A., et al., "Consequences of Cyberbullying and Social Overload while Using SNSs: A Study of Users' Discontinuous Usage Behavior in SNSs", *Information Systems Frontiers*, Vol. 22, December 2020, pp. 1343 – 1356.

③ Xie X. Z., Tsai N. C., "The Effects of Negative Information-Related Incidents on Social Media Discontinuance Intention: Evidence from SEM and fsQCA", *Telematics and Informatics*, Vol. 56, January 2021, p. 101503.

使用意愿的影响是否存在不同的组合构型?

为了回答这些问题,本章基于社会认知理论三元交互模型,从环境因素、个体因素、行为因素,构建社交媒体用户不持续使用意愿三元交互模型,通过网络调查问卷获取模型验证所需的数据,采用偏最小二乘结构方程模型(PLS-SEM)和模糊集定性比较分析(fsQCA)两种方法揭示用户的个人认知、环境因素与不持续使用意愿三者之间相互作用机理。

第二节　社会认知理论

社会认知理论(Social Cognitive Theory,SCT)是环境心理学领域的一种理论模型,描述了环境因素、个体因素、行为因素三者之间的相互作用关系。SCT 将个体描述为积极主动的自我调节者,他们评估环境,反思他们的感受,并利用这些信息来决定如何行动[①]。SCT 是一个通用的理论框架,并没有具体指出个体在每一种应用情境下环境因素、个体因素及行为因素所包含的具体变量。引入社会认知理论作为本章的理论基础,主要基于以下两个原因。首先,社会认知理论既适用于信息系统积极使用行为研究,也能用于消极使用行为研究,不持续使用是一种典型的消极使用行为,已有相关研究表明 SCT 适用于社交媒体用户不持续使用行为研究;其次,SCT 模型提供了一个理论框架来解释个体在多元化社交媒体环境下,层出不穷的社交媒体服务所带来的吸引力促使个体产生内部心理反应,进而激发个体的行为反应。

依据社会认知理论框架,本章将社交媒体用户不持续使用意愿的影响因素分为个体因素和环境因素。根据 SCT 的三元交互架构,本章将替代品吸引力作为环境因素,后悔、不满意、涉入度作为个体因素,不持续使用意愿作为行为因素。此种划分可以在先前的研究结论中得到印证,例如先前研究已经证明,满意与后悔是网络消费者面对替代品吸引力下

---

① Bandura A. , *Social Foundations of Thought and Action: A Social Cognitive Theory*, Englewood Cliffs: Prentice-Hall, 1986.

再购买意愿中呈现出两种情感反应，再购买意愿与不持续使用意愿均是采纳后行为，不持续使用意愿是个体使用社交媒体服务中面临环境压力源（后悔、不满意）下的应变反应结果①，替代品吸引力是用户不持续使用社交媒体平台上品牌粉丝页面意愿的环境因素，涉入度调节了社交媒体疲惫与不持续使用意愿之间的关系。因此，本章选择后悔与不满意作为替代品吸引力与不持续使用意愿的中介变量，涉入度作为替代品吸引、后悔与不满意与不持续使用意愿之间关系的调节变量。

第三节　研究模型与假设

一　研究模型

基于上述社会认知理论的阐述，本章构建了社交媒体用户不持续使用意愿三元交互研究模型，如图 4 - 1 所示。

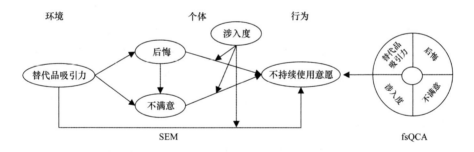

图 4 - 1　研究模型

二　研究假设

当用户将当前正在使用的社交媒体与新的替代社交媒体进行比较时，如果后者更具吸引力，更能满足需求，这种社会比较（Social Compare）结果会令他们降低对当前社交媒体使用的满意度。不仅如此，个体可能会认为当前使用的社交媒体不是最优选择，从而对过往的选择错误产生

---

① Nawaz M. A., Shah Z., Nawaz A., et al., "Overload and Exhaustion: Classifying SNS Discontinuance Intentions", *Cogent Psychology*, Vol. 5, No. 1, October 2018, p. 1515584.

负面的后悔情绪。此外，在多元化社交媒体情境下，用户可以使用多种类型社交媒体。当用户认为替代社交媒体的关键属性更好时，用户转向使用新社交媒体的可能性增加。若该社交媒体能够更好地满足他们的娱乐、认知或社交需求，用户会停止使用当前的社交媒体，从而影响不持续使用行为。同时，相关研究也证明了替代品吸引力正向影响用户后悔情绪，也会对不满意（针对社交媒体的信息质量与服务质量）及其不持续使用意愿产生影响。基于此，本章认为替代社交媒体吸引力越强，用户对过去的选择越后悔，对当前社交媒体的使用越不满意，越容易促使其产生不持续使用意愿。因此，提出以下假设：

H1a 替代品吸引力正向影响后悔。

H1b 替代品吸引力正向影响不满意。

H1c 替代品吸引力正向影响不持续使用意愿。

后悔是一种个体对于过往决策时不同选择行为形成的差异性结果的负面情绪反应，而不满意反映的是用户在使用社交媒体后，对当前使用社交媒体产生的实际绩效与使用前的期望未达成一致。若当前社交媒体的使用让用户产生了后悔情绪，他们可能会改变自己的行为以避免自己经历这种负面情绪。后悔不仅会导致用户对于当前正在使用的社交媒体感到不满意，而且能够导致用户不持续使用当前正在使用的社交媒体①。已有研究证明，不满意反映了用户对当前社交媒体服务体验的负面情感，是用户不持续使用社交媒体服务的主要原因之一②。本章认为用户对当前正在使用的社交媒体产生的后悔情绪越强烈，其对当前社交媒体的使用越不满意，执行不持续使用社交媒体的意愿越强烈。因此，提出以下假设：

---

① 程慧平、苏超、王建亚：《社交媒体用户不持续使用行为模型构建及实证研究》，《情报学报》2020 年第 9 期。

② Zhou Z. Y., Li X. L., Jin X. L., "Enablers and Inhibitors of Discontinuous Use in Social Networking Sites: A Study on Weibo", *Pacific Asia Conference on Information Systems (PACIS) 2018 Proceedings*, Yokohama, Japan, June 26 – 30, 2018.

H2a 后悔正向影响不满意。

H2b 后悔正向影响不持续使用意愿。

H3 不满意正向影响不持续使用意愿。

涉入度指用户对社交媒体表现出的兴趣、关注与参与的心理倾向,反映了个体对社交媒体使用的投入程度。使用程度高的社交媒体用户很容易对社交媒体产生情感依恋。与社交媒体涉入度低的个体相比,社交媒体涉入度高的个体通常拥有更丰富的社交媒体使用经验和更多的社交媒体好友。本章认为当社交媒体涉入度越高时,用户对当前社交媒体有较深的投入与情感依恋,越能抵抗替代品所带来的负面情绪,从而压制负面情绪对当前社交媒体不持续使用的影响;而涉入度越低时用户更容易轻易被负面情绪诱导,使用替代品。因此,高社交媒体涉入度会削弱后悔、不满意对用户不持续使用意愿的正向影响。有研究证实了用户涉入度调节了社交媒体疲惫与不持续行为之间的关系,涉入度调节了认知失调与消极使用行为之间的关系①。同时,高涉入度用户相比低涉入度用户有着更深入的娱乐与工作使用需求,当高吸引力替代品出现时,他们不会像低涉入度用户那样因低需求低相关性不被替代品吸引,而高涉入度用户会更加关注替代品的优势,更容易被替代品所影响,使得不愿意使用当前社交媒体的意愿变得更加强烈。因而,高涉入度用户就会表现出矛盾心理:一方面在感情上会压制负面情绪对不持续使用产生的影响;另一方面又容易被新出现的高吸引力的替代品所吸引,对不持续使用的意愿更强烈。因此,提出以下假设:

H4a 涉入度在后悔与不持续使用意愿关系中起负向调节作用。

H4b 涉入度在不满意与不持续使用意愿关系中起负向调节作用。

H4c 涉入度在替代品吸引力与不持续使用意愿关系中起正向调节作用。

---

① 王松、王瑜、李芳:《匹配视角下社会化商务用户消极使用行为形成机理研究——基于认知失调的中介》,《软科学》2020 年第 10 期。

第四节　量表设计与数据收集

一　测量量表

本章潜在变量的测量题项在已有社交媒体用户不持续使用相关研究测量量表的基础上进行开发，并邀请 5 名信息系统行为学领域专家和 7 名使用经验丰富的社交媒体用户进行了试填，根据他们的反馈进行量表修订。因此，本章测量量表的内容效度能得到有效保证。正式调查问卷分为两部分：第一部分为潜在变量的测量题项；第二部分为调查对象的人口统计信息。每个潜在变量的测量均不少于 3 个测量题目，5 个潜在变量共设计了 19 条测量题项。替代品吸引力的测量题项改编自 Tang Z. Y. 等的研究，包括 3 个题目；后悔的测量题项借鉴了 Cao X. F. 等、Nawaz M. A. 等的研究，包括 3 个题目；不满意、不持续使用意愿的测量题项来源于 Zhang X. 等的研究，均包括 4 个题目；涉入度的测量来源于 Kang I. 等的研究，包括 5 个题目。所有题项均采用李克特 5 级量表（1 = 非常不同意，2 = 不同意，3 = 一般，4 = 同意，5 = 非常同意）进行测量，测量题项如表 4 - 1 所示。通过中国的"问卷星"平台（https：//www. wjx. cn/）进行调查，借助微信、QQ 发放电子问卷。

表 4 - 1　　　　　　　　　　潜在变量及其测量题项

潜在变量	题项编号	测量题项
后悔（Reg）	Reg1	我很内疚经常使用社交媒体
	Reg2	我后悔过度使用社交媒体
	Reg3	我应该少花点时间在社交媒体上
	Reg4	如果可以，我会少花点时间和精力在社交媒体上
不满意（DIS）	DIS1	我对自己使用社交媒体的总体体验感到不满意
	DIS2	我对自己使用社交媒体的总体体验感到不愉悦
	DIS3	我对自己使用社交媒体的总体体验感到不满足
	DIS4	我对自己使用社交媒体的总体体验感到不欣喜

续表

潜在变量	题项编号	测量题项
不持续使用意愿（DI）	DI1	未来我使用社交媒体的次数会比现在少很多
	DI2	我将暂时停止使用社交媒体
	DI3	我将控制自己在社交媒体上花费的时间
	DI4	如果可以，我将放弃使用社交媒体
替代品吸引力（AA）	AA1	相对目前使用的社交媒体而言，使用其他社交媒体可以更好地帮助我完成目标
	AA2	相对目前使用的社交媒体而言，使用其他社交媒体可以更好地满足我的兴趣和需求
	AA3	相对目前使用的社交媒体而言，使用其他社交媒体可能会使我更满意
涉入度（INV）	INV1	当我了解到一个新的社交媒体时，我会邀请我的朋友加入
	INV2	一般情况下，我每天至少登录一次社交媒体
	INV3	我经常使用的社交媒体拓展社交关系的能力比其他社交媒体好
	INV4	我经常使用的社交媒体可以及时共享信息
	INV5	我经常使用的社交媒体可以有效地管理社交关系

二 数据收集及描述性统计

问卷收集在 2021 年 5 月历时两周，共收集到 579 份问卷。在剔除所有题项回答无差异、答题时间过短的无效问卷后，共回收有效问卷 471 份。调查对象的人口统计学特征描述性统计结果，如表 4-2 所示。

表 4-2　　　　　　　调查样本描述性统计

变量	题项	频次	百分比（%）
性别	男	223	47.35
	女	248	52.65

变量	题项	频次	百分比（%）
年龄	18 岁以下	6	1.27
	18—24 岁	314	66.67
	25—30 岁	77	16.35
	31—40 岁	45	9.55
	40 岁以上	29	6.16
学历	高中及以下	17	3.61
	大专	32	6.79
	本科	262	55.63
	硕士研究生	112	23.78
	博士研究生	48	10.19
社交媒体使用年限	1 年以下	7	1.49
	1—3 年（包括 3 年）	71	15.07
	3—6 年（包括 6 年）	176	37.37
	7 年及以上	217	46.07
每天使用社交媒体时间	小于 1 小时	18	3.82
	1—2 小时（包括 2 小时）	88	18.68
	2—3 小时（包括 3 小时）	115	24.42
	3—4 小时（包括 4 小时）	78	16.56
	4 小时以上	172	36.52

调查对象的性别特征显示，女性用户占比高于男性；调查对象的年龄分布以 18—24 岁为主；调查对象的学历特征显示，本科学历占比达到 55.63%，硕士研究生及以上学历占比为 33.97%；从社交媒体使用年限来看，7 年及以上用户占比达 46.07%，3—6 年用户占比为 37.37%，由此可见被调查对象的社交媒体使用经验丰富；从每天使用社交媒体时间长度来看，4 小时以上用户占比为 36.52%。总体来看，本章调查对象主要集中在社交媒体使用年限长、每天在社交媒体上花的时间多的用户，学历结构本科以上，青少年用户居多。可见，调查对象具有丰富的社交

媒体使用经验,能够较好地理解问卷问题。因此,样本选取具有代表性。

第五节　数据分析

偏最小二乘结构方程模型方法(PLS-SEM),能对研究模型中测量模型、结构模型、调节变量的交互效应进行同时估计,不要求数据服从正态分布,适于探索性研究。同时,本章的中介分析需要使用潜在变量分数,偏最小二乘结构方程模型方法更适合本章需要。因此,利用 Smart PLS 3 软件进行结构方程模型方法数据分析。偏最小二乘结构方程模型揭示的是单个独立前因变量对结果变量的影响,不能分析多个前因变量相互组合产生影响的多种路径。模糊集定性比较分析方法(fsQCA)能够揭示多个前因变量与结果变量之间的复杂因果关系,分析影响结果发生的不同前因变量组合模式[①]。PLS-SEM 与 fsQCA 两种方法的混合使用可以保证研究模型与调查数据的匹配性,提升研究结果的稳健性[②]。

一　结构方程模型分析

(一)测量模型分析

反映型测量模型主要检验信度和效度(包括收敛效度、区别效度)[③],评价准则为(1)信度:包括内部一致性信度和指标信度,内部一致性信度采用 Cronbach's α、组合信度(CR)值衡量,要求 Cronbach's α、CR 值大于 0.7;指标信度通过因子载荷量衡量,要求因子载荷量高于 0.7。(2)收敛效度:潜在变量的平均方差萃取值(AVE)高于 0.5。(3)区别效度:每个潜在变量的 AVE 平方根应高于该变量与其他潜在变量的相

---

①　宋华、卢强:《什么样的中小企业能够从供应链金融中获益?——基于网络和能力的视角》,《管理世界》2017 年第 6 期。

②　池毛毛、叶丁菱、王俊晶等:《我国中小制造企业如何提升新产品开发绩效——基于数字化赋能的视角》,《南开管理评论》2020 年第 3 期。

③　Hair J. F. , Ringle C. M. , Sarstedt M. , "PLS-SEM: Indeed a Silver Bullet", *Journal of Marketing Theory and Practice*, Vol. 19, No. 2, 2011, pp. 139 – 152.

关系数。测量模型分析结果，如表4－3和表4－4所示。

表4－3 信度、收敛效度分析结果

潜在变量	题项编号	因子载荷量	Cronbach's α	CR	AVE
不持续使用意愿（DI）	DI1	0.739	0.818	0.880	0.648
	DI2	0.826			
	DI3	0.826			
	DI4	0.826			
不满意（DIS）	DIS1	0.880	0.906	0.934	0.780
	DIS2	0.910			
	DIS3	0.861			
	DIS4	0.882			
后悔（Reg）	Reg1	0.838	0.801	0.882	0.714
	Reg2	0.843			
	Reg3	0.853			
替代品吸引力（AA）	AA1	0.894	0.892	0.933	0.822
	AA2	0.912			
	AA3	0.915			
涉入度（INV）	INV1	0.880	0.949	0.960	0.827
	INV2	0.902			
	INV3	0.921			
	INV4	0.934			
	INV5	0.911			

从表4－3可以看出，所有测量题项的标准因子载荷量均高于0.7，所有潜在变量的Cronbach's α、CR值均大于0.7，说明测量量表的内部一致性较高，具有良好的信度。所有潜在变量的AVE值均大于0.5，表明潜在变量的测量题项具有较高的收敛效度。

表 4 - 4   区别效度分析结果

	不持续使用意愿	不满意	后悔	替代品吸引力	涉入度
不持续使用意愿	0.805				
不满意	0.552	0.883			
后悔	0.508	0.351	0.845		
替代品吸引力	0.565	0.425	0.421	0.907	
涉入度	0.141	0.446	-0.021	0.110	0.910

依据 Fornell-Larcker 准则，表 4 - 4 中对角线上各个潜在变量的 AVE 算术平方根值均大于对角线下方各个潜在变量之间的相关系数，说明测量量表具有较高的区别效度。综上所述，本章测量模型满足反映型测量模型评价的经验法则。因此，可以进一步开展结构模型分析。

（二）结构模型分析

结构模型的拟合度指标主要包括结果变量的 R^2 值、标准化路径系数及其显著性，使用 Bootstrapping 法计算路径系数显著性。结构模型运行结果，如图 4 - 2 和表 4 - 5 所示。不持续使用意愿的 R^2 值为 0.536，高于消费者行为领域结果变量 R^2 值大于 0.2 的要求。环境变量、个体变量对不持续使用意愿的解释力为 53.6%。

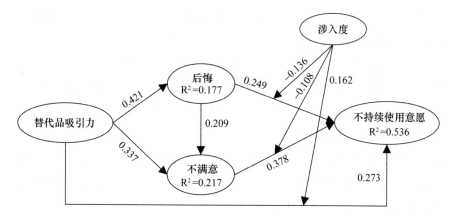

图 4 - 2　结构模型结果

表 4 - 5 路径分析结果

假设	路径	标准化路径系数	T 值	P 值	结论
H1a	替代品吸引力→后悔	0.421 ***	11.763	0.000	成立
H1b	替代品吸引力→不满意	0.337 ***	6.247	0.000	成立
H1c	替代品吸引力→不持续使用意愿	0.273 ***	7.013	0.000	成立
H2a	后悔→不满意	0.209 ***	3.351	0.001	成立
H2b	后悔→不持续使用意愿	0.249 ***	5.477	0.000	成立
H3	不满意→不持续使用意愿	0.378 ***	8.471	0.000	成立
H4a	涉入度 * 后悔→不持续使用意愿	- 0.136 **	2.450	0.014	成立
H4b	涉入度 * 不满意→不持续使用意愿	- 0.108 ***	2.766	0.006	成立
H4c	涉入度 * 替代品吸引力→不持续使用意愿	0.162 ***	4.741	0.000	成立

注：*** 、** 分别代表1% 、5% 显著性。

（1）替代品吸引力（β = 0.421，P < 0.01）对后悔、替代品吸引力（β = 0.337，P < 0.01）对不满意均具有显著正向影响，表明假设 H1a、假设 H1b 成立。替代品吸引力越强，社交媒体用户越容易对过去的选择产生后悔、对当前社交媒体的使用不满意。后悔（β = 0.209，P < 0.01）对不满意具有显著正向影响，表明假设 H2b 成立。后悔的用户更容易产生对社交媒体的使用不满意。

（2）替代品吸引力（β = 0.273，P < 0.01）显著正向影响不持续使用意愿，表明假设 H1c 成立。替代品吸引力越强，用户越容易产生不持续使用意愿。后悔（β = 0.249，P < 0.01）、不满意（β = 0.378，P < 0.01）对不持续使用意愿均具有显著正向影响，表明假设 H2a、假设 H3 成立。用户在使用社交媒体后产生后悔、不满意的负面情绪越高，其不持续使用社交媒体的意愿越强。替代品吸引力对不持续使用意愿的总影响高于不满意，后悔的影响最低。

（3）涉入度的调节作用分析：涉入度在后悔、不满意、替代品吸引力与不持续使用意愿之间的关系中均具有显著调节作用，表明假设 H4a、假设 H4b、假设 H4c 均得到证实。用户对社交媒体的涉入度越高，表明其对社交媒体的使用需求越大，更会控制社会媒体使用带来的不满意、后悔负面情绪，不会轻易放弃社交媒体的使用。低涉入度的社交媒体用户，并不一定需要替代社交媒体产品来完成当前的工作，仍旧会保持当前的使用行为模式。因而，替代品吸引力对社交媒体用户不持续使用意愿的影响在用户涉入度低时弱，用户涉入度高时不持续使用意愿强。

（三）后悔、不满意的中介作用分析

采用置信区间法检验后悔、不满意的中介效应，Bootstrap 样本为5000，Bias-Corrected 置信区间为95%，使用 Preacher K. J. 和 Hayes A. F. 提供的 PROCESS 程序和由 Smart PLS 3 软件生成的潜在变量得分在 SPSS 24 软件进行中介效应分析[①]。通过 Bias-Corrected 置信区间来判断是否存在中介效应。若置信区间不包括0，表明存在中介效应，否则不存在中介效应。

通过 3 个条件来检验是否存在中介效应[②③]：（1）当因变量（DV）回归自变量（IV）时，系数显著；（2）当 IV 回归中介变量（M）时，系数显著；（3）当 DV 与 M 和 IV 回归时，中介变量的系数显著。如果（3）中 IV 的系数小于（1）中，则存在部分中介。反之，当（3）中 IV 的路径系数不显著时，则存在完全中介作用。结果如表4-6所示。

通过表4-6可以看出，后悔、不满意中介效应检验结果的 Bias-Corrected 置信区间均不包括0，表明中介作用成立。进一步比较自变量对因变量的回归系数，发现加入中介变量后的回归系数均小于未加入中介变量的回归系数。因此，后悔在替代品吸引力、不持续使用意愿的关系中具有部分中介作用，不满意在替代品吸引力、后悔与不持续使用意愿的

①　Zhao X. S.，Lynch J.，Chen Q. M.，"Reconsidering Baron and Kenny: Myths and Truths about Mediation Analysis"，*Journal of Consumer Research*，Vol. 37，No. 2，August 2010，pp. 197 – 206.

②　Liu Z. L.，Wang X. Q.，Min Q. F.，et al.，"The Effect of Role Conflict on Self-Disclosure in Social Network Sites: An Integrated Perspective of Boundary Regulation and Dual Process Model"，*Information Systems Journal*，Vol. 29，No. 2，March 2019，pp. 279 – 316.

③　王天华、刘子龙：《社会化媒体情景下问题性使用的影响因素研究》，《管理科学》2021年第1期。

关系中均具有部分中介作用，不满意在替代品吸引力与不持续使用意愿之间的间接效应大于后悔与不持续使用意愿。

表4-6 中介效应检验结果

IV	M	DV	IV→DV	IV→M	IV + M→DV		Bootstrap 分析			中介作用
					IV	M	间接效应	Bias-Corrected		
								Lower	Upper	
AA	Reg	DI	0.394 ***	0.313 ***	0.315 ***	0.252 ***	0.079	0.048	0.116	部分中介
AA	DIS	DI	0.412 ***	0.276 ***	0.315 ***	0.349 ***	0.097	0.056	0.155	部分中介
Reg	DIS	DI	0.337 ***	0.243 ***	0.252 ***	0.349 ***	0.085	0.053	0.126	部分中介

注：*** 代表 P < 0.01；IV、M、DV 分别代表自变量、中介变量、因变量。

二 模糊集定性比较分析

采用模糊集定性比较分析（fsQCA），在结构方程模型方法多元复杂路径探索的基础上，通过 fsQCA 进行组态视角下多个前因变量对结果变量的复杂因果关系分析，进一步对条件变量间的"联动效应"进行挖掘[1]。fsQCA 要求其所处理的数据是 0—1 的连续集，需要对本章变量的问卷测量数据进行校验，将各变量原始数据转化为模糊集数据。对替代品吸引力、后悔、不满意、涉入度 4 个前因变量及结果变量不持续使用意愿，采用多个题项测量的使用平均值代替各变量原始值[2]，参考 Ragin 提出的 5%（Fully Out）、95%（Fully In）以及 50%（Crossover Point）的标准[3]，对各变量数据进行校准。

（一）前因变量的必要性分析

根据样本数据进行校验所得模糊数据集，采用 fsQCA 3.0 软件对前

---

① 张大伟、陈彦馨、王敏：《期望与确认：短视频平台持续使用影响因素初探——基于 SEM 与 fsQCA 的研究》，《现代传播》（中国传媒大学学报）2020 年第 8 期。

② 邓胜利、胡树欣、赵海平：《组态视角下社交平台动态个人信息披露行为研究》，《情报资料工作》2020 年第 5 期。

③ Ragin C. C. , *Redesigning Social Inquiry*：*Fuzzy Sets and Beyond*，University of Chicago Press，Chicago，London，2008.

因变量与结果变量（不持续使用意愿）之间的关系进行关联效应挖掘，识别前因变量不同组合构成与结果变量的多重并发因果关系。首先，对前因变量的必要性进行检验，分析替代品吸引力、不满意、后悔、涉入度作为前因条件对解释用户不持续使用意愿的必要性，结果如表4－7所示。一致性最高为0.786，单项前因变量的必要性检验均未超过0.9的一致性门槛值，未达绝对必要性条件标准，单项前因变量对结果变量的解释度不足，需要从多个因素组合视角，进一步分析前因条件构型对用户不持续使用意愿的复杂影响机制。

表4－7　　　　　　　　　　　　**必要条件分析**

变量	一致性	覆盖率	变量	一致性	覆盖率
Reg	0.771	0.716	AA	0.786	0.741
~ Reg	0.559	0.484	~ AA	0.589	0.502
DIS	0.759	0.753	INV	0.610	0.616
~ DIS	0.596	0.487	~ INV	0.673	0.542

注："～"表示逻辑"非"运算。

（二）fsQCA分析结果

将多个前因变量进行组合分析，根据fsQCA分析所得构型的真值表、一致性临界值以及样本频数临界值筛选能够解释结果变量的充分性前因条件构型。在分析过程中，将可接受个案数设为1，一致性阈值设定为0.85，通过标准分析，得到复杂解、中间解和简约解。结合中间解和简约解来判断组态的核心与边缘条件，依据中间解对结果变量进行解释，转换行为的前因条件构型，如表4－8所示，●表示该条件存在，⊗表示该条件缺失，●和⊗为核心条件，空格为该条件变量出现与否无关紧要[1]。

---

① Fiss P. C., "Building Better Causal Theories: A Fuzzy Set Approach to Typologies in Organization Research", *Academy of Management Journal*, Vol. 54, No. 2, April 2011, pp. 393 - 420.

表 4 - 8   组态分析结果

前因条件	S1	S2	S3
Reg	●		●
DIS	●	●	
AA		●	●
INV	⊗	⊗	●
一致性	0.896	0.897	0.855
覆盖率	0.461	0.465	0.414
净覆盖率	0.048	0.052	0.177
总体一致性	0.854		
总体覆盖率	0.690		

从 fsQCA 分析结果来看，引发社交媒体用户不持续使用意愿模型的总体一致性水平为 0.854，高于临界值 0.75，表明方案的总体一致性较好；总体覆盖率为 0.690，覆盖了 69% 的结果案例，模型具有良好解释力。从各前因条件构型结果的一致性来看，三类构型的一致性分别为 0.896、0.897、0.855，各前因条件构型的一致性较好。fsQCA 分析中间解结果得到三类前因条件构型，同时，结合社交媒体用户不持续使用意愿的驱动机制进行分析。fsQCA 的分析结果与偏最小二乘结构方程模型的实证结果具有较高的一致性：

（1）S1（Reg * DIS * ~INV），核心条件为后悔、不满意和 ~ 涉入度。结果表明：用户对当前正在使用的社交媒体产生的后悔情绪越强烈，其对当前社交媒体的使用越不满意，执行不持续使用社交媒体的意愿越强烈。低涉入度的社交媒体用户，并不一定需要替代社交媒体产品来完成当前的工作，仍旧会保持当前的使用行为模式。低涉入度会降低用户对社交媒体的使用兴趣，使后悔、不满意的个体对社交媒体的不持续使用意愿增强。

（2）S2（DIS * AA * ~ INV），核心条件为不满意、替代品吸引力和 ~ 涉入度。结果表明：当用户意识到有更具吸引力的社交媒体产品出现时，他们可能会降低对当前社交媒体使用的满意度。多元化社交媒体情境下，用户可以轻松地使用多种类型社交媒体，当用户认为替代社交媒体的关键属性更好时，用户转向使用新社交媒体的可能性增加，当该社交媒体能够更好地满足他们的需求时，用户会停止使用当前的社交媒体。替代品吸引力不仅会激化社交媒体用户不满意，也会引起用户不持续使用意愿。当涉入度低时，社交媒体用户的不满意情绪对不持续使用意愿的影响会增强，用户在使用社交媒体后产生不满意的负面情绪越高，其不持续使用社交媒体的意愿越强。

（3）S3（Reg＊AA＊INV），核心条件为后悔、替代品吸引力和涉入度。结果表明：用户对社交媒体的涉入度越高，其对社交媒体的使用需求越大，更会控制社交媒体使用带来的后悔负面情绪，不会轻易放弃社交媒体的使用。相对于涉入度低的用户，涉入度高的用户其不持续使用意愿的产生，需要更为强烈的基于过去选择后悔的负向情绪以及高替代品吸引力的共同推动。替代社交媒体吸引力越强，用户对过去的选择越后悔，越容易对其产生不持续使用意愿。因而，替代品吸引力对社交媒体用户不持续使用意愿的影响在用户涉入度低时弱，用户涉入度高时不持续使用意愿强。

第六节　结论与讨论

一　结论

针对引言部分提出的研究问题，本章得到结论如下：（1）社交媒体用户在替代品吸引力的作用下会产生后悔与不满意两种负面情绪，也会产生不持续使用意愿。不满意在后悔与不持续使用意愿的关系中起部分中介作用。（2）涉入度调节了替代品吸引力、后悔、不满意与不持续使用意愿之间的不同方向的关系。当涉入度较高时，社交媒体用户的后悔、不满意对不持续使用意愿的影响减弱，替代力吸引力对不持续使用意愿的影响增强；反之亦然。（3）社交媒体用户不持续使用意愿前因变量存在联动效应，存在三种不同的组合构型：较低或较高的涉入度条件下用户不持续使用社交媒体意愿均有可能被触发，涉入度高低对替代品吸引力、后悔、不满意与不持续使用意愿之间的关系产生影响，不满意、后悔、替代品吸引力均是促使不持续使用意愿产生的核心条件。

二　讨论

本章不仅丰富了社交媒体用户不持续使用领域的理论研究，而且对社交媒体服务商维持用户持续使用具有实践启示。

（1）理论上，本章基于社会认知理论三元交互模型，构建了社交媒体用户不持续使用意愿研究模型，揭示了用户的个体因素（后悔、不满意）、环境因素（替代品吸引力）与使用行为（不持续使用意愿）三者之间相互作用机理。本章既分析了替代品吸引力通过用户过去选择的后悔与当前使用的不满意情绪对不持续使用意愿的间接作用，又揭示了替代品吸引力对不持续使用意愿的直接作用，同时讨论了社交媒体用户使用依赖因素（涉入度）在环境因素、个体因素与行为因素之间关系的调节作用，相对已有研究在理论模型构建上具有创新性，从而对社交媒体不持续使用研究做出理论贡献。此外，本章在偏最小二乘结构方程模型（PLS-SEM）方法的基础上，引入了模糊集定性比较分析（fsQCA）方法从组态视角对不持续使用意愿的前因变量相互依赖形成的复杂因果关系进行了分析，两种方法的混合使用，相对已有研究在方法上具有先进性，从而在社交媒体领域的多方法研究上做出一定贡献。

（2）实践上，本章模型证明了负面情绪对不持续使用行为的影响，因此，社交媒体用户应加强自我情感负荷管理，理性分析替代品，减少替代品吸引力带来的负面情绪影响。同时，本章对多元社交媒体情境下的替代品吸引力进行了探索，尤其是证明替代品吸引力的作用。因此，社交媒体服务商应重视竞争环境中的同行业替代品，加强自我产品的优势，提升自身产品吸引力，从而利用吸引力去抢夺竞争对手用户，也能降低竞争者的替代品对自身平台用户的不持续使用意愿的影响。社交媒体平台还应分析用户使用替代社交媒体的原因，学习替代社交媒体服务商吸引用户的经验，优化系统功能为用户提供多样化信息服务；向不持续使用的用户发放网络调查问卷，吸取用户的反馈意见，增强用户对自身产品的涉入度。

本章研究存在一定的局限性。首先，本章针对普通大众进行研究，未揭示不同代际及不同性别社交媒体用户的不持续使用意愿差异。同时，替代品过载对社交媒体用户不持续使用意愿的多阶段影响也值得进一步探究。其次，不同的社交媒体平台可能在不同文化背景下有认知差异。因而，替代品在不同文化背景下的社交媒体不持续使用研究值得进一步探索。

第五章

微信公众号用户取消关注意愿研究：
基于双加工理论与社会交换理论的思考

第一节　引言

　　随着社交媒体的发展，多样性的功能模块逐渐集合于社交媒体平台。集成功能的社交媒体平台，极大程度丰富了用户的使用行为。微信公众平台是一款由微信推出的公共服务平台，个人、企业都能通过创建微信公众号，将文字、图片、语音等多媒体信息推送给特定用户①。自 2012年推出以来，微信公众平台已经发展成为用户获取信息的重要渠道之一，同时也是企业组织提供服务、营销推广的重要途径。目前，微信公众号每日推送的信息数量呈井喷式发展，超出了绝大多数用户对信息的接收、处理能力。为了避免信息过载，用户会选择取消关注部分公众号，仅在列表中保留少量公众号。《QuestMobile 微信公号人群洞察报告》显示，截至 2019 年 2 月，产生了超过 2000 万个公众号，有 80% 的微信用户使用公众号，但其中 73% 的用户关注的公众号数量低于 20 个②。报告数据从侧面证实了仅有少数公众号可以获得用户稳定的关注，而微信公众号用户的取消关注行为以及公众号的用户流失现象普遍存在。对公众号运营商而言，一定数量规模的用户持续流失现象，在很大程度上意味着运

---

　　① 李嘉、任嘉莉、刘璇等：《微信公众平台的用户持续使用意愿研究》，《情报科学》2016年第 10 期。

　　② QuestMobile 研究院：《QuestMobile 微信公号人群洞察报告》，https：//www. questmobile. com. cn/research/report-new，2018 年。

营商在微信公众号的运营活动中存在着危机与隐患，难以实现利润增长；同时，用户流失也会对微信公众平台自身产生不良影响。由此可见，用户对微信公众号的取消关注行为急需企业和学术界共同予以重视，并采取措施减少此类行为的发生。

　　用户流失主要包含用户转移和用户终止使用两种类型①，现有研究主要集中于用户转移类流失的影响因素探讨。由用户转移带来的用户流失现象可以从用户、在用系统、转移系统三个维度进行影响因素分析②。用户维度中常见的因素包括感知成本、感知收益、感知易用性、感知有用性等③，在用系统维度包括信息质量、服务质量、系统质量等因素，转移系统维度包括替代品吸引力、转换成本等因素。相对用户转移行为而言，用户终止使用行为的相关研究较少。现有研究从用户、系统两方面探究了用户终止使用社交媒体的影响因素。Tang Z. Y. 等④研究发现，信息质量不满意、个人品牌不匹配、替代品吸引力、取消关注成本均显著正向影响品牌微博用户取消关注意愿。而从用户视角独立切入的研究多从认知、情感方面探究用户终止使用社交媒体的影响因素。Kim J. Y. ⑤发现不同个性、价值观等主观特征的个体对终止使用社交媒体的动机认知不同。Masood A. 等⑥研究发现：自控失灵、睡眠质量差通过内

---

　　① Keaveney S. M. , Parthasarathy M. , "Customer Switching Behavior in Online Services: An Exploratory Study of the Role of Selected Attitudinal, Behavioral, and Demographic Factors", *Academy of Marketing Science Journal*, Vol. 29, No. 4, 2001, pp. 374 – 390.

　　② 徐孝娟、赵宇翔、朱庆华：《社交网站用户流失行为理论基础及影响因素探究》，《图书情报工作》2016 年第 4 期；郭顺利、张向先、相甍甍：《高校图书馆微信公众平台用户流失行为模型及其影响因素分析》，《图书情报工作》2017 年第 2 期。

　　③ 徐孝娟、赵宇翔、吴曼丽等：《S-O-R 理论视角下的社交网站用户流失行为实证研究》，《情报杂志》2017 年第 7 期。

　　④ Tang Z. Y. , Chen L. D. , "An Empirical Study of Brand Microblog Users' Unfollowing Motivations: The Perspective of Push-Pull-Mooring Model", *International Journal of Information Management*, Vol. 52, June 2020, p. 102066.

　　⑤ Kim J. Y. , "Exploring Perceptional Typology of Social Media Quitters and Associations among Self-Esteem, Personality, and Motivation", *Behavior & Information Technology*, Vol. 41, No. 2, 2022, pp. 262 – 275.

　　⑥ Masood A. , Feng Y. , Rasheed M. R. , et al. , "Smartphone-Based Social Networking Sites and Intention to Quit: Self-Regulatory Perspective", *Behaviour & Information Technology*, Vol. 40, No. 11, 2021, pp. 1055 – 1071.

疚感的中介作用间接影响智能手机用户社交网站退出意向。

当前有关微信公众号用户流失的研究较为匮乏，微信公众号在内容提供模式、用户来源等方面与其他社交媒体有所不同，因此传统 IS 用户流失的影响因素可能不完全适用于微信公众号用户。微信公众号用户的取消关注意愿将更直接地反推企业、组织对微信公众号运营方式的优化，并吸引更多用户关注。在仅有的研究中，郭顺利等基于 S-O-R 理论框架构建了高校图书馆微信公众平台用户流失行为模型，通过解释结构模型方法分析了影响因素的层级关系。Zhang G. 等①基于社会交换理论构建微信公众号用户取消关注意愿模型，并证实感知成本中的真实成本、机会成本，感知收益下的感知有用性会影响微信公众号用户取消关注意愿。

综上所述，已有用户流失领域的研究为微信公众号用户取消关注意愿研究奠定了良好的基础。现有研究中针对微信公众号取消关注意愿的探索相对有限，仅有的研究侧重于从理性分析视角对用户的取消关注意愿进行探讨。已有文献可以进一步拓展之处：首先，用户取消关注微信公众号意向既受理性分析因素影响，又会被用户的直觉性感知因素所改变。然而，现有研究忽略了用户的直觉性感知因素对取消关注意愿的影响。其次，公众号的类型差异决定了其提供信息、服务的性质与所满足的动机不同，微信公众号类型对用户取消关注意愿是否具有调节作用也值得探究。

因此，本章旨在回答以下问题：微信公众号用户取消关注意愿会受到哪些因素影响？公众号类型对这些因素与取消关注意愿之间关系是否具有调节作用？为了回答上述问题，本章结合微信公众号的特点，基于双加工理论和社会交换理论，对微信公众号用户取消关注意愿的影响因素进行模型构建探究，通过偏最小二乘结构方程模型方法（PLS-SEM）验证模型构建的合理性。

---

① Zhang G. , Ma L. , Zhang X. , et al. , "Understanding Social Media Users' Unfollow Intentions: Take Wechat Subscriptions as an Example", *Online Information Review*, Vol. 43, No. 7, November 2019, pp. 1081 – 1097.

第二节　理论基础

一　双加工理论

双加工理论（Dual Processing Theory）是决策心理学中的一种重要理论模型，该理论将用户的决策和认知分为直觉和分析两种类型[①]。其中直觉是一种简单的认知加工模式，具有快速、自动、无意识等特点；而分析则是更为复杂的认知模式，相对而言速度更慢，并且是大脑非自动、有意识的认知[②]。基于这两种认知模式出现的双加工模型认为，用户的认知和决策受到直觉和分析两种认知模式的交互作用。直觉性系统是对情绪和环境的自动化反应，而分析性系统则侧重于由理性思考、逻辑推断得出结论[③]。因此，以双加工理论构建研究框架，可以更为全面、科学地探究用户行为意向的影响因素。

目前，双加工理论已在社交媒体领域得到应用。陈明红等以双系统认知理论为基础，构建了用户搜索行为转移意向模型，Dolan R. 等[④]将用户对社交媒体的诉求分为理性内容诉求和感性内容诉求，探究其对用户社交媒体参与的影响。本章基于双加工理论框架构建研究模型，从分析性要素和直觉性要素双重视角对微信公众号用户取消关注意愿影响因素进行探究。其中分析性要素以社会交换理论为基础，包含感知无用性、真实成本、机会成本三个变量，从理性计算的角度对取消关注意愿进行研究；直觉性要素反映用户心理直觉感受，包括信息过载和侵扰两个变量，从用户对外界刺激的直接反应角度探究其取消关注

[①]　陈晔、易柳夙、何钏等：《旅游网站的粘性及其影响因素——基于双系统认知理论》，《旅游学刊》2016 年第 2 期。Epstein S.，"Integration of the Cognitive and the Psychodynamic Unconscious"，*American Psychologist*，Vol. 49，No. 8，1994，pp. 709 – 724.

[②]　陈明红、温杰尧、曾庆彬等：《从 PC 搜索到手机搜索的用户转移行为意向研究》，《情报科学》2018 年第 7 期。

[③]　黄琳妍、李虹、倪士光：《直觉性和分析性决策的关系及其影响因素》，《西北师大学报》（社会科学版）2014 年第 5 期。

[④]　Dolan R.，Conduit J.，Frethey-Bentham C.，et al.，"Social Media Engagement Behavior：A Framework for Engaging Customers through Social Media Content"，*European Journal of Marketing*，Vol. 5，No. 10，September 2019，pp. 2213 – 2243.

意愿的作用机理。

二 社会交换理论

社会交换理论（Social Exchange Theory，SET）由 Homans G. C. 提出①，它将人与人之间互动的本质视作一种基于互惠原则的物质或精神资源交换，经常作为用户行为决策的一种解释机制②。在参与交换前，行动者会对预期的收益与成本进行计算，以决定是否交换③。根据 SET 理论，用户在决定是否继续关注微信公众号前，会对关注该公众号产生的成本和收益进行评估。用户关注公众号的收益主要来源于公众号内容的有用性，而获取这些有用信息、服务会产生相应成本。因此，当公众号内容无法满足用户需求时，用户会感受到成本和收益的失衡。为减少损失，用户会产生取消关注意愿。

该理论在社交媒体用户流失相关研究中已有应用。转移行为作为社交媒体用户流失的一种形式，受到转换成本（感知成本）和感知有用性（感知收益）的共同影响；Zhang K. Z. K. 等④以社会交换理论为基础，从感知成本和感知收益视角分析微信公众号用户取消关注意愿影响因素。在 Zhang K. Z. K. 等研究的基础上，本章引入社会交换理论，从交换视角阐释微信公众号用户取消关注意愿，将用户关注公众号带来的感知无用性作为负面的内容收益变量，将成本变量划分为真实成本和机会成本，认为感知无用性、真实成本、机会成本会影响微信公众号用户的取消关注意愿。

---

① Homans G. C. , "Social Behavior as Exchange", *American Journal of Sociology*, Vol. 63, No. 6, 1958, pp. 597 – 606.

② 吴川徽、黄仕靖、袁勤俭：《社会交换理论及其在信息系统研究的应用与展望》，《情报理论与实践》2020 年第 8 期。

③ Cheung C. , Lee Z. W. Y. , Chan T. K. H. , "Self-Disclosure in Social Networking Sites: The Role of Perceived Cost, Perceived Benefits and Social Influence", *Internet Research*, Vol. 25, No. 2, April 2015, pp. 279 – 299.

④ Zhang K. Z. K. , Barnes S. J. , Zhang S. J. , et al. , "Can Consumers be Persuaded on Brand Microblogs? An Empirical Study", *Information & Management*, Vol. 55, No. 1, January 2018, pp. 1 – 15.

第三节　研究模型与假设

一　研究模型

基于上述双加工理论框架与社会交换理论的阐述，本章构建了微信公众号用户取消关注意愿研究模型，如图5-1所示。

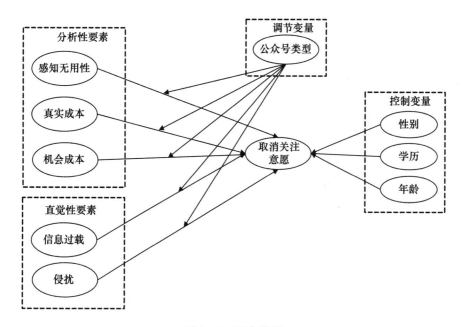

图5-1　研究模型

在分析性要素视角下，依据社会交换理论，引入反向的感知收益变量（感知无用性）与成本变量（真实成本和机会成本）；在直觉性要素视角下，引入反映用户负面直觉心理的信息过载、侵扰两个变量。为探究公众号类型对微信公众号用户取消关注意愿的作用，本章将公众号类型分为功利型公众号和享乐型公众号两类，并将公众号类型作为调节变量纳入研究模型。

性别、年龄、学历等人口统计学变量通常被认为会对社交媒体用户使用行为产生影响。Zhang K. Z. K. 等研究发现年龄、学历等人口统计学因素会对品牌微博用户的关注行为产生影响。不同性别的用户可能对微信公众号有着不同的期望，因此取消关注意愿也趋于不同。而不同年龄、学历的用户可能因个体生活阅历、知识结构的差异，在使用微信公众号后产生不同评价。因此，为消除人口统计学变量对微信公众号用户取消关注意愿的影响，本章将性别、年龄、学历三项人口统计因素作为控制变量纳入研究模型，揭示它们对微信公众号用户取消关注意愿的干扰作用。

二 研究假设

感知有用性是技术接受模型（TAM）的核心变量，反映用户主观上认为使用某项技术、服务有助于工作、生活效率的提高，属于一种积极的情绪[①]。但当用户无法从微信公众号获取有用内容，甚至认为公众号提供的内容无用与多余时，这种对特定技术、服务有用性的负面感知即为感知无用性，它可以更为直观地揭示用户的取消关注意愿[②]。基于社会交换理论，用户对微信公众号的取消关注，是对成本与收益计算后的理性决策。感知无用性是感知收益的负面体现，当用户使用公众号的感知收益较低时，其感知成本大于感知收益，用户会产生取消关注意愿，终结与微信公众号的交换。已有研究证实，感知无用性削弱了消费者使用、消费智能电子产品的意向。Mani Z. 等[③]研究表明，感知无用性正向影响消费者对智能产品的抵制行为；Pal D. 等发现，感知无用性对物联网智能家居的抵制消费不具有显著影响；Kruse C. S. 等[④]认为感知无用性是阻碍电子健康记录普及的重要原因之一。微信公众号依托智能电子

---

① 常桂林、毕强、费陆陆：《微信平台（公众号）用户持续使用意愿分析——基于期望确认模型与媒介系统依赖理论》，《图书馆学研究》2017 年第 22 期。

② Pal D. , Papasratorn B. , Chutimaskul W. , et al. , "Embracing the Smart-Home Revolution in Asia by the Elderly: An End-User Negative Perception Modeling", *IEEE Access*, Vol. 7, March 2019, pp. 38535 – 38549.

③ Mani Z. , Chouk I. , "Drivers of Consumer' Resistance to Smart Products", *Journal of Marketing Management*, Vol. 33, No. 1/2, November 2017, pp. 76 – 97.

④ Kruse C. S. , Kothman K. , Anerobi K. , et al. , "Adoption Factors of the Electronic Health Record: A Systematic Review", *JMIR Medical Informatics*, Vol. 4, No. 2, 2016, pp. 1 – 14.

产品提供服务，其用户取消关注意愿也将受到感知无用性的影响。基于此，本章认为用户的感知无用性越强，其对微信公众号的取消关注意愿越强烈。因此，提出以下假设：

H1：感知无用性正向影响取消关注意愿。

感知成本是用户对关注微信公众号获取信息、服务而付出时间、精力等成本的感知[①]。借鉴 Zhang G. 等的研究，感知成本可以分为真实成本和机会成本。真实成本是指用户浏览公众号花费的时间、精力，而机会成本则是指因浏览公众号而失去参与其他活动的机会造成的损失。基于社会交换理论，感知成本会对用户的行为意向产生影响[②]。当用户感知到使用微信公众号带来了较高的真实成本和机会成本时，感知成本和感知收益将处于失衡状态，为减少个人损失，他们取消关注微信公众号的意向会增加。相关研究证实了感知成本对取消关注意愿有显著影响。Zhang K. Z. K. 等的研究证实，真实成本和机会成本的增加会使用户取消关注微信公众号的意向变强；感知成本的增加将降低用户对电子书阅读客户端的满意度，从而增加客户端用户流失的概率；过高的感知成本会带来社交媒体用户的倦怠情绪，致使消极使用现象产生[③]。基于此，本章认为用户使用微信公众号产生的真实成本和机会成本越高，其取消关注的意向越强烈。因此，提出以下假设：

H2：真实成本正向影响取消关注意愿。
H3：机会成本正向影响取消关注意愿。

---

①　陈渝、黄亮峰：《理性选择理论视角下的电子书阅读客户端用户流失行为研究》，《图书馆论坛》2019 年第 9 期。

②　Cropanzano R., Anthony E. L., Daniels S. R., et al., "Social Exchange Theory: A Critical Review with Theoretical Remedies", *The Academy of Management Annals*, Vol. 11, No. 1, 2017, pp. 479 – 516.

③　刘鲁川、李旭、张冰倩：《基于扎根理论的社交媒体用户倦怠与消极使用研究》，《情报理论与实践》2017 年第 12 期。

微信公众号带来的信息过载是指微信公众号推送的大量信息超出了用户的信息处理能力，成为用户负面情绪的来源之一①。信息过载现象将促使微信公众号用户产生取消关注意愿。根据认知负荷理论，个体认知资源的容量有限，当用户需要处理过多信息时，认知资源供不应求，从而导致认知负荷，处理事物的效率降低②。因此，大量涌现的公众号信息，将会导致个体的认知负荷，影响用户的工作效率。用户为提高效率，会取消关注部分微信公众号。此外，信息过载作为压力源，为用户带来倦怠、不满意、焦虑等负面情绪，削弱了用户对微信公众号的使用意向③。已有研究证实了信息过载将影响用户对社交媒体的使用行为，Zhang S. 等④、Cao X. F. 等⑤的研究证实用户感知到的过载现象会带来不满和倦怠情绪，增加用户对社交媒体的不持续使用意向；郭佳等通过对图书馆微信公众号的研究发现，信息过载将通过使用倦怠进一步正向作用于用户的不持续使用和转移意愿。基于此，本章认为微信公众号带来的信息过载现象，将会助长用户的取消关注意愿。因此，提出以下假设：

H4：信息过载正向影响取消关注意愿。

侵扰被定义为当目标导向的认知过程被打断时用户产生的心理后果⑥，通常描述广告带来的负面影响。侵扰可以分为时间侵扰、空间侵扰、流侵扰三方面。时间侵扰指广告对用户时间的浪费；空间侵扰指弹

---

① 郭佳、曹芬芳：《图书馆微信公众号不持续使用意愿研究》，《数字图书馆论坛》2018年第5期。

② 李旭、刘鲁川、张冰倩：《认知负荷视角下社交媒体用户倦怠及消极使用行为研究——以微信为例》，《图书馆论坛》2018年第11期。

③ 牛静、常明芝：《社交媒体使用中的社会交往压力源与不持续使用意向研究》，《新闻与传播评论》2018年第6期。

④ Zhang S., Zhao L., Lu Y., et al., "Do You Get Tired of Socializing? An Empirical Explanation of Discontinuous Usage Behaviour in Social Network Services", *Information & Management*, Vol. 53, No. 7, November 2016, pp. 904 – 914.

⑤ Cao X. F., Sun J. S., "Exploring the Effect of Overload on the Discontinuous Intention of Social Media Users: An S-O-R Perspective", *Computers in Human Behavior*, Vol. 81, April 2018, pp. 10 – 18.

⑥ Li H. R., Edwards S. M., Lee J. H., et al., "Measuring the Intrusiveness of Advertisements: Scale Development and Validation", *Journal of Advertising*, Vol. 31, No. 2, 2002, pp. 37 – 47.

出的广告占用了屏幕空间,使用户分心;流侵扰指广告或无关信息打断了用户的专注思维①。自微信公众号成为企业重要的营销途径以来,公众平台充斥了大量的广告和无用信息,使用户备受侵扰。心理反应理论认为,当消费者的消费行为受到干扰时(如广告侵入其他活动),可能会产生消极的反应,以及重新掌控个人消费行为的动机。当用户在使用微信公众号时受到无用信息侵扰,他们会产生厌烦、恼火的负面情绪②,并产生取消关注微信公众号的意向。基于此,本章认为用户受到的侵扰程度越高,他们取消关注微信公众号的意向越强烈。因此,提出以下假设:

H5:侵扰正向影响取消关注意愿。

用户对微信公众号的使用动机可分为享乐型动机和功利型动机③,根据对用户不同动机的满足可以将公众号分为满足功利动机的功利型公众号和满足娱乐动机的享乐型公众号④。不同的使用动机下关注的公众号内容也不相同,功利型公众号满足用户明确目标导向的动机,多存在直接的利益交换;而享乐型公众号则是满足用户的一些情感需求,或是用以消磨时光。用户往往通过关注功利型公众号实现一些功能,如生活费用缴纳、工作打卡、特定信息查询等。因而,用户对功利型公众号的取消关注更为慎重,而取消关注难以量化利益得失的享乐型公众号就显得较为随意。由此可知,公众号类型在分析性因素与直觉性因素对用户

---

① Riedel A. S. , Weeks C. S. , Beatson A. T. , et al. , "Am I Intruding? Developing a Conceptualisation of Advertising Intrusiveness", *Journal of Marketing Management*, Vol. 34, No. 9 – 10, July 2018, pp. 750 – 774.

② Jung J. , Shim S. W. , Jin H. S. , et al. , "Factors Affecting Attitudes and Behavioural Intention towards Social Networking Advertising: A Case of Facebook Users in South Korea", *International Journal of Advertising*, Vol. 35, No. 2, 2016, pp. 248 – 265.

③ 代宝、续杨晓雪、邓艾雯:《社交网站品牌(粉丝)主页用户参与行为的影响因素分析》,《信息资源管理学报》2018 年第 3 期。

④ Liang X. , Yang Y. , "An Experimental Study of Chinese Tourists Using a Company-Hosted Wechat Official Account", *Electronic Commerce Research and Applications*, Vol. 27, January-February 2018, pp. 83 – 89.

取消关注意愿的影响中起到调节作用。此外，与公众号类型相似的研究变量中，产品、服务的类型常常作为消费者行为的前因要素与其行为间的调节变量。例如：Temerak M. S. 等[①]的研究证实零售服务类型在目标达成和转换成本间起到调节作用；Ansary A. 等[②]发现产品类型对品牌形象、品牌资产驱动力和品牌资产之间的关系具有显著的调节作用；产品类型在顾客感知的社会收益和功能收益对其融入意愿的影响中起调节作用[③]。用户视角下，微信公众号类型即为账号主体所提供的产品类型，同样可以作为调节变量，调节各要素与用户取消关注意愿之间的关系。因此，本章认为公众号类型在分析性要素、直觉性要素对取消关注意愿的影响中起到调节作用。基于此，提出以下假设：

H6a：公众号类型在感知有用性和取消关注意愿之间具有调节作用。

H6b：公众号类型在真实成本和取消关注意愿之间具有调节作用。

H6c：公众号类型在机会成本和取消关注意愿之间具有调节作用。

H6d：公众号类型在信息过载和取消关注意愿之间具有调节作用。

H6e：公众号类型在侵扰和取消关注意愿之间具有调节作用。

第四节　量表设计与数据收集

一　测量量表

在问卷设计中，本章在已有相关研究测量量表的基础上，结合微信公众号的情境进行量表开发。本章的调查问卷主要分为两部分：第一部

---

① Temerak M. S. , El-Manstrly D. , "The Influence of Goal Attainment and Switching Costs on Customers' Staying Intentions", *Journal of Retailing and Consumer Services*, Vol. 51, November 2019, pp. 51 –61.

② AnsaryA. , Nik Hashim N. M. H. , "Brand Image and Equity: The Mediating Role of Brand Equity Drivers and Moderating Effects of Product Type and Word of Mouth", *Review of Managerial Science*, Vol. 12, No. 4, 2018, pp. 969 –1002.

③ 朱翊敏、于洪彦：《在线品牌社群顾客融入意愿研究：产品类型的调节》，《商业经济与管理》2017 年第 12 期。

分为潜在变量的测量题项；第二部分为基本统计信息。潜在变量的测量
题项部分包括感知无用性、真实成本、机会成本、信息过载、侵扰、取
消关注意愿6个潜在变量，每个构念测量均由3—5条测量题项构成，共
计21条题项。所有题项均采用李克特5级量表（1＝非常不同意，2＝不
同意，3＝一般，4＝同意，5＝非常同意），测量题项如表5－1所示。其
中，感知无用性的测量题项改编自 Pal D. 等、Mani Z. 等的研究，包括3
个题目；真实成本、机会成本的测量题项借鉴了 Zhang G. 等的研究，均
包括3个题目；信息过载的测量题项来源于 Zhang G. 等、Cao X. F. 等的
研究，包括4个题目；侵扰的测量题项改编自 Doorn J. V. 等①、Jung J.
等的研究，包括3个题目；取消关注意愿的测量整合了 Zhang G. 等、李
嘉等、徐孝娟等的研究，包括5个题目。此外，本章将性别、年龄、学
历等变量作为控制变量，用来揭示人口统计学信息对取消关注意愿的干
扰影响。

表5－1　　　　　　　　　　潜在变量及其测量题项

潜在变量	题项编号	测量题项
感知无用性 （GZWY）	GZWY1	该微信公众号没有带来太多价值
	GZWY2	该微信公众号对我的日常生活没有帮助
	GZWY3	该微信公众号没有太多内容优势
真实成本 （ZSCB）	ZSCB1	浏览微信公众号的内容会耗费我的时间
	ZSCB2	浏览微信公众号的内容会耗费我的精力
	ZSCB3	浏览微信公众号的内容会为我带来经济成本
机会成本 （JHCB）	JHCB1	浏览微信公众号占用了我工作的时间
	JHCB2	浏览微信公众号占用了我和家人、朋友相处的时光
	JHCB3	浏览微信公众号占用了我休息、娱乐的时间

① Doorn J. V. , Hoekstra J. C. , "Customization of Online Advertising: The Role of Intrusive-ness", *Marketing Letters*, Vol. 24, No. 4, January 2013, pp. 339 – 351.

续表

潜在变量	题项编号	测量题项
信息过载 （XXGZ）	XXGZ1	该微信公众号中过多的信息常常会过度占用我的注意力
	XXGZ2	该微信公众号每天产生大量信息，让我无所适从
	XXGZ3	我认为该微信公众号中的很多信息需要重新组织、整合
	XXGZ4	该微信公众号提供了大量信息，但并非都是我想要的
侵扰 （QR）	QR1	我认为该微信公众号推送的信息会打扰我
	QR2	该微信公众号推送的信息令我心烦
	QR3	该微信公众号推送的信息令我分心
取消关注意愿 （QXGZ）	QXGZ1	我打算取消关注该微信公众号，不再继续使用
	QXGZ2	我计划在未来一段时间内不再持续关注该微信公众号的内容
	QXGZ3	我认为部分微信公众号不值得我的继续关注和使用
	QXGZ4	和从前相比，我使用部分微信公众号的频次在减少
	QXGZ5	我会逐渐转移到其他媒体获取信息

二 数据收集及描述性统计

本章主要针对微信公众号用户的取消关注意愿进行调研，选取微信公众号用户作为调查对象，通过"问卷星"平台（https://www.wjx.cn）制作网络问卷，借助微信、QQ、微博等工具发放问卷。每个 IP 地址只能提交一次调查。笔者通过国外权威数据调查网站 CreativeResearch 提供的样本量计算器（https://www.surveysystem.com/sscalc.htm）对调查样本量进行计算[1]，设置置信水平为 95%，微信用户数来源于腾讯公司 2020 年第一季度业绩[2]，即 12.03 亿，测出最小样本量为 384 份。本章在剔除所有回答一致，答题时间过短的无效问卷后[3]，总计回收有效

---

① 曹剑波：《普通大众的知识概念及知识归赋的实证研究》，《东南学术》2019 年第 6 期。
② 腾讯：《腾讯第一季度业绩》，https://static.www.tencent.com/uploads/2020/05/18/fc1afc176e4604f3a05602a467b259ad.pdf.
③ Heide J. B., Wathne K. H., "Friends, Business People, and Relationship Roles: A Conceptual Framework and a Research Agenda", *Journal of Marketing*, Vol. 70, No. 3, July 2006, pp. 90 – 103.

样本443份，符合计算得到的最小样本量要求。被调查对象的描述性统计结果，如表5-2所示。

表5-2　　　　　　　　　　　调查样本描述性统计

变量	题项	频次	百分比（%）
性别	男	204	46.05
	女	239	53.95
年龄	20岁以下	92	20.77
	20—29岁	284	64.11
	30岁及以上	67	15.12
学历	高中及以下	71	16.03
	大专及本科	268	60.50
	硕士研究生及以上	104	23.47
微信公众号类型	休闲娱乐	173	39.05
	获取信息或服务	270	60.95

在调查的443个样本中，男性、女性用户分别占比46.05%、53.95%，男女比例分布较为均衡。在年龄方面，被调查者多为30岁以下用户，其中20—29岁用户最多，有284人，占比64.11%。在学历方面，大专及以上学历用户占比83.97%，被调查者的受教育程度普遍较高，可以较好理解题意并结合自身情况作答。因此，本章选取的调查样本具有代表性。

第五节　数据分析

目前被广泛使用的结构方程模型方法主要分为两大类：基于协方差的极大似然估计方法；基于方差的偏最小二乘方法[1]。偏最小二乘结构

---

[1] 贺明明、王铁男、肖璇：《社会资本对跨组织信息系统吸收影响机理研究》，《管理科学学报》2014年第5期。

方程模型（PLS-SEM）具有如下特性①：①数据不需要满足正态分布；②对样本量的要求较为灵活，只需大于构念的最大测量题项数的10倍；③适用于分析含有较多潜在变量及相关题项的复杂结构方程；④适用于探索性、预测性模型的研究及数据分析；⑤可以同时进行测量模型和结构模型的分析，估计调节变量的交互效应。借鉴Zhang G. 等的研究经验，本章选用PLS-SEM方法进行数据分析。利用Smart PLS 3软件进行测量模型和结构模型分析。

一 测量模型分析

（1）信度检验。使用克朗巴哈系数（Cronbach's α）值和组合信度（Composite Reliability，CR）值检验潜在变量的内部一致性。如表5-3所示，潜在变量的克朗巴哈系数（Cronbach's α）值最低为0.859，CR值最低为0.911，均高于0.7。因此，每个构念的测量均具有良好的信度。

（2）效度检验。效度指测量题项能够反映潜在变量的有效性程度，分为内容效度和结构效度。为保证问卷的内容效度，笔者邀请了微信公众号用户和社交媒体用户行为领域的专家进行预测试。依据其反馈意见，对问卷的部分题项及其表述进行多次修改、调试，最终生成调查问卷。

结构效度作为所需检验的重要指标，分为收敛效度、区别效度。收敛效度探讨构念的全面性问题，区别效度探讨构念的排他性问题②。选取标准因子载荷量、平均萃取方差（Average Variance Extracted，AVE）进行收敛效度检验。所有潜在变量均包括3个及以上题项，每条测量题项的标准因子载荷量均大于0.7，且所有潜在变量的AVE值均大于0.5，

---

① Hair J. F. , Risher J. J. , Sarstedt M. , et al. , "When to Use and How to Report the Results of PLS-SEM", *European Business Review*, Vol. 31, No. 1, January 2019, pp. 2 – 24. Hair J. F. , Ringle C. M. , Sarstedt M. , "PLS-SEM：Indeed a Silver Bullet", *Journal of Marketing Theory and Practice*, Vol. 19, No. 2, 2011, pp. 139 – 152.

② 鄢慧丽、余军、熊浩：《移动旅游应用用户粘性影响因素研究——以网络舆论为调节变量》，《南开管理评论》2020年第1期。

如表 5 - 3 所示，说明本章测量题项具有较高的收敛效度。

表 5 - 3　　　　　　　　　　信度、收敛效度分析结果

潜在变量	题项编号	标准因子载荷量	Cronbach's α	CR	AVE
感知无用性（GZWY）	GZWY1	0.937	0.926	0.953	0.870
	GZWY2	0.926			
	GZWY3	0.937			
真实成本（ZSCB）	ZSCB1	0.932	0.859	0.914	0.782
	ZSCB2	0.949			
	ZSCB3	0.760			
机会成本（JHCB）	JHCB1	0.939	0.949	0.967	0.907
	JHCB2	0.955			
	JHCB3	0.963			
信息过载（XXGZ）	XXGZ1	0.850	0.869	0.911	0.718
	XXGZ2	0.877			
	XXGZ3	0.830			
	XXGZ4	0.831			
侵扰（QR）	QR1	0.919	0.910	0.943	0.848
	QR2	0.935			
	QR3	0.908			
取消关注意愿（QXGZ）	QXGZ1	0.898	0.925	0.943	0.769
	QXGZ2	0.863			
	QXGZ3	0.909			
	QXGZ4	0.856			
	QXGZ5	0.857			

依据 Fornell-Larcker 判别标准检验区别效度，需满足所有潜在变量的

AVE 算术平方根均高于该变量与其他潜在变量之间的 Pearson 相关系数。如表 5 - 4 所示，对角线上粗体数值为各潜在变量对应 AVE 值的平方根，位于对角线下半部分数值为各潜在变量与其他潜在变量之间的相关系数。表 5 - 4 中对角线的数值最低为 0.847，位于对角线下的数值中最高为 0.654。可见，本章的潜在变量之间具有较高的区别效度。

表 5 - 4 区别效度分析结果

	侵扰	信息过载	取消关注意愿	感知无用性	机会成本	真实成本
侵扰	**0.921**					
信息过载	0.618	**0.847**				
取消关注意愿	0.654	0.639	**0.877**			
感知无用性	0.304	0.313	0.414	**0.933**		
机会成本	0.361	0.313	0.459	0.369	**0.953**	
真实成本	0.487	0.469	0.544	0.359	0.463	**0.884**

二 结构模型分析

信度和效度分析结果证明本章可以继续进行结构模型分析。微信公众号用户取消关注意愿研究模型的结构模型分析结果如图 5 - 2 和表 5 - 5 所示。结构模型分析主要依据 3 个指标进行评价[①]：标准化残差均方根（SRMR）、决定系数 R^2 值和路径系数的显著性水平。本章模型的 SRMR 估计值为 0.039，小于 0.08 的阈值，表明模型的拟合程度较好。取消关注意愿的方差解释率 R^2 值为 0.678，表明整个模型对微信公众号用户取消关注意愿方差解释程度为 67.8%，超过 Zhang G. 等的研究中 R^2 值 0.595。这表明相对已有研究，本章构建的模型对微信公众号取消关注意愿的解释力度更强。

[①] Benitez J., Henseler J., Castillo A., et al., "How to Perform and Report an Impactful Analysis Using Partial Least Squares: Guidelines for Confirmatory and Explanatory IS Research", *Information & Management*, Vol. 57, No. 2, March 2020, p. 103168.

表 5 - 5　　　　　　　　　　　路径分析结果

假设	路径	标准路径系数	T 值	P 值	假设检验
H1	感知无用性→取消关注意愿	0.157***	4.588	0.000	支持
H2	真实成本→取消关注意愿	0.146***	3.556	0.000	支持
H3	机会成本→取消关注意愿	0.235***	6.089	0.000	支持
H4	信息过载→取消关注意愿	0.219***	4.677	0.000	支持
H5	侵扰→取消关注意愿	0.235***	4.977	0.000	支持

注：*** 代表 1% 显著性。

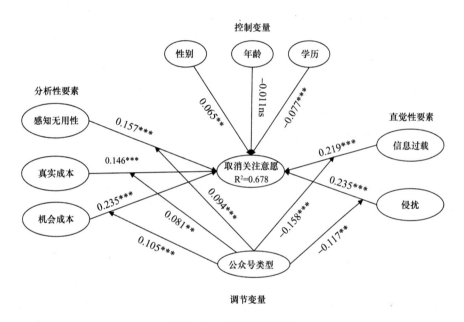

图 5 - 2　结构模型结果

注：*** 、** 分别代表 1% 、5% 显著性，ns 代表不显著。

（1）分析性要素变量对取消关注意愿的影响：感知无用性（β = 0.157，P < 0.01）对取消关注意愿具有显著正向影响，假设 H1 获得支持。可见，用户在无法通过微信公众号获取满足个人需求的信息、服务时，会产生取消关注的意向，这也印证了 Mani Z. 等的研究结论。同时，与感知有用性相比，感知无用性会直接引发用户的负面情绪，从而产生取消关注意愿。真实成本（β = 0.146，P < 0.01）对取消关注意愿产生

显著正向影响，假设 H2 成立。机会成本（β = 0.235，P < 0.01）对取消关注意愿具有显著正向影响，假设 H3 成立。这说明，当用户体会到因浏览公众号而花费过高的时间、金钱等真实成本，或影响其他可获取收益活动的开展时，用户会考虑取消关注微信公众号。以往研究缺乏对感知成本因素的细分，对机会成本的探究多呈现为与替代品相关的变量，真实成本对取消关注意愿影响的分析更为鲜见。

（2）直觉性要素变量对取消关注意愿的影响：信息过载（β = 0.219，P < 0.01）对取消关注意愿具有显著正向影响，假设 H4 获得支持，这与郭佳等对图书馆微信公众号的研究结果一致。可见，当微信公众号推送的信息量超出用户的接受能力时，会为用户带来焦虑的情绪，同时降低用户接收信息的效率。因此，为保证正常工作效率及良好的情绪状态，用户会选择取消关注微信公众号。侵扰（β = 0.235，P < 0.01）对取消关注意愿呈现显著正向影响，假设 H5 成立。不满足用户需求的信息及商务广告通过微信公众号推送至用户端，侵犯了用户的正常生活，打乱了用户的工作节奏，使用户对相关微信公众号产生不良观感。因此，用户选择取消关注微信公众号，这印证了 Jung J. 等对 Facebook 广告侵扰问题的研究结论。

（3）控制变量对取消关注意愿的影响：年龄对微信公众号用户取消关注意愿不具有显著影响。性别在 5% 显著性水平影响下取消关注意愿，可能的原因：相对而言，男性用户更为理性，对微信公众号的取消关注会更加慎重；女性用户一般具有整理习惯，她们更可能及时清理、取消关注部分公众号。学历对取消关注意愿有显著负向影响，可能的原因：受教育程度较高的用户具有较为完善的知识体系，其行为决策更多依据现有知识结构进行理性判断，对公众号的关注与取消关注行为会更为审慎。

（4）公众号类型的调节作用分析：本章使用双阶段方法（the two-stage approach）检验调节效应①，数据结果如图 5 - 2 所示，从分析性要

---

① Chong A. Y. E., Lacka E., Boying L., et al., "The Role of Social Media in Enhancing Guanxi and Perceived Effectiveness of E - Commerce Institutional Mechanisms in Online Marketplace", *Information & Management*, Vol. 55, No. 5, July 2018, pp. 621 - 632.

素视角来看：公众号类型（$\beta = 0.094$，$P < 0.01$）在感知无用性和取消关注意愿间起到正向调节作用，假设 H6a 成立；公众号类型（$\beta = 0.081$，$P < 0.5$）在真实成本和取消关注意愿间起到正向调节作用，假设 H6b 成立；公众号类型（$\beta = 0.105$，$P < 0.01$）在机会成本和取消关注意愿间起到正向调节作用，假设 H6c 成立。可见用户针对不同的公众号类型进行成本、收益的权衡有所不同。用户使用功利型微信公众号往往具有明确的目的性，当用户明确的需求无法获得满足或获得成本过高时，他们更容易产生取消关注的意向。而享乐型微信公众号则多为满足用户的娱乐需求，用户期望通过这些公众号缓解个人压力，调整情绪等，因此他们对利益失衡的感知不太敏感，不容易产生取消关注意愿。从直觉性要素视角来看：公众号类型（$\beta = -0.158$，$P < 0.01$）在信息过载和取消关注意愿间起到负向调节作用，假设 H6d 成立；公众号类型（$\beta = -0.117$，$P < 0.5$）在侵扰和取消关注意愿间起到负向调节作用，假设 H6e 成立。由于人们对于功利型公众号的信息与服务有着刚性需求，因此用户即使接收到过多的信息或广告，也会因其需求而尽量保留对该微信公众号的关注。但享乐型公众号通常不是用户的必需品，如若时常产生无关信息、广告推送，则会让用户很快对公众号产生负面情绪，并转化成取消关注意愿。

第六节 结论与讨论

一 结论

本章以双加工理论为基础，从分析性要素、直觉性要素双重视角下构建微信公众号用户取消关注意愿研究模型。其中，分析性要素视角基于社会交换理论萃取变量，引入感知无用性、真实成本、机会成本变量，从成本、收益计算与权衡的角度，对微信公众号用户取消关注意愿进行探究。直觉性要素视角引入信息过载、侵扰变量，反映用户受到外部干扰后的直觉反应。采用网络问卷调查方式获取模型验证所需数据，运用偏最小二乘结构方程模型进行研究模型假设检验，得到主要研究结论如下：

（1）从分析性要素视角来看，感知无用性、真实成本、机会成本均对微信公众号用户取消关注意愿产生显著正向影响，说明感知收益的缺失以及过高的感知成本都会影响用户取消关注微信公众号。（2）从直觉性要素视角来看，信息过载、侵扰均对微信公众号用户取消关注意愿呈现显著正向影响。（3）公众号类型变量具有显著的调节效应。从分析性要素视角来看，公众号类型在感知无用性、真实成本、机会成本和取消关注意愿间具有显著正向调节作用；从直觉性要素来看，公众号类型在信息过载、侵扰与取消关注意愿间都具有显著负向调节作用。

二　讨论

（一）理论贡献

相对已有微信公众号取消关注意愿的研究，本章的创新之处主要表现在：

（1）已有研究侧重于分析性要素，探究成本与收益对微信公众号用户取消关注意愿的影响。本章将双加工理论应用于微信公众号用户取消关注意愿研究，既考虑了分析性要素的影响，又兼顾了直觉性要素的作用。研究模型从分析性要素与直觉性要素双重视角出发，更为全面地探究了微信公众号用户取消关注意愿的影响因素，对微信公众号用户取消关注意愿的解释力度更强。

（2）与已有研究不同的是，本章结合用户取消关注意愿特征，变量选取具有一定的创新性。在分析性要素层面上，从负向视角更准确地衡量取消关注意愿的感知收益缺失（感知无用性）；在直觉性要素层面上，引入负向视角的信息过载、侵扰变量。同时，进一步考量公众号类型（享乐型与功利型），揭示了微信公众号类型在分析性要素、直觉性要素与取消关注意愿之间的调节作用。

（二）管理启示

（1）从分析性要素视角看：微信公众号运营商需要从用户视角对收益与成本进行考虑，以维持用户的持续关注意向。用户往往希望在有限的感知成本下，获得最大的感知收益。因此，对公众号运营商而言，应在提升微信公众号内容有用性的同时，降低用户的感知成本，为公众号维系用户。在内容上，谨慎选题，考虑内容的时效性、客观性，尽可能为用户提供优质的内容及服务，提升用户的感知收益。同时，公众号运营商可以采用适当的激励措施，促进用户关注意向的长期维持，培养用户形成关注并定期查阅公众号的习惯，成为较稳定的关注群体。在形式上，公众号发布的推送应形式美观、重点突出，提升用户阅读体验的同时提高信息交互效率。

（2）从直觉性要素视角看：微信公众号不应仅作为企业、组织推广产品、盈利的渠道，也应成为促进组织与用户情感交流的重要方式。微信公众号运营商应注重加强与用户的交互，定期进行用户满意度测评，及时捕捉用户对公众号产生的负面评价，采纳用户对公众号建设的有益建议，改善信息过载和广告的侵扰为用户带来的负面情绪。因此，微信公众号运营商应在内容方面进一步耕耘，从信息的浅加工转换为深加工，减少公众号间的同质内容，提供给用户更为系统、专业的信息，从而减轻由信息过载带给用户的焦虑之感。同时，保持恰当的推送频率，不宜多次推送重复的内容。对于商业广告信息的投放要掌握适度原则，注意广告的推送方式。

（3）从微信公众号类型看：用户对待不同的公众号类型具有不同的态度，功利型公众号与享乐型公众号运营商应对用户取消关注应采用差异化的策略。公众号应明确自身的定位，主要提供的信息或服务，面对的用户群体等，清晰地把握用户需求。功利型公众号应特别重视其内容、服务提供，提升其内容质量。而享乐型公众号则应谨慎处理广告合作等商业推送，切忌投放过多广告。

（三）研究不足

首先，本章在调查样本选取方面有所局限。本章主要调查了30岁以下人群的微信公众号取消关注意愿，所得结论是否适合其他年龄阶段用户群体有待进一步考证，未来可以通过扩大调查样本范围以提升模型的稳健性。其次，本章仅将微信公众号按照使用动机分为享乐型公众号、功利型公众号两类。但由于公众号提供的信息、服务类型不同，功利型公众号、享乐型公众号内部也存在较大异质性，可能会对用户的取消关注意愿产生不同影响，未来可以对功利型公众号与享乐型公众号进行类别细分，进一步考证微信公众号类型对用户取消关注意愿的影响。

第六章

微信公众号用户取消关注意愿研究：
基于个人—环境—技术理论框架的分析

第一节　引言

　　社交媒体作为新兴的信息渠道和社交工具极大地便利并丰富了人们的数字化生活，同时也重新塑造着个人的信息消费模式。CNNIC 发布的《第 48 次中国互联网络发展状况统计报告》显示，截至 2021 年 6 月，我国网民规模为 10. 11 亿人，其中即时通信用户规模达到 9. 83 亿人，占网民整体的 97. 3%。伴随着大规模即时通信用户群体的出现，用户流失成为不可避免的现象。作为目前主流的即时通信软件之一——微信，在 2012 年推出了微信公众号这一服务板块，它进一步满足了用户对高质量信息的需求。相关调查报告显示，截至 2019 年 2 月，微信公众号作为微信生态的重要组成部分，吸引了超过 80% 的微信用户订阅使用，公众号数量也已经超过两千万①。微信公众号现已成为重要的信息生产和传播平台。然而，随着微信公众号数量的不断增多，其产生的信息呈爆炸式增长，这些过量的信息已远远超出了用户接收并处理信息的能力，导致用户产生使用压力，为减少或消除这些压力源，用户会选择取消关注微信公众号。微信公众号的用户流失会严重影响到微信公众号的可持续发展，因此，探讨微信公众号用户流失的潜在诱因，对优化微信公众号的

---

　　①　QuestMobile 研究院：《QuestMobile 微信公号人群洞察报告》，https：//www. questmobile. com. cn/research/report-new，2018 年。

运营效果，增强用户黏性和吸引新用户尤为重要。

　　微信公众号取消关注行为是指用户将已经订阅使用的微信公众号移出其公众号列表，以避免接收其推送的信息①。目前，已有许多学者对社交媒体用户流失影响因素进行了分析，主要包括：①个人因素：Kim J. Y.② 研究发现，有着不同个性、价值观等主观特征的个体对终止使用社交媒体的动机认知存在差异；Masood A. 等③研究发现，自控失灵、睡眠质量差通过内疚感的中介作用会间接影响智能手机用户社交网站退出意向；Zhang G. 等研究发现，在相同的真实成本或机会成本的条件下，公众号取消关注行为存在性别上的差异；Kwon E. S. 等④研究发现，感知品牌隔离、态度负向影响 Facebook 上品牌隐藏意愿。②环境因素：Tang Z. Y. 等⑤研究发现，个人品牌不匹配、替代品吸引力会正向影响品牌微博用户取消关注意向；Linek S. B. 等⑥借助使用和满足理论发现，Twitter 推送的内容以及推送频率往往会影响 Twitter 用户取消关注意向；Liang H. 等⑦研究表明，信息过载和信息冗余正向影响 Twitter 用户取消关注意

---

①　Zhang G. , Ma L. , Zhang X. , et al. , "Understanding Social Media Users' Unfollow Intentions：Take Wechat Subscriptions as an Example", *Online Information Review*, Vol. 43, No. 7, November 2019, pp. 1081 – 1097.

②　Kim J. Y. , "Exploring Perceptional Typology of Social Media Quitters and Associations among Self-Esteem, Personality, and Motivation", *Behavior & Information Technology*, Vol. 41, No. 2, 2022, pp. 262 – 275.

③　Masood A. , Feng Y. , Rasheed M. R. , et al. , "Smartphone-based Social Networking Sites and Intention to Quit：Self-Regulatory Perspective", *Behaviour & Information Technology*, Vol. 40, No. 11, 2021, pp. 1055 – 1071.

④　Kwon E. S. , Kim E. , Chung Y. J. , "Social Break Up：Why Consumers Hide and Unlike Brands on Facebook", *International Journal of Internet Marketing and Advertising*, Vol. 14, No. 3, July 2020, pp. 299 – 317.

⑤　Tang Z. Y. , Chen L. D. , "An Empirical Study of Brand Microblog Users' Unfollowing Motivations：The Perspective of Push-Pull-Mooring Model", *International Journal of Information Management*, Vol. 52, June 2020, p. 102066.

⑥　Linek S. B. , Hoffmann C. P. , Jaschke R. , "To Follow or to Unfollow：Motives for the Academic Use of Twitter", *International Technology, Education and Development Conference 2020 Proceedings*, Valencia, Spain, March 2 – 4, 2020.

⑦　Liang H. , Fu K. W. , "Information Overload, Similarity, and Redundancy：Unsubscribing Information Sources on Twitter", *Journal of Computer-Mediated Communication*, Vol. 22, No. 1, January 2017, pp. 1 – 17.

向，而信息相似性则产生负向影响；郑德俊等①研究发现，移动阅读服务平台用户流失的影响因素包括替代品吸引力、用户朋友圈。③技术因素：郭顺利等②研究表明，高校图书馆微信公众平台的功能等因素是影响用户流失的最根本原因；徐孝娟等③研究发现，系统质量相较信息质量对用户满意度的影响更大，一旦系统质量不足，用户终止使用的可能性就会越大；Darban M. 等④研究发现，采纳后技术—任务匹配会使用户对信息系统的放弃使用意愿产生负向影响。

综上所述，已有相关研究成果为微信公众号用户取消关注行为研究提供了一定的启示，但仍存在以下两点不足：一是已有研究从用户个人特征、环境因素或技术因素阐释了社交媒体用户流失现象的形成机理，但鲜有研究将以上三类因素纳入同一个框架内对微信公众号用户取消关注行为进行全面的分析；二是已有研究主要使用单一的结构方程模型方法进行数据分析，无法对用户取消关注行为的多个前因变量之间相互依赖产生的复杂因果关系进行解释，本章利用模糊集定性比较分析方法则可以弥补这一不足，使得研究结论更具有可靠性。

基于此，本章借鉴个人—环境—技术框架⑤构建微信公众号用户取消关注意愿影响因素研究模型，通过偏最小二乘结构方程模型（PLS-SEM）方法进行路径分析，并引入模糊集定性比较方法（fsQCA）探讨用户取消关注意愿影响因素之间的"联动效应"⑥，揭示并分析影响微信公众号

---

① 郑德俊、李杨、沈军威等：《移动阅读服务平台的用户流失因素分析——以"微信读书"平台为例》，《情报理论与实践》2019年第8期。

② 郭顺利、张向先、相甍甍：《高校图书馆微信公众平台用户流失行为模型及其影响因素分析》，《图书情报工作》2017年第2期。

③ 徐孝娟、赵宇翔、吴曼丽等：《S-O-R 理论视角下的社交网站用户流失行为实证研究》，《情报杂志》2017年第7期。

④ Darban M. , Kim M. , Koksal A. , "When the Technology Abandonment Intentions Remitted: The Case of Herd Behavior", *Information Technology and Management*, Vol. 22, 2021, pp. 163 – 178.

⑤ Peng Z. Y. , Sun Y. Q. , Guo X. T. , "Antecedents of Employees' Extended Use of Enterprise Systems: An Integrative View of Person, Environment, and Technology", *International Journal of Information Management*, Vol. 39, April 2018, pp. 104 – 120.

⑥ 王林、何玉锋、杨勇等：《基于 fsQCA 的跨境电商品牌依恋促进与抑制因素案例研究》，《管理评论》2020年第12期。

用户取消关注意愿的关键因素和前因构型，为帮助微信公众号运营商减少用户取消关注行为提供理论参考。

第二节　理论基础

个人—环境—技术（Person-Environment-Technology，P-E-T）框架由 Peng 等提出，该框架认为技术接受与利用行为的产生是由个人因素、环境因素和技术因素的相互作用决定。其中，个人因素是指用户的特征，如用户的兴趣、知识、技能等；环境因素是指用户个人在应用某一技术时所在的特定环境，或是能够促进或抑制个人目标实现的机会或约束条件；技术因素是指技术的内部特征，如技术内部的复杂性、系统质量等，也指用户对技术的使用评估，如感知有用性、感知易用性等。该框架将个人因素、环境因素和技术因素纳入同一模型内，形成了一个全新、完整的理论框架，不仅有利于对社交媒体情境下的用户信息行为进行更加准确的解释，而且也益于促进用户信息行为领域相关理论的进一步发展。

P-E-T 框架在构建之初是为了探讨并更好地解释企业员工采纳系统后的深度使用行为，而取消关注行为同样是用户采纳某一项服务或技术后的典型行为之一。Yin X. B. 等[1]揭示了环境因素、个人因素和技术因素对微信用户信息规避行为的影响。因此，本章认为 P-E-T 框架适用于微信公众号用户取消关注行为的研究。根据 P-E-T 框架，微信公众号用户取消关注行为是由用户个人因素、环境因素和技术因素三者共同作用的结果，本章将兴趣转移、期望不一致纳入个人因素，将公众号关注数量、替代品吸引力纳入环境因素、将技术—任务不匹配和不确定性纳入技术因素，共同解释微信公众号用户取消关注行为的发生机理。

---

① Yin X. B., Han Y. F., Yan H., "Study on Information Avoidance Behavior in WeChat", *iConference 2020 Proceedings*, Borås, Sweden, March 23 – 26, 2020.

第三节 研究假设与模型

一 研究假设

兴趣转移是指用户在关注公众号后因兴趣发生改变而取消关注①。随着各种社交媒体的不断涌现以及用户审美、需求的不断变化，用户的兴趣偏好也发生了极大改变。当用户难以从关注的微信公众号中准确捕捉新的兴趣点，满足新需求时，用户就有可能会取消对公众号的关注。已有研究证实，用户兴趣、需求的变化会降低其对产品或服务的忠诚度并增加转换意愿。Tang Z. Y. 等研究表明，个人兴趣的变化是用户取消关注品牌粉丝页面的决定性因素；Wirtz J. 等②研究发现，兴趣变化是促使合同服务设置中用户产生转移行为的驱动要素。基于此，提出以下假设：

H1：兴趣转移正向影响取消关注意愿。

根据期望不一致理论（E-DT），用户是否继续关注微信公众号取决于其在使用后的满意程度③。满意度是用户产生持续使用意愿的重要驱动因素，当关注某一微信公众号后产生的实际绩效超过关注前的期望时，用户便会对该公众号产生满意的态度并决定继续使用；反之，用户则会产生不满意的态度，从而取消关注微信公众号。已有研究证实，期望不一致会正向显著影响用户的取消关注意愿。Shen X. L. 等④研究发现，中

---

① Tang Z. Y. , Chen L. D. , Gillenson M. K. , "Understanding Brand Fan Page Followers' Discontinuance Motivations: A Mixed-Method Study", *Information & Management*, Vol. 56, No. 1, January 2019, pp. 94 – 108.

② Wirtz J. , Xiao P. , Chiang J. , et al. , "Contracting the Drivers of Switching Intent and Switching Behavior in Contractual Service Settings", *Journal of Retailing*, Vol. 90, No. 4, December 2014, pp. 463 – 480.

③ 程慧平、苏超、王建亚：《社交媒体用户不持续使用行为模型构建及实证研究》，《情报学报》2020 年第 9 期。

④ Shen X. L. , Li Y. J. , Sun Y. Q. , et al. , "Wearable Health Information Systems Intermittent Discontinuance: A Revised Expectation-Disconfirmation Model", *Industrial Management & Data Systems*, Vol. 118, No. 3, 2018, pp. 506 – 523.

度期望不一致通过中度满意的间接作用正向影响用户对可穿戴健康系统的中断使用意愿；程慧平等研究表明，社交媒体期望不一致会导致社交媒体用户产生不满意情绪，进而导致不持续使用行为；此外，Ding Y. [①] 的研究发现，期望确认直接正向影响用户的持续使用意愿，这反向说明了期望不一致会正向影响用户的取消关注意愿。基于此，提出以下假设：

H2：期望不一致正向影响取消关注意愿。

技术—任务匹配模型（TTF）揭示了信息技术与任务需求之间存在的逻辑关系，认为与任务相匹配的技术能对用户的绩效结果产生积极影响。而作为 TTF 的扩展模型技术—任务不匹配模型（TTM）则被定义为任务与技术特征的不匹配，包括"太多""太少"两种类型。TTF 进一步阐释了这两种类型对用户行为和任务绩效产生的影响[②]。"太少"指系统未给用户提供任务所需的足够功能而促使用户产生沮丧感，进而导致其产生终止使用行为；"太多"指系统给用户提供的功能选择已远远超过其任务的需要，这些过多的功能会让用户不知所措，对其准确选择和使用所需功能产生压力感，降低其解决问题的效率，从而负向影响用户对系统的使用。已有文献表明，采纳后的技术—任务匹配负向影响用户对信息系统的放弃使用意愿；Van Zandt E. C. 的实证研究发现，技术—任务不匹配显著负向影响用户对系统的使用率。基于此，提出以下假设：

H3：技术—任务不匹配正向影响取消关注意愿。

不确定性指人们对微信公众号系统不确定性的担忧，反映了用户对系统本身的频繁更新或系统特征的不断改变而产生的负面感知。大量微

---

① Ding Y. , "Looking Forward: The Role of Hope in Information System Continuance", *Computers in Human Behavior*, Vol. 91, February 2019, pp. 127 – 137.

② Van Zandt E. C. , The Goldilocks Effect: How Knowledge Management Impacts Task-Technology Fit and Organizational Performance, Ph. D. dissertation, The University of South Alabama, 2021; Howard M. C. , Rose J. C. , "Refining and Extending Task-Technology Fit Theory: Creation of Two Task-Technology Fit Scales and Empirical Clarification of The Construct", *Information & Management*, Vol. 56, No. 6, September 2019, p. 103134.

信公众号由于是非专业的个人或组织运营，导致公众号系统在设计之初以及运营过程中存在着许多技术漏洞，因而系统设计不专业、业务流程不流畅、功能菜单设置不合理、频繁跳转第三方平台等现象经常发生。这往往会直接或间接地对用户的认知、行为和心理造成负面影响，导致公众号用户产生疲劳状态或厌烦情绪，增强对系统不确定性的感知，最终促使用户取消关注微信公众号。已有文献发现，系统不确定性会间接正向影响用户对 SNS 的不持续使用意愿①；Trenz M. ② 在其研究结果中指出，云服务用户感知不确定性会显著负向影响其持续使用意愿。基于此，提出以下假设：

H4：不确定性正向影响取消关注意愿。

用户关注的公众号数量越多，其每日接收到的推送信息就会越多，当这些信息的数量远远超过用户的信息接收和处理的最大能力时，用户的注意力会被严重分散，更易感知信息过载，进而产生取消关注行为。Linek S. B. 通过对 54 名计算机科学家进行在线调查发现，公众号关注数量过多会导致公众号用户感知信息过载，这可能触发公众号用户的取消关注行为。此外，由于社会热点及个体兴趣的确定性，过多的公众号数量会带来较多的同质性信息，用户可能因为多次获取内容相同或相似的信息而产生取消关注部分微信公众号的意愿。基于此，提出以下假设：

H5：公众号关注数量正向影响取消关注意愿。

在社交媒体服务竞争激烈，技术演变迅速以及社交媒体与用户之间不存在任何强制性的捆绑关系的背景下，替代品吸引力成为促使用户转

---

① Maier C. , Laumer S. , Weinert C. , et al. , "The Effects of Technostress and Switching Stress on Discontinued Use of Social Networking Services: A Study of Facebook Use", *Information Systems Journal*, Vol. 25, No. 3, May 2015, pp. 275 – 308.

② Trenz M. , Huntgeburth J. , Veit D. , "Uncertainty in Cloud Service Relationships: Uncovering the Differential Effect of Three Social Influence Processes on Potential and Current Users", *Information & Management*, Vol. 55, No. 8, December 2018, pp. 971 – 983.

移或者流失的外部驱动力①。替代品吸引力是指用户在使用当前微信公众号服务的过程中，被其他具有同样功能和服务的公众号平台吸引的程度②。当现有服务或产品的替代品出现时，用户就会将其与替代品进行对比，如果替代品的系统性能与其提供的服务能更好地满足用户的需要，那么用户将会降低对现有公众号平台的价值感知，产生不满意的态度，转而增强对替代品的依赖，这就导致了用户流失。目前，已有相关研究证实替代品吸引力会正向影响用户流失。Tang Z. Y. 等研究发现，用户感知的替代品吸引力将对其取消关注品牌微博产生正向影响；Tang Z. Y. 等研究表明，替代品吸引力与品牌粉丝专页用户的不持续使用意愿正相关。基于此，提出以下假设：

H6：替代品吸引力正向影响取消关注意愿。

二　研究模型

基于上述研究假设，本章构建了微信公众号用户取消关注行为研究模型，如图 6 - 1 所示。

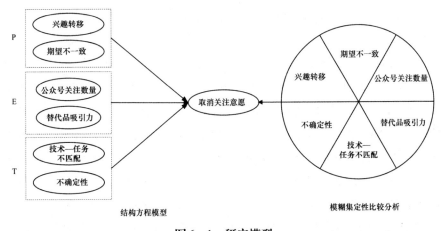

图 6 - 1　研究模型

① 袁顺波、张海、段荟：《PPM 视角下移动政务 App 用户流失行为影响因素研究》，《情报杂志》2021 年第 2 期。
② 代宝、邓艾雯：《社交媒体用户不持续使用和转移行为的影响因素分析》，《情报科学》2018 年第 5 期。

第四节 量表设计与数据收集

一 测量量表

本章模型中潜在变量的测量题项是在已有研究成熟量表基础上，结合微信公众号取消关注情境进行开发设计的。为保证问卷中的测量题项能很好地反映潜在变量需测量的内容，本章在正式大规模发放问卷前，邀请了信息系统行为领域经验丰富的专家与具有微信公众号取消关注经历的用户进行预测试，并根据他们的反馈意见对测量题项进行更新、删除、增加等修改。为了过滤不具有取消关注微信公众号经历的用户，本章在问卷的最前面设计了一道判断题"您是否取消关注过微信公众号"，通过跳转的方式来结束问卷。

本章的调查问卷共分为两部分：第一部分为潜在变量的测量题项；第二部分为被调查者的基本信息统计题项。潜在变量的测量题项包括兴趣转移、期望不一致、技术—任务不匹配、不确定性、替代品吸引力和取消关注意愿 6 个潜在变量，每个潜在变量均由 3—5 条测量题项组成，共计 19 条题项。除公众号关注数量外，其他所有潜在变量的测量题项均采用李克特 5 级量表形式（1 = 非常不同意，2 = 不同意，3 = 一般，4 = 同意，5 = 非常同意），测量量表如表 6 - 1 所示。其中，兴趣转移的测量题项来源于 Tang Z. Y. 等的研究，包括 3 个题项；期望不一致的测量题项参考了 Shen X. L. 等、Ding Y. 的研究，包括 3 个题项；技术—任务不匹配的测量题项改编自 Van Zandt E. C. 的研究，包括 3 个题项；不确定性的测量题项借鉴了 Maier C. 等、Trenz M. 等的研究，包括 3 个题项；替代品吸引力的测量题项来源于 Tang Z. Y. 等、Fu S. 等[1]的研究，包括 3 个题项；取消关注意愿的测量题项整合了 Zhang G. 等、徐孝娟等的研

---

① Fu S. , Li H. , Liu Y. , "Why Discontinue Facebook Usage? An Empirical Investigation Based on a Push-Pull-Mooring Framework", *Industrial Management & Data Systems* , Vol. 121 , No. 11 , November 2021 , pp. 2318 – 2337.

究，包括 4 个题项；公众号关注数量测量参考 Zhang X. 等①的研究，由
"您关注了多少微信公众号"问题进行测量，回答题项参考了企鹅智酷
发布的 2017 年自媒体趋势报告②，设置了 5 个选项。用户基本信息统计则
包括性别、年龄、受教育程度、每天使用微信的时长和使用微信的年限。

表 6 – 1　　　　　　　　　　　潜在变量及其测量题项

潜在变量	题项编号	测量题项
兴趣转移（INS）	INS1	我对该微信公众号不再感兴趣
	INS2	我不再使用该微信公众号提供的服务
	INS3	关注该微信公众号不久，我的兴趣就发生了变化
期望不一致（EDI）	EDI1	该微信公众号带给我的使用价值低于我对它的期望
	EDI2	该微信公众号提供的服务并未达到我对它的预期
	EDI3	该微信公众号带给我的整体使用体验低于我对它的期望
技术—任务不匹配（TTM）	TTM1	该微信公众号提供的功能少于（或多于）我的需要
	TTM2	该微信公众号提供的功能缺乏（或过多），导致我无法完成任务
	TTM3	总之，该微信公众号缺乏（或提供过多的）必要功能，无法满足（或超出）我的任务需要
不确定性（UNC）	UNC1	我使用的该微信公众号总在不断变化
	UNC2	使用该微信公众号时总会出现一些不确定性（如无用广告频繁弹出；公众号更新、维护次数频繁；频繁跳转第三方等）
	UNC3	如果使用该微信公众号，我将面临许多的不确定性（如无用广告频繁弹出；公众号更新、维护次数频繁；频繁跳转第三方等）

①　Zhang X. , Ma L. , Zhang G. , et al. , "An Integrated Model of the Antecedents and Conse-
quences of Perceived Information Overload Using Wechat as an Example", *International Journal of Mobile
Communications*, Vol. 18 , No. 1 , January 2020 , pp. 19 – 40.
②　中文互联网数据资讯网：《2017 中国自媒体全视角趋势报告》，http：//www. 199it. com/
archives/580526. html，2017 年。

续表

潜在变量	题项编号	测量题项
替代品吸引力（AA）	AA1	有其他的微信公众号会让我更满意
	AA2	有其他的微信公众号能更好地帮我实现目标
	AA3	有其他的微信公众号更能满足我的兴趣与需要
取消关注意愿（UI）	UI1	我打算取消关注该微信公众号，不再继续使用
	UI2	我计划在未来一段时间内不再阅读该微信公众号推送的内容
	UI3	和从前相比，我使用该微信公众号的频次在减少
	UI4	我的兴趣开始或已经转移到其他微信公众号上了

二　数据收集及描述性统计

本章主要针对微信公众号取消关注意愿进行调研，选择微信用户作为调查对象，通过"问卷星"平台制作网络问卷，借助微信、QQ发放问卷，规定每个IP地址只能填写一次，共发放了420份。在剔除所有题项回答一致，作答时间过短的无效问卷后，回收有效问卷346份，有效回收率为82.38%。被调查对象的描述性统计结果，如表6-2所示。

346个调查样本中，52.9%的用户为女性，18—24岁的用户规模最大，有213人，占比61.6%；在受教育程度方面，本科及以上学历者占比达到96.8%，可见，调查对象的受教育程度整体较高，可以更好地理解题意并根据自身的实际情况作答。每天使用微信时长在2小时以上的用户占比62.4%，可见长时间使用微信的现象可能较为普遍。此外，使用微信的年限大多集中在3年以上，占比85.3%，可见调查对象都有较为丰富的微信使用体验。由此可见，本章选取的调查样本具有代表性。

表6-2　　　　　　　　调查样本描述性统计

变量	题项	频次	百分比（％）
性别	男	163	47.1
	女	183	52.9

续表

变量	题项	频次	百分比（%）
年龄	18 岁以下	3	0.9
	18—24 岁	213	61.6
	25—30 岁	81	23.4
	31—40 岁	33	9.5
	40 岁以上	16	4.6
受教育程度	大专及以下	11	3.2
	本科	180	52.0
	硕士研究生	112	32.4
	博士研究生	43	12.4
每天使用微信的时长	1 小时以内	47	13.6
	1—2 小时（包括 2 小时）	83	24.0
	2—3 小时（包括 3 小时）	89	25.7
	3 小时以上	127	36.7
使用微信的年限	1 年以下	2	0.6
	1—3 年（包括 3 年）	49	14.2
	3—5 年（包括 5 年）	113	32.7
	5 年以上	182	52.6

第五节　数据分析

结构方程模型（SEM）方法能够检验潜变量与观测变量之间以及潜变量相互之间的关系，可以同时考虑并处理多个因变量，并且允许自变量和因变量含测量误差，但该方法无法解释多个前因条件相互依赖产生的复杂因果关系[1]。模糊集定性比较分析方法（fsQCA）则突破了传统研究方法中固有的因果关系对称思维，可以很好地对前因变量和结果变量之间存在的复杂因果关系进行分析。将 SEM 与 fsQCA 方法相结合，对研

---

[1]　许芳、杨杰、田萌等：《微信用户后悔情绪影响因素与应对策略选择——基于 SEM 与 fsQCA 的研究》，《图书情报工作》2020 年第 16 期。

究结果进行解释，可以提高研究结论的可靠性与稳健性。

一 结构方程模型分析

（一）信效度检验

本章首先利用 Smart PLS 3 软件对问卷的信效度进行检验。信度是指测量结果的一致性、稳定性和可靠性，需要满足克朗巴哈系数（Cronbach's α）值、组合信度（Composite Reliability，CR）值大于 0.7 的要求[①]。根据表 6-3，所有测量变量的 Cronbach's α 值均在 0.7 以上，CR 值均在 0.8 以上，表明本章的量表信度较高，内部一致性较好。

效度是指开发量表的有效性，效度检验可分为收敛效度检验和区别效度检验。其中，收敛效度检验标准需同时满足以下两个条件：（1）测量题项的标准化因子载荷系数大于 0.5 且达到统计显著水平；（2）每个潜在变量的平均抽取方差值（AVE）大于 0.5。区别效度检验标准：所有潜在变量的 AVE 算术平方根均高于该变量与其他潜在变量之间的相关系数。

根据表 6-3，所有测量题项的标准因子载荷量均大于 0.7，且所有变量的 AVE 值均大于 0.6，表明研究量表具有较好的收敛效度。根据表 6-4，各潜在变量的平均抽取方差值 AVE 均大于该变量与其他变量相关系数，说明研究量表具有较好的区分效度。综上，本章构建的量表具有较高的信度和效度，可以进一步开展结构模型分析。

表 6-3　　　　　　　　　　信度、收敛效度分析结果

潜在变量	题项编号	因子载荷量	Cronbach's α	CR	AVE
取消关注意愿（UFI）	UFI1	0.782	0.781	0.859	0.605
	UFI2	0.820			
	UFI3	0.800			
	UFI4	0.706			

---

① Hair J. F., Ringle C. M., Sarstedt M., "PLS-SEM: Indeed a Silver Bullet", *Journal of Marketing Theory and Practice*, Vol. 19, No. 2, 2011, pp. 139 – 152.

续表

潜在变量	题项编号	因子载荷量	Cronbach's α	CR	AVE
兴趣转移 （INS）	INS1	0.903	0.848	0.908	0.768
	INS2	0.897			
	INS3	0.826			
期望不一致 （EDI）	EDI1	0.928	0.901	0.938	0.834
	EDI2	0.907			
	EDI3	0.905			
替代品吸引力 （AA）	AA1	0.924	0.914	0.946	0.853
	AA2	0.935			
	AA3	0.912			
技术—任务不匹配 （TTM）	TTM1	0.925	0.910	0.943	0.846
	TTM2	0.904			
	TTM3	0.931			
不确定性 （UNC）	UNC1	0.849	0.889	0.931	0.817
	UNC2	0.924			
	UNC3	0.937			

表6-4　　　　　　　　　　**区别效度分析结果**

	不确定性	兴趣转移	取消关注意愿	技术—任务不匹配	替代品吸引力	期望不一致
不确定性	0.904					
兴趣转移	0.121	0.876				
取消关注意愿	0.299	0.421	0.778			
技术—任务不匹配	0.326	0.316	0.531	0.920		
替代品吸引力	0.208	0.221	0.460	0.424	0.924	
期望不一致	0.253	0.297	0.489	0.532	0.355	0.913

（二）假设检验

结构模型的拟合度通常通过标准化路径系数及其显著性和结果变量

151

的 R^2 值来判断，结果显示，取消关注意愿 R^2 值为 0.479，高于消费者行为领域结果变量 R^2 值大于 0.2 的要求，说明本章的结构模型拟合度较好。假设检验结果，如图 6-2 和表 6-5 所示。

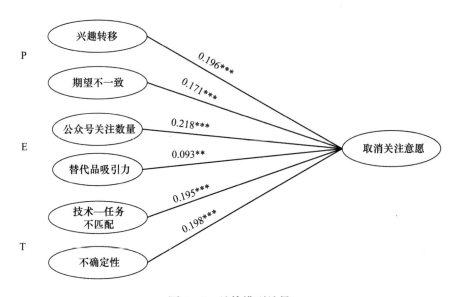

图 6-2　结构模型结果

注：***、** 分别代表 1%、5% 显著性。

表 6-5　　　　　　　　　　　路径分析结果

假设	路径	β 值	T 值	P 值	结论
H1	兴趣转移→取消关注意愿	0.196	3.958	0.000	成立
H2	期望不一致→取消关注意愿	0.171	3.283	0.001	成立
H3	技术—任务不匹配→取消关注意愿	0.218	3.766	0.000	成立
H4	不确定性→取消关注意愿	0.093	2.039	0.042	成立
H5	关注公众号数量→取消关注意愿	0.195	4.666	0.000	成立
H6	替代品吸引力→取消关注意愿	0.198	3.484	0.000	成立

（1）个人因素：兴趣转移（β = 0.196，T = 3.958，P < 0.001）和期望不一致（β = 0.171，T = 3.283，P < 0.01）均正向影响公众号用户的取消关注意愿，表明假设 H1、假设 H2 成立。用户的兴趣发生改变，

或通过公众号无法获取到满足其需求的信息、服务时，会产生取消关注意向，这与 Mani Z. 等的研究结论相一致[1]。此外，用户的期望不一致感知程度越高，其产生取消关注意愿就越强，与已有研究结论一致。

（2）技术因素：技术—任务不匹配（β = 0.218，T = 3.766，P < 0.001）和不确定性（β = 0.093，T = 2.039，P < 0.05）均正向影响公众号用户的取消关注意愿，表明假设 H3、假设 H4 成立。当公众号不具备较强的技术支撑以帮助用户更加高效地完成任务时，会增强用户的取消关注意愿；或者当公众号具有较强的不确定性，降低用户的整体使用体验时，也易触发用户的取消关注意愿。

（3）环境因素：公众号关注数量（β = 0.195，T = 4.666，P < 0.001）和替代品吸引力（β = 0.198，T = 3.484，P < 0.001）均正向影响公众号用户的取消关注意愿，表明假设 H5、假设 H6 成立。当用户关注的公众号数量越多或出现的替代品更能满足其需求时，用户的取消关注意愿也会增强。

二　模糊集定性比较分析

（一）变量选取与校准

在进行 fsQCA 分析前，需要对研究涉及的连续性变量进行校准，即对期望不一致、兴趣转移、技术—任务不匹配、不确定性和替代品吸引力等连续变量取平均值，并参考 Ragin C. C. 提出的 5%（Fully Out）、95%（Fully In）和 50%（Crossover Point）的标准，对各变量的数据进行校准[2]。通过 fsQCA 运行识别结果的必要性和充分性，分析结果如表 6 - 6 所示。一致性最高为 0.856，必要性检验均未超过阈值 0.9，各变量单项前因条件的必要性均未达到绝对必要条件的标准。因此，本章需要将多个前因条件组合起来进行构型分析。

---

[1]　Mani Z. , Chouk I. , "Drivers of Consumer' Resistance to Smart Products", *Journal of Marketing Management*, Vol. 33, No. 1/2, November 2017, pp. 76 - 97.

[2]　Ragin C. C. , *Redesigning Social Inquiry*: *Fuzzy Sets and Beyond*, University of Chicago Press, Chicago, London, 2008.

表 6 – 6   **必要条件分析**

变量	一致性	覆盖率	变量	一致性	覆盖率
EDI	0.816	0.733	UNC	0.767	0.693
~ EDI	0.561	0.542	~ UNC	0.580	0.557
INS	0.788	0.727	AA	0.782	0.789
~ INS	0.606	0.569	~ AA	0.642	0.555
TTM	0.794	0.734	NUM	0.856	0.654
~ TTM	0.596	0.559	~ NUM	0.519	0.619

注：" ~ " 表示逻辑 "非" 运算。

（二）组态分析结果

本章使用 fsQCA 3.0 软件进行分析，首先构建 2^k 行的真值表（k 为前因变量的个数），每一行代表一种可能的前因条件组合[①]。在分析过程中，本章将一致性阈值设定为 0.9，可接受个案数设为 1，结果如表 6 – 7 所示。其中，● 和 • 表示条件存在；● 为核心条件，• 为边缘条件；空格表示该条件可存在也可缺失。最后，得到以下三类微信公众号用户取消关注意愿触发模式（S1a-b、S2、S3），其一致性指标分别为 0.938、0.936、0.943 和 0.946，皆达到 0.9 以上，表明每个前因条件构型对结果都有着较强的解释力；总体一致性为 0.918，反映了在符合三类前因条件构型的全部案例中，有着高取消关注意愿的案例高达 91.8%。同时，总体覆盖率是 0.579，覆盖了 57.9% 的结果案例，表明以上三类前因条件构型对微信公众号用户取消关注意愿具有较强的解释力。

表 6 – 7   **组态分析结果**

前因构型	取消关注意愿			
	S1a	S1b	S2	S3
EDI	●		●	●

---

① 张大伟、陈彦馨、王敏：《期望与确认：短视频平台持续使用影响因素初探——基于 SEM 与 fsQCA 的研究》，《现代传播》（中国传媒大学学报）2020 年第 8 期。

续表

前因构型	取消关注意愿			
	S1a	S1b	S2	S3
INS	●	●	●	●
TTM	•	•		•
UNC	●	●	●	●
AA	•		●	●
NUM		•	•	•
一致性	0.938	0.936	0.943	0.946
覆盖率	0.441	0.460	0.445	0.450
净覆盖率	0.036	0.054	0.039	0.044
总体一致性	0.918			
总体覆盖率	0.579			

（1）模式一：包括两种前因构型，分别为 S1a（EDI * INS * TTM * UNC * AA）、S1b（EDI * INS * TTM * UNC * NUM）。S1a、S1b 核心条件均为期望不一致、兴趣转移、不确定性；S1a 辅助条件是技术—任务不匹配和替代品吸引力，S1b 辅助条件是技术—任务不匹配和公众号关注数量。S1 总体结果表明，当微信公众号系统具有较强的不确定性，用户使用需求与使用偏好发生改变时，会促使用户对使用的公众号产生不满情绪，即增强对微信公众号期望不一致的感知，易导致其产生取消关注意愿。从 S1a 构型来看，当期望不一致、兴趣转移、不确定性高，且技术—任务不匹配和替代品吸引力高时，微信公众号用户会产生取消关注意愿。当用户的兴趣发生改变，且出现了能够与其兴趣点相匹配的具有较强吸引力的替代品时，加之原有微信公众号系统的不确定性感知及该微信公众号提供的功能服务与自身任务需求不匹配，用户往往会更加倾向于使用替代品，通过比较易刺激对原使用微信公众号的期望不一致，最终将导致用户产生取消关注意愿。S1b 构型结果表明，当期望不一致、兴趣转移、不确定性高，且技术—任务不匹配和公众号关注数量高时，微信公众号用户会产生取消关注意愿。当用户关注的公众号数量较多，

其接收的信息量超过其处理能力时，会增加用户感知疲惫的可能性，这可能会降低用户的持续关注意愿；当用户面对的公众号系统具有很强的不确定性，且无法满足用户的任务需求时，会增强用户对公众号期望不一致的感知，进而导致用户终止对公众号的持续关注；此外，对微信公众号的不满也可能反过来导致用户的兴趣发生改变，进而阻碍用户持续关注公众号。对比 S1a 和 S1b 可发现，当核心条件期望不一致、兴趣转移和不确定性一定时，其他非核心条件或存在或缺失，表现出相应的替代关系，显示出不同的条件组合在促成用户取消关注意愿时的等效作用。

（2）模式二：S2 的前因构型为（EDI * INS * UNC * AA * NUM），其核心条件是期望不一致、兴趣转移、不确定性和替代品吸引力，辅助条件是公众号关注数量。该结果表明，当期望不一致、兴趣转移、不确定性高、替代品吸引力强，且微信公众号关注数量高时，用户会产生取消关注意愿。微信公众号较强的不确定性往往会降低用户完成任务的效率，进一步促使其对公众号产生期望不一致，加之用户关注的公众号数量较多，其每日接收和需要处理的信息量也较大，这在很大程度上会加剧用户对公众号使用的倦怠感，从而降低其持续关注意愿。面对这一情境，用户的兴趣极有可能发生改变，当具有较强吸引力的替代品出现时，用户会果断选择与自己的兴趣匹配度高的替代品，而放弃对原有公众号的持续关注。

（3）模式三：S3 的前因构型为（INS * TTM * UNC * AA * NUM），其核心条件是兴趣转移、不确定性和替代品吸引力，辅助条件是技术—任务不匹配和公众号关注数量。该结果表明，当兴趣转移、不确定性、替代品吸引力高，且技术—任务不匹配和公众号关注数量高时，微信公众号用户会产生取消关注意愿。当公众号不具备良好的稳定性，且其功能也无法帮助用户更好地完成任务时，用户会降低对公众号的关注意愿。加之，当用户关注的公众号数量足够多，需要处理的信息量远超其能力范围时，用户感知到的信息过载压力会更加明显，这将在很大程度上加剧用户的取消关注意愿。此外，在对原有公众号不满和具备吸引力的替代品出现的双重作用下，用户的兴趣点会相应发生改变，最终导致用户取消关注公众号。

比较三类前因构型的覆盖率可知，S1b 的解释力略高于其他前因构型，整体差异较小。从结果来看，兴趣转移、不确定性作为涵盖三大模式的核心条件，对公众号用户取消关注意愿产生关键影响；期望不一致作为核心条件出现在 3 条组态路径中，是触发公众号用户取消关注意愿的重要因素。但解释公众号用户取消关注意愿的关键是考虑各类前因条件的联动效应。

第六节　结论与讨论

一　结论

基于个人—环境—技术理论框架，本章构建了微信公众号用户取消关注意愿影响因素的研究模型，该模型包含了兴趣转移、期望不一致、替代品吸引力、公众号关注数量、技术—任务不匹配、不确定性 6 个前因变量，综合运用偏最小二乘结构方程模型和模糊集定性比较分析两种方法，探究了个体、环境、技术三类因素与取消关注意愿之间的关系，得出以下结论：

（1）偏最小二乘结构方程模型方法的研究结果表明，个体因素（兴趣转移、期望不一致）、环境因素（公众号关注数量、替代品吸引力）和技术因素（技术—任务不匹配、不确定性）均正向影响用户取消关注意愿。可见，用户取消关注微信公众号的意愿影响因素是多重的，包括用户个体因素、环境因素、微信公众号的技术特征因素。

（2）模糊集定性比较分析方法的研究结果表明，个体、环境、技术因素对用户取消关注意愿的影响，存在三种组态模式，分别为：S1a（期望不一致 × 兴趣转移 × 技术—任务不匹配 × 不确定性 × 替代品吸引力）和 S1b（期望不一致 × 兴趣转移 × 技术—任务不匹配 × 不确定性 × 公众号关注数量）、S2（期望不一致 × 兴趣转移 × 不确定性 × 替代品吸引力 × 公众号关注数量）、S3（兴趣转移 × 技术—任务不匹配 × 不确定性 × 替代品吸引力 × 公众号关注数量）。以上三种组态模式进一步揭示了个人、环境、技术三种因素作用于微信公众号用户取消关注意愿的内在机理，解释了不同因素之间的联动效应对微信公众号用户取消关注意愿的影响。

二 讨论

本章分析了微信公众号用户取消关注意愿的多维度动因，丰富了社交媒体情境下用户采纳后行为的理论研究，并为微信公众号运营商维持用户的持续关注提供了实践启示。

从理论层面看：（1）理论模型。微信公众号用户取消关注意愿动因是多维度的，本章基于 P-E-T 框架构建了微信公众号用户取消关注意愿理论模型，揭示了个体因素（兴趣转移、期望不一致）、环境因素（公众号关注数量、替代品吸引力）和技术因素（技术—任务不匹配、不确定性）多个维度因素对用户取消关注意愿的作用机理，突破了仅仅侧重于单一维度变量来测量和预测用户取消关注意愿的局限。（2）研究方法。运用偏最小二乘结构方程模型方法证实了个体因素、环境因素以及技术因素均对公众号用户取消关注意愿有着正向影响。引入模糊集定性比较分析方法，探究了个体、环境、技术三个维度因素对用户取消关注意愿影响的联动效应，从组态视角较好地解释了个体、环境、技术因素与取消关注意愿相互依赖形成的复杂因果关系。

从实践层面看：（1）对微信公众号用户而言。在个人因素方面，一是要培养个人稳定的兴趣点，从而有针对性地关注公众号并在最大程度上获取有用信息，以避免兴趣的频繁变化带来的疲倦感，从而导致最终的取消关注行为；二是应正确认识公众号在日常生活中信息获取等方面的角色扮演，避免在使用之初对其设置过高的期望，从而降低期望不一致对用户引发不良情绪并导致取消关注行为的发生概率。在环境因素方面，一是要结合实际需要，慎重选择需要关注的公众号，以避免不必要的信息过载和与之相伴的倦怠情绪的产生，从而导致最终的取消关注行为；二是要理性分析替代品的优劣势，以避免使用的公众号与替代品之间的非理性比较给自己带来的负面情绪和可能产生的取消关注行为。在技术因素方面，用户要不断提升个人的技术接受和利用能力，面对公众号的技术—任务不匹配和不确定性时，一是要调整个人看问题的视角，主动解决使用过程中存在的问题；二是通过合理渠道，向微信公众号服务商提供建议，以提升使用体验。微信公众号运营商也应注意对用户意见的收集，并予以积极反馈。（2）对微信公众号运营商而言。在个人因素方面，要注重定期对用户进行深入调研，了解用户对公众号服务的满意度，并发现用户潜在的兴趣变化，以及时开发创新性内容或服务来满足用户新需求并降低用户对公众号期望不一致的感知。在环境因素方面，一是要根据调研结果分析用户的内在需求，并有针对性地推送信息，以减少用户的流失；二是要重视替代品对公众号用户取消关注意愿的影响，充分学习其经验并结合自身特点形成一定的比较优势，以最大限度留住用户。在技术因素方面，运营商一是要重视对公众号系统整体性能的优化，最大限度帮助各类用户高效完成任务，提高其满意度，从而降低其取消关注的可能性；二是要降低对公众号的更新频率，改善其频繁跳转第三方等问题，从而降低用户对系统不确定性的感知，提升用户的使用体验，减少用户流失。

　　本章的结论具有一定的理论意义与实践价值，但也存在一些局限性：首先，本章调查对象的年龄和受教育程度聚焦于具有本科及以上学习经历的青年用户群体，得到的结论可能无法适配更加广泛的研究对象。其次，本章构建的研究模型可能忽略了一些重要的因素，如信息无关性、信息发布频率等，在未来的研究中可考虑信息维度因素的影响，以构建更加全面的研究模型，用于探索微信公众号用户取消关注意愿的驱动因素。最后，本章主要通过网络问卷调查的方法获取用户主观数据，而利用网络爬虫技术获取用户的客观数据对微信公众号用户取消关注行为作进一步分析是未来研究的拓展之处。

第七章

社交媒体用户隐私披露意愿影响因素
研究：基于感性—理性决策视角

第一节 引言

社交媒体是一个开放的交互平台，用户在平台分享自己的想法，浏览他人的动态，并进行实时交流互动[①]。随着社交媒体的普及，隐私披露行为已成为社交媒体用户记录生活、塑造形象的一种常用社交方式。用户通过向其他用户或是社交媒体平台披露隐私信息，收获更为理想的社交关系或个性化的服务，以满足自身需求。然而，社交媒体用户频繁的隐私披露行为，也为隐私信息的非法利用提供了条件。隐私安全问题在社交媒体领域日益显著，《2018年诺顿LifeLock网络安全调查报告》显示，有77%的社交媒体用户，为保护个人隐私信息而限制个人的信息分享行为[②]。用户的隐私披露作为一种社交媒体信息分享行为，也受制于社交媒体隐私安全问题。然而用户的隐私披露行为，是社交媒体平台可持续发展不可或缺的部分。如何维持社交媒体用户的隐私披露意愿，成为社交媒体服务商亟须解决的问题。同时，维护用户合理的隐私披露权利，也是构建和谐网络环境的重要环节。

[①] 朱鹏、李璐、Marchionini G.：《基于调节定向理论的社交网络用户信息分享行为研究》，《情报学报》2019年第3期。

[②] Norton, "2018 Norton Lifelock Cyber Safety Insights Report", https：//us. norton. com/cyber-security-insights-2018.

因此，本章将回答以下问题：社交媒体用户隐私披露的意愿会受到哪些因素影响，这些因素将如何影响用户隐私披露意愿？为了回答上述问题，本章从理性和感性双因素视角出发[①]，构建社交媒体用户隐私披露意愿研究模型。从理性因素视角研究用户在经过有意识、系统的深层次思考后产生的隐私披露意愿，主要考察隐私风险、隐私关注和隐私控制3个变量的影响。此外，本章创新性地加入感性因素视角，考察用户依赖直觉的浅层次思考后产生的隐私披露意愿，主要引入社交媒体信任、角色压力、习惯3个变量。

微信作为中国使用最为广泛的社交媒体，是基于熟人关系建立的强关系社交媒体，在为用户提供信息交互服务的同时，也带来了潜在的隐私泄露风险[②]。因此，本章以微信为研究对象，通过偏最小二乘结构方程模型方法（PLS-SEM）验证研究模型中假设是否成立，探究社交媒体用户隐私披露意愿影响因素之间的内在作用机理。本章在理论上拓宽了现有社交媒体隐私披露领域的研究视角，更为全面地揭示了隐私披露意愿的影响机理；在实践上为保护用户的隐私安全提供了相关对策，为社交媒体服务商维持用户隐私披露意愿，提升运营能力提供了参考途径。

第二节　文献综述

借鉴卢小宾等关于云计算采纳行为文献综述分析经验[③]，本章将社交媒体用户隐私披露行为意愿的相关研究划分为：理论扩展型研究、理论组合型研究和理论整合型研究。

一　理论扩展型研究

理论扩展型研究指在单一研究理论的基础上，增添部分变量或对已

[①] 孙瑾、苗盼、毛晗舒：《孤独感对消费者购买决策的影响——基于情感与理性决策模式的研究》，《软科学》2020年第2期。

[②] 张敏、孟蝶、张艳：《S-O-R分析框架下的强关系社交媒体用户中辍行为的形成机理——一项基于扎根理论的探索性研究》，《情报理论与实践》2019年第7期。

[③] 卢小宾、王建亚：《云计算采纳行为研究现状分析》，《中国图书馆学报》2015年第1期。

有变量进行重新定义，形成基于该理论的新模型。在社交媒体用户隐私披露研究领域有基于隐私计算理论、信任理论、社会资本理论等构建的理论扩展模型。基于隐私计算理论的研究将用户在社交媒体平台上的隐私披露行为视作理性的交换行为，探究感知成本与感知收益对社交媒体用户隐私披露意愿的影响[①]。Sun Y. Q. 等[②]学者在感知收益的基础上演化出功利型收益和娱乐型收益，进一步扩展了隐私计算模型。部分研究在隐私计算理论的基础上加入了信任变量[③]。Krasnova H. 等还引入不确定性规避、个人主义等变量，探究不同的文化因素对社交媒体用户隐私披露行为的影响。此外，牛静等基于信任理论构建了理论扩展型研究模型，将信任分为社交媒体信任、网络人际信任，并加入隐私风险感知变量，探究信任对隐私风险感知及社交媒体用户自我表露意愿的影响[④]。基于社会资本理论的理论扩展型研究，探究了多项社会资本对社交媒体用户隐私披露的影响，Chen R. 引入认同、信任、互惠3项社会资本，探究其内在影响及对社交媒体用户隐私披露的作用[⑤]。

二 理论组合型研究

理论组合型研究指将两种及以上理论进行组合，构建模型进行研究。现有研究主要将隐私计算理论与其他理论相结合，构建更切合研究背景的模型。将隐私计算理论与社会资本理论组合，如李琪等探究了隐私计

---

① 郭海玲、马红雨、许泽辉:《社会化媒体用户信息披露意愿影响模型构建与实证——以微信用户为例》,《图书情报工作》2019 年第 15 期。

② Sun Y. Q. , Wang N. , Shen X. L. , et al. , "Location Information Disclosure in Location-Based Social Network Services: Privacy Calculus, Benefit Structure, and Gender Differences", *Computers in Human Behavior*, Vol. 52, November 2015, pp. 278 – 292.

③ 朱侯、刘嘉颖:《共享时代用户在线披露个人信息的隐私计算模式研究》,《图书与情报》2019 年第 2 期。Krasnova H. , Veltri N. F. , Günther O. , "Self-Disclosure and Privacy Calculus on Social Networking Sites: The Role of Culture", *Business & Information Systems Engineering*, Vol. 4, No. 3, June 2012, pp. 127 – 135.

④ 牛静、孟筱筱:《社交媒体信任对隐私风险感知和自我表露的影响: 网络人际信任的中介效应》,《国际新闻界》2019 年第 7 期。

⑤ Chen R. , Sharma S. K. , "Self-Disclosure at Social Networking Sites: An Exploration through Relational Capitals", *Information Systems Frontiers*, Vol. 15, No. 2, April 2013, pp. 269 – 278.

算与社会资本对微博、微信用户隐私披露意愿的影响[①]；将隐私计算理论与社会交换理论相结合，如 Cheung C. 等将社交媒体隐私披露视为社会交换行为，并将变量划分为感知收益和感知成本两部分，从理性计算视角探究社交媒体用户隐私披露意愿的影响因素[②]；将隐私计算理论与计划行为理论相结合，如李海丹等[③]、孙霄玲等[④]、Xu F. 等[⑤]通过用户对社交媒体隐私披露行为的态度、主观规范、感知控制等角度研究社交媒体用户隐私披露行为的影响因素；将隐私计算理论与公平理论相结合，如李海丹、Zhao L. 等[⑥]应用公平理论，检验感知公平与社交媒体隐私披露行为的关系；将隐私计算理论与技术接受模型相结合，如张玥等[⑦]、Mouakket S. 等[⑧]从技术方面考量系统的感知易用性、感知有用性等因素对隐私披露意愿的影响。

三　理论整合型研究

理论整合型研究指采用多种理论并引入相关变量整合而成的研究模型。在已有研究中，郭海玲等在隐私计算理论、沟通隐私管理理论的基础上，引入隐私关注、隐私倾向变量，整合成适用于社会化媒体的隐私

---

① 李琪、王璐瑶、乔志林：《隐私计算与社会资本对移动社交用户自我披露意愿的影响研究——基于微信与微博的比较分析》，《情报杂志》2018 年第 5 期。

② Cheung C. , Lee Z. W. Y. , Chan T. K. H. , "Self-Disclosure in Social Networking Sites：The Role of Perceived Cost, Perceived Benefits and Social Influence", *Internet Research*, Vol. 25, No. 2, April 2015, pp. 279 - 299.

③ 李海丹、洪紫怡、朱侯：《隐私计算与公平理论视角下用户隐私披露行为机制研究》，《图书情报知识》2016 年第 6 期。

④ 孙霄凌、程阳、朱庆华：《社会化搜索中用户隐私披露行为意向的影响因素研究》，《情报杂志》2017 年第 10 期。

⑤ Xu F. , Michael K. , Chen X. , "Factors Affecting Privacy Disclosure on Social Network Sites：An Integrated Model", *Electronic Commerce Research*, Vol. 13, No. 2, May 2013, pp. 151 - 168.

⑥ Zhao L. , Lu Y. B. , Gupta S. , "Disclosure Intention of Location-Related Information in Location-Based Social Network Services", *International Journal of Electronic Commerce*, Vol. 16, No. 4, 2012, pp. 53 - 90.

⑦ 张玥、孙霄凌、陆佳莹等：《基于隐私计算理论的移动社交用户信息披露意愿实证研究——以微信为例》，《图书与情报》2018 年第 3 期。

⑧ Mouakket S. , Sun Y. , "Examining Factors that Influence Information Disclosure on Social Network Sites from the Perspective of Network Externalities", *Industrial Management & Data Systems*, Vol. 119, No. 4, May 2019, pp. 774 - 791.

披露意愿研究模型进行研究。Ko H. C. 等则在隐私计算模型和习惯理论的基础上，加入了积极反馈变量进行研究[①]。Sharm S. 等在沟通隐私管理理论和信息交换公平理论的基础上，融入感知有用性及感知愉悦变量进行研究[②]。

综上所述，已有研究为社交媒体用户隐私披露意愿的研究提供了丰富的研究基础，其中使用最广泛的是隐私计算理论、沟通隐私管理理论。隐私计算理论通过构建隐私成本与收益计算的模型，分析社交媒体用户的隐私披露意愿；沟通隐私管理理论则通过对隐私边界的控制，来管理个人的隐私披露行为。上述理论通过对个体利弊的严密计算与控制，指导社交媒体用户自身的隐私披露行为意愿，这为本章理性因素视角的构建提供了参考。

但是，已有文献还可以有进一步研究的空间，具体包括：现有研究主要基于经济学的"理性人"假设视角，多适用于用户进行理性分析计算的情境。然而随着社交媒体的深入使用，复杂的人际关系、对社交媒体平台的信任等因素不断模糊用户的隐私边界，使得社交媒体用户出现了非理性的隐私披露行为。不同情境下的特定情绪要素，不同主体间形成的压力要素，参与者习惯要素等众多非理性要素对用户的隐私披露意愿产生影响。这种新情境逐渐削弱了理性视角对隐私披露决策过程的影响，同时使感性视角的情绪、习惯、压力等众多要素起到了至关重要的作用。但已有文献鲜见对社交媒体用户的非理性隐私披露行为进行系统解释。

因此，本章通过个体理性与感性因素的双重视角切入研究，结合隐私计算理论、沟通隐私管理理论，并引入角色压力、习惯、社交媒体信任3个变量，构建理论整合型的社交媒体用户隐私披露意愿的理论模型，通过收集社交媒体用户自我报道数据进行实证研究，进而更加合理地解

---

① Ko H. C. , "The Determinants of Continuous Use of Social Networking Sites: An Empirical Study on Taiwanese Journal-Type Bloggers' Continuous Self-Disclosure Behavior", *Electronic Commerce Research and Applications*, Vol. 12, No. 2, April 2013, pp. 103 – 111.

② Sharma S. , Crossler R. E. , "Disclosing Too Much? Situational Factors Affecting Information Disclosure in Social Commerce Environment", *Electronic Commerce Research and Applications*, Vol. 13, No. 5, September-October 2014, pp. 305 – 319.

释社交媒体用户的隐私披露意愿。

第三节　理论基础

一　隐私计算理论

隐私计算理论由 Laufer R. S. 和 Wolfe M. 提出[①]，是研究隐私决策领域的重要理论，其中计算是该理论的核心要义[②]。该理论认为，是否进行隐私披露取决于用户对风险及收益的计算。当用户感知到的收益大于风险时，会选择披露隐私；而当收益小于风险时，用户的隐私披露意愿将随之削减。目前，社交媒体已经成为运用隐私计算理论的热点背景之一，大量研究采用隐私计算理论揭示社交媒体用户隐私披露意愿的影响因素。

隐私风险和隐私关注是隐私计算理论中常见的构成变量，隐私关注是显示用户隐私风险感知较为直观的指标，两者通常作为隐私披露的成本因素，抑制用户的隐私披露意愿。基于社交媒体近年来频发隐私安全事件的背景，本章将重点从风险和成本的角度引用隐私计算理论，作为理性因素视角的组成部分。因此，本章选取了隐私风险和隐私关注两个变量加入模型，从隐私计算理论的抑制因素角度出发，探究用户隐私风险的感知对隐私关注水平的影响，以及隐私风险和隐私关注对社交媒体用户隐私披露意愿的影响。

二　沟通隐私管理理论

沟通隐私管理（Communication Privacy Management，CPM）理论由 Petronio S. 提出[③]，该理论将社交媒体用户的隐私披露视为一种沟通行为[④]，并提出隐私边界的概念，对个人隐私进行控制与管理，是隐私披

---

① Laufer R. S. , Wolfe M. , "Privacy as a Concept and a Social Issue：A Multidimensional Developmental Theory", *Journal of Social Issues*, Vol. 33, No. 3, Summer 1977, pp. 22 – 42.

② 彭丽徽、李贺、张艳丰等：《用户隐私安全对移动社交媒体倦怠行为的影响因素研究——基于隐私计算理论的 C-A-C 研究范式》，《情报科学》2018 年第 9 期。

③ Petronio S. , *Boundaries of Privacy：Dialectics of Disclosure*, Albany：State University of New York Press, 2002.

④ 蒋索、邹泓、胡茜：《国外自我表露研究述评》，《心理科学进展》2008 年第 1 期。

露行为研究中的重要理论之一。社交媒体带来了较线下生活更为多样的交互对象，因此在社交媒体环境下，用户不断调整个人的隐私边界，以权衡个人信息的隐匿与披露。

沟通隐私管理理论的核心在于隐私控制。用户的隐私控制意味着其对隐私边界具有掌控能力，个人隐私边界的调整体现其隐私披露意愿的变化。社交媒体平台重视隐私控制对用户隐私披露意愿的影响，平台往往会提供相应的隐私权限设置，维持用户的隐私披露意愿。为检验社交媒体服务商提供的隐私控制手段，是否能够切实维持用户的隐私披露意愿，笔者在理性因素视角中引入隐私控制变量，探究这种理性的掌控能力对用户隐私披露意愿的作用。此外，用户对社交媒体的信任，会使用户开放自己的隐私边界[①]。随着用户对社交媒体的深入使用，社交媒体平台可以收集到大量用户的隐私信息。只有在用户相信社交媒体可以保证其隐私信息安全的前提下，用户才会大胆地在社交媒体披露隐私信息。因此，笔者将社交媒体信任作为可能影响用户隐私披露意愿的重要因素，纳入感性因素视角进行探究。沟通隐私管理理论通过构建隐私边界的动态变化的概念，解释隐私控制及社交媒体信任对隐私披露意愿的影响，适用于本章对用户隐私披露意愿的研究。

三　感性—理性视角下隐私披露决策

感性是相对于理性而言的，一般指外界事物作用于人的感觉器官而形成感觉、直觉和表象的认识形式或认识阶段。感性行为或称非理性行为，经常依据当下个体的内在情绪、以往经验等刺激诱因，做出冲动性、利他性的决策[②]。而理性则强调认知事物的本质，通过理性能力获得理性知识[③]。理性行为在计算成本、收益等基础上，做出最优决策。感性行为与理性行为并不是互斥的行为，人们对事物的认知过程中同时包含

[①] Zlatolas L. N., Welzer T., Holbl M., et al., "A Model of Perception of Privacy, Trust, and Self-Disclosure on Online Social Networks", *Entropy*, Vol. 21, No. 8, August 2019, pp. 1 – 17.

[②] 何大安:《理性选择向非理性选择转化的行为分析》,《经济研究》2005 年第 8 期。

[③] 李启光:《产品设计中感性因素与理性因素的研究》, 博士学位论文, 湖南大学, 2003 年。

了感性思维与理性思维。

本章构建在理性因素视角与感性因素视角基础之上，从两种不同视角探究社交媒体用户的隐私披露意愿。相对感性视角而言，理性视角是用户对社交媒体隐私披露产生的更为深刻的理解。隐私风险、隐私控制两者在理性思维的作用下对个体的隐私关注水平进行调节。社交媒体用户的隐私风险会提升其隐私关注，而用户的隐私控制能力则能改善隐私安全问题，缓解因隐私风险带来的焦虑。隐私风险与隐私控制能够相互弥补，共同解释用户的隐私关注，进而维持社交媒体用户的隐私披露意愿。因此，将隐私风险、隐私关注、隐私控制3个变量纳入理性因素视角。

感性视角的构建是本章的创新之处。在隐私披露领域，多数理论在用户进行理性决策的前提下适用[1]，其不足之处在于忽视了隐私决策中感性因素的力量[2]。现有研究证实了感性对消费者决策具有重要作用[3][4]，因此，笔者认为感性因素在社交媒体隐私披露领域也会对用户行为意愿产生不可忽视的影响。目前，众多解释隐私披露前置变量的研究已经逐渐加入感性因素，但尚未系统地进行理性与感性视角的划分。以往文献中所体现的反映用户过往行为经验的习惯变量，情绪方面的愉悦、愤怒、信任、压力等变量，用户个人特质方面的乐观、冲动等变量均为浅层认知的感性因素[5]。用户使用社交媒体进行隐私披露的习惯由过往行为在

---

① Jozani M. , Ayaburi E. , Ko M. , et al. , "Privacy Concerns and Benefits of Engagement with Social Media-Enabled Apps: A Privacy Calculus Perspective", *Computers in Human Behavior*, Vol. 107, June 2020, p. 106260.

② Koenig-Lewis N. , Palmer A. , Dermody J. , et al. , "Consumers' Evaluations of Ecological Packaging-Rational and Emotional Approaches", *Journal of Environmental Psychology*, Vol. 37, March 2014, pp. 94 – 105.

③ Yoon A. , Jeong D. , Chon J. , et al. , "A Study of Consumers' Intentions to Participate in Responsible Tourism Using Message Framing and Appeals", *Sustainability*, Vol. 11, No. 3, February 2019, pp. 1 – 14.

④ Lwin M. , Phau I. , Huang Y. A. , et al. , "Examining the Moderating Role of Rational-Versus Emotional-Focused Websites: The Case of Boutique Hotels", *Journal of Vacation Marketing*, Vol. 20, No. 2, April 2014, pp. 95 – 109.

⑤ Liu Z. L. , Wang X. Q. , Min Q. F. , et al. , "The Effect of Role Conflict on Self-Disclosure in Social Network Sites: An Integrated Perspective of Boundary Regulation and Dual Process Model", *Information Systems Journal*, Vol. 29, No. 2, March 2019, pp. 279 – 316.

稳定、重复的环境中形成。在这种环境下，对行为的调节将逐渐自动化①。因此，本章从感性因素视角选择习惯、社交媒体信任、角色压力3个变量作为社交媒体用户隐私披露的影响因素。

第四节　研究假设与模型

一　研究假设

隐私风险是用户对隐私披露行为所带来的损失的预期②。当用户认为在社交媒体披露隐私信息会危害自身时，隐私披露意愿会随之降低。用户使用社交媒体的过程，也就是将个人信息披露给特定用户或平台的过程。这种使隐私信息趋向公开化的行为，不可避免地存在着隐私风险。社交媒体背景下的隐私风险主要来源于隐私信息的营利性使用、传播以及未经授权的访问等。基于隐私计算理论，隐私披露是用户在权衡风险和收益后采取的行动。因此，隐私风险将作为一种抑制因素影响用户的隐私披露意愿。李海丹等对在校大学生调查后发现，在社会化媒体环境下，感知风险对隐私披露意愿呈现显著的负相关性。基于此，本章认为社交媒体用户感知到的隐私风险越高，其进行隐私披露的意愿越低。因此，提出以下假设：

H1：隐私风险负向影响隐私披露意愿。

隐私风险会引发用户对个人隐私安全问题的忧虑。理性行为理论认为，个体所预测的行为结果支配其行为态度。当用户对隐私披露的结果呈现负面预期时，他们会以较为负面的情绪或态度应对隐私披露。这种随隐私风险递增的焦虑，就是高度的隐私关注。以往研究中证实了隐私

---

① Carrus G., Passafaro P., Bonnes M., "Emotions, Habits and Rational Choices in Ecological Behaviours: The Case of Recycling and Use of Public Transportation", *Journal of Environmental Psychology*, Vol. 28, No. 1, March 2008, pp. 51–62.

② 兰晓霞：《移动社交网络信息披露意愿的实证研究——基于隐私计算与信任的视角》，《现代情报》2017年第4期。

风险对隐私关注的影响，如张学波等发现社会网络隐私安全与隐私关注呈现出正相关关系①，Xu F. 等也证实隐私风险正向影响隐私关注；朱侯等认为在共享经济背景下，用户感知到的风险越强，其隐私关注的程度就越高。基于此，本章认为社交媒体用户感知到的隐私风险越高，其隐私关注的水平也将随之提升。因此，提出以下假设：

　　H2：隐私风险正向影响隐私关注。

　　隐私关注是用户对隐私安全问题可能带来的损失的担忧，包括对隐私数据的收集、未经授权的二次使用、不恰当的访问、错误4个测量维度②。按隐私关注程度可将用户分为高度关注、实用主义和漠不关心三类。当用户具有较高的隐私关注水平时，他们会减少隐私披露意愿。高度隐私关注者对隐私披露带来的风险具有较为敏锐的感知，他们在隐私披露时会考虑到隐私安全问题，并产生焦虑、怀疑等负面情绪。基于用户适应的应对模式，社交媒体用户会选择减少隐私披露意愿，以减少情绪不适③。Krasnova H. 等指出，隐私关注程度较高的用户，会因为在社交媒体进行自我披露时无法管理好自己的隐私信息感到焦虑、沮丧，这将限制他们在社交媒体上的自我披露。基于此，本章认为隐私关注较高的个体，其隐私披露意愿会偏低。因此，提出以下假设：

　　H3：隐私关注负向影响隐私披露意愿。

　　根据沟通管理理论，隐私控制代表着用户对个人隐私信息的掌控权。用户应具备自由控制是否在社交媒体上进行隐私披露及控制个人隐私信

---

　　① 张学波、李铂：《信任与风险感知：社交网络隐私安全影响因素实证研究》，《现代传播》（中国传媒大学学报）2019 年第 2 期。

　　② Smith H. J., Milberg S. J., Burke S. J., "Information Privacy: Measuring Individuals' Concerns about Organizational Practices", *MIS Quarterly*, Vol. 20, No. 2, June 1996, pp. 167 – 196.

　　③ 林家宝、林顺芝、郭金沅：《社交媒体超载对用户不持续使用意愿的双刃剑效应》，《管理学报》2019 年第 4 期。

息可见范围的能力。当用户确信自己掌握隐私控制权时，他们的隐私关注水平会显著降低。为增强用户的隐私控制，部分社交媒体为用户提供了修改隐私权限的功能，并将相关隐私政策告知用户[①]。在一定程度上，这些举措使社交平台处理、保护用户隐私的方式透明化，减少了用户在隐私披露后因对自身隐私的不确定性而产生的担忧。Xu F. 等也归纳了四项社交媒体提升用户隐私控制水平的举措，并证实提升隐私控制可以有效减轻用户的隐私关注。基于此，本章认为隐私控制能力越强，用户的隐私关注水平越低。因此，提出以下假设：

H4：隐私控制负向影响隐私关注。

根据计划行为理论，行为控制能力会直接影响用户的行为意愿。当用户对隐私信息具有较强的控制能力时，用户会更愿意在社交媒体上披露个人隐私信息。基于沟通隐私管理理论，隐私控制可以视为用户对其隐私边界的支配。当拥有较高的隐私控制水平时，用户认为隐私边界具有较高的安全性，此时他们会尝试扩大自己的隐私边界，提升隐私披露意愿。隐私控制对隐私披露意愿的影响在以往的研究中得到证实，如Zlatolas L. N. 等发现 Facebook 用户的隐私控制对隐私披露意愿未产生显著影响[②]，然而郭海玲等发现感知信息控制正向影响隐私披露意愿。基于此，本章认为社交媒体用户的隐私控制水平会对其隐私披露意愿产生影响，社交媒体用户的隐私控制水平越高，用户的隐私披露意愿越高。因此，提出以下假设：

H5：隐私控制正向影响隐私披露意愿。

信任被定义为"预期对方即使存在选择机会，仍将选择符合自己期

---

① 梁晓丹、李颖灏、刘芳：《在线隐私政策对消费者提供个人信息意愿的影响机制研究——信息敏感度的调节作用》，《管理评论》2018 年第 11 期。

② Zlatolas L. N., Welzer T., Hericko M., et al., "Privacy Antecedents for SNS Self-Disclosure: The Case of Facebook", *Computers in Human Behavior*, Vol. 45, April 2015, pp. 158 – 167.

望的行为"，它是自我披露行为的先决条件。在社交媒体环境下，信任包括对社交媒体平台的信任以及对其他社交媒体用户的信任。社交媒体信任是指用户相信社交媒体运营平台是可靠而富有道德的。只有当用户认为社交媒体平台值得信赖时，用户才会在社交媒体上披露自我信息。社交媒体信任作为一种积极的情绪，可以削弱用户的隐私风险感知，以及对社交媒体使用成本的不确定性担忧。根据隐私计算理论，用户会重新计算隐私披露行为的收益与风险，从而更积极地参与到社交媒体互动中。基于沟通隐私管理理论，在用户对社交媒体信任的状态下，用户认为自己的信息受到社交媒体保护①，因而选择打破或扩大现有的隐私边界，提升隐私披露的意愿。Chen R. 等则借助社会资本理论证实，信任正向影响自我披露。基于此，本章认为用户的社交媒体信任程度越高，其隐私披露意愿也越高。因此，提出以下假设：

H6：社交媒体信任正向影响隐私披露意愿。

"角色"这一概念，来源于戏剧舞台，后被广泛应用于社会心理学领域。角色理论的前提是对关系规则的共同理解，其关注不同个体在社会中扮演的不同角色及其接受的各种期望②。角色期望是该理论的重要概念，指角色应该履行的行为③。每个角色都有其对应的角色期望，而每个人在社会生活中则同时承担着多个不同的角色，如学生、子女、朋友等。社交媒体使多种角色汇集于同一个平台，为角色间的转换增加了难度。当个体预期其能力或现有资源无法满足多种角色及其转化的需求，并伴随着不良后果时④，将会产生角色压力。角色压力主要来源于角色

---

① Liu Z. L. , Wang X. Q. , Liu J. , "How Digital Natives Make Their Self-Disclosure Decisions: A Cross-Cultural Comparison", *Information Technology & People*, Vol. 32, No. 3, June 2019, pp. 538 –558.

② Dong M. C. , Ju M. , Fang Y. , "Role Hazard between Supply Chain Partners in an Institutionally Fragmented Market", *Journal of Operations Management*, Vol. 46, September 2016, pp. 5 – 18.

③ Heide J. B. , Wathne K. H. , "Friends, Business People, and Relationship Roles: A Conceptual Framework and a Research Agenda", *Journal of Marketing*, Vol. 70, No. 3, July 2006, pp. 90 – 103.

④ Tarafdar M. , Tu Q. , Ragu-Nathan B. S. , et al. , "The Impact of Technostress on Role Stress and Productivity", *Journal of Management Information Systems*, Vol. 24, No. 1, 2007, pp. 301 – 328.

过载、角色冲突、角色模糊 3 个方面①。角色过载现象会占用个体过多时间、精力，导致个体无法接收新资源。由于现有认知资源及能力的限制，个体在应对多重角色时会产生一定的角色压力②。角色冲突主要表现为：不同角色的角色期望产生冲突，或不同社会圈层对某一角色的期望产生冲突性的认知③。这些冲突也将对个体造成巨大的压力。与此同时，当个体角色的职权范围不明确时，角色压力也将影响用户的情绪与行为。

社交网络环境下的角色压力来源于当前普遍存在的社交过载现象。社交媒体平台为用户带来了复杂的人际关系，个体在同一社交媒体平台中担任着多重角色，用户需为不同角色提供不同的社交支持。当用户感觉提供了过多的社交支持，或多重角色对用户的期望产生了不一致与不相容的情形时，多重角色之间的冲突会给用户带来较强的角色压力。面对多种不同的角色期望，用户保持个人隐私界限就变得格外重要。一方面，用户希望通过社交媒体展现出丰富而令人满意的形象；另一方面，角色的繁杂又为用户塑造个人形象增添了难度。用户往往会针对不同角色设定不同的隐私边界，但随着用户个人承担的角色数量增加，用户的多重隐私边界模糊不清。用户进行隐私披露时，区分不同社交圈层可见个人隐私信息范围的难度增加，这促使用户直接缩小隐私边界，削减隐私披露意愿，以减少由隐私披露带来的不利于个人角色塑造的影响。Liu Z. L. 等的研究证实，角色冲突会削弱用户的信息控制能力，并且增强其感知隐私风险，从而降低隐私披露意愿。基于此，本章认为角色压力越强，用户的隐私披露意愿越低。因此，提出以下假设：

H7：角色压力负向影响隐私披露意愿。

Verplanken B. 等将习惯定义为"会自动对特定情境产生反应，并且

---

① 聂婷、丘腾峰：《基于压力源——情绪模型的网络闲散行为形成机制研究》，《管理学报》2019 年第 5 期。

② Zhang N. A. , Wang C. A. , Yan X. , "Privacy in Online Social Network", AIS elibrary, https://aisel. aisnet. org/cgi/viewcontent. cgi？Article = 1079＆context = icis2011.

③ Zhang S. S. , Kwok R. C. W. , Lowry P. B. , et al. , "The Influence of Role Stress on Self-Disclosure on Social Networking Sites：A Conservation of Resources Perspective", *Information & Management*, Vol. 56, No. 7, November 2019, p. 103147.

可能会影响特定目标及最终情况的由练习所得的一组有序行为"①。习惯被认为是自动的、潜意识的、不加思考的行动。当用户形成了在社交媒体进行隐私披露的习惯时，其隐私披露意愿会强于未形成该习惯的用户。双加工理论认为，用户的决策过程由自动化加工和控制加工共同掌控。习惯的形成，使用户对事件的处理方式从原来的高强度信息处理转变为低强度的机械化处理。一旦形成隐私信息披露的习惯，用户会自动而机械地重复着该行为，进而忽视对隐私披露的风险评估。因此，作为一种自动化加工形式，习惯将在非理性计算的环境下，对用户的隐私披露意愿产生影响。有研究表明，博客用户形成写博客的习惯对其持续的自我披露有积极的影响。Mouakket S. 等证实，习惯对社交媒体用户隐私信息披露有着正向影响。基于此，本章认为具有社交媒体隐私披露习惯的用户，会有较强的隐私披露意愿。因此，提出以下假设：

H8：习惯正向影响隐私披露意愿。

二　研究模型

基于上述分析，本章所构建的社交媒体用户隐私披露意愿研究模型如图 7－1 所示。在理性因素视角中，隐私风险、隐私关注变量来自隐私计算理论，隐私控制变量来自沟通隐私管理理论；在感性因素视角中，引入了沟通隐私管理理论的社交媒体信任变量，角色理论中的角色压力，以及习惯变量。Chang C. W. 等在针对 Facebook 用户自我披露行为的研究中发现，Facebook 使用时间、Facebook 好友数量、性别差异等因素会对 Facebook 用户的自我披露行为产生影响②。为消除个体人口统计特征差异对社交媒体用户隐私披露意愿的干扰作用，笔者将性别、年龄、学历、每天在微信朋友圈花费的时间（简称使用时间）、微信上朋友的数量（简称朋友数量）、微信朋友圈动态更新的频率（简称更新频率）作

---

① Verplanken B., Aarts H., Van Knippenberg A., "Habit, Information Acquisition, and the Process of Making Travel Mode Choices", *European Journal of Social Psychology*, Vol. 27, No. 5, 1997, pp. 539 – 560.

② Chang C. W., Heo J., "Visiting Theories that Predict College Students' Self-Disclosure on Facebook", *Computers in Human Behavior*, Vol. 30, No. 30, 2014, pp. 79 – 86.

为控制变量，揭示它们对隐私披露行为的干扰作用。

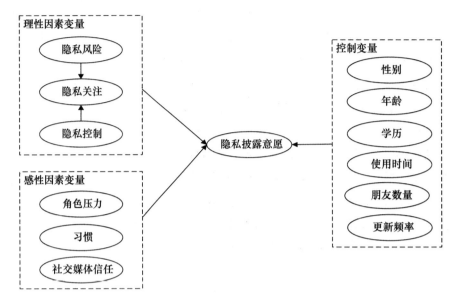

图 7 - 1　研究模型

第五节　量表设计与数据收集

一　量表设计

本章中测量量表均改编自现有的成熟量表，并结合微信进行修改。调查问卷包括两部分：第一部分为潜在变量的测量题项，包括隐私关注、隐私风险、社交媒体信任、隐私控制、角色压力、习惯、隐私披露意愿7个潜在变量，每个潜在变量设计4个测量题项，如表 7 - 1 所示。其中，参考 Zlatolas L. N. 等[①]、Liu Z. L. 等[②]的研究测量隐私风险；借鉴 Zlatolas L. N. 等、Xu F. 等[③]的研究测量隐私关注；整合 Liu Z. L. 等、Xu

①　Zlatolas L. N. , Welzer T. , Heričko M. , et al. , "Privacy Antecedents for SNS Self-Disclosure: The Case of Facebook", *Computers in Human Behavior*, Vol. 45, April 2015, pp. 158 - 167.

②　Liu Z. L. , Wang X. Q. , Min Q. F. , et al. , "The Effect of Role Conflict on Self-Disclosure in Social Network Sites: An Integrated Perspective of Boundary Regulation and Dual Process Model", *Information Systems Journal*, Vol. 29, No. 2, March 2019, pp. 279 - 316.

③　Xu F. , Michael K. , Chen X. , "Factors Affecting Privacy Disclosure on Social Network Sites: An Integrated Model", *Electronic Commerce Research*, Vol. 13, No. 2, May 2013, pp. 151 - 168.

F. 等、Cheung C. 等①的研究测量隐私控制；改编 Cheung C. 等的研究测量社交媒体信任；角色压力的测量项来源于 Zhang S. S. ②；习惯的测量整合了 Ko H. C. 、Liu Z. L. 等③的研究；隐私参考 Zlatolas L. N. 等、Liu Z. L. 等的研究测量隐私风险；借鉴 Zlatolas L. N. 等、Xu F. 等的研究测量隐私关注；整合 Liu Z. L. 等、Xu F. 等、Cheung C. 等的研究测量隐私控制；改编 Cheung C. 等的研究测量社交媒体信任；角色压力的测量项来源于 Zhang S. S. 等；习惯的测量整合了 Ko H. C. 等、Liu Z. L. 等的研究；隐私披露意愿的测量参考了李海丹、Ko H. C. 等的研究。第二部分为被调查者的基本个人信息，包括性别、年龄、学历、微信朋友圈动态更新的频率（简称更新频率）、每天在微信朋友圈花费的时间（简称使用时间）、微信朋友的数量（简称朋友数量）。

为了保证问卷中题项的内容效度，在正式调查之前，本章邀请了微信用户和社交媒体用户行为领域的专家进行预测试，并依据预测试获得的反馈意见，对问卷的部分题项进行修改，最终生成了本章中潜在变量的测量量表。所有题项均采用李克特 5 级量表（1 = 非常不同意，2 = 不同意，3 = 一般，4 = 同意，5 = 非常同意）。

表 7 - 1　　　　　　　　　　潜在变量及其测量题项

潜在变量	题项编号	测量题项
隐私风险 （YSFX）	YSFX1	在微信上发布个人信息有隐私泄露的风险
	YSFX2	在微信上发布的个人信息可能会被不合理地使用
	YSFX3	在微信上发布个人信息会导致不可预测的问题
	YSFX4	在微信上发布个人信息具有危险性

---

①　Cheung C. , Lee Z. W. Y. , Chan T. K. H. , "Self-Disclosure in Social Networking Sites: The Role of Perceived Cost, Perceived Benefits and Social Influence", *Internet Research*, Vol. 25, No. 2, April 2015, pp. 279 - 299.

②　Zhang S. S. , Kwok R. C. W. , Lowry P. B. , et al. , "The Influence of Role Stress on Self-Disclosure on Social Networking Sites: A Conservation of Resources Perspective", *Information & Management*, Vol. 56, No. 7, November 2019, p. 103147.

③　Ko H. C. , "The Determinants of Continuous Use of Social Networking Sites: An Empirical Study on Taiwanese Journal-Type Bloggers' Continuous Self-Disclosure Behavior", *Electronic commerce Research and Applications*, Vol. 12, No. 2, April 2013, pp. 103 - 111.

潜在变量	题项编号	测量题项
隐私关注 （YSGZ）	YSGZ1	我在微信上发布隐私信息的时候，会谨慎考虑再做决定
	YSGZ2	我担心未经授权的人利用我微信上的隐私信息
	YSGZ3	当不能完全控制个人信息时，我担心隐私会被侵犯
	YSGZ4	我在微信上发布个人信息，我认为我的隐私会受到侵犯
隐私控制 （YSKZ）	YSKZ1	我会通过一些设置来控制它能被哪些人使用
	YSKZ2	我能控制我提供给微信的隐私信息
	YSKZ3	我能控制隐私信息是否可以被微信或朋友利用
	YSKZ4	我能控制隐私信息被利用的方式
社交媒体信任 （XR）	XR1	我相信在微信发布隐私信息是安全的
	XR2	我相信我在微信上发布的隐私信息不会被微信平台用于其他目的
	XR3	我相信微信会履行隐私保护的承诺
	XR4	微信平台是值得信任的
角色压力 （JSYL）	JSYL1	发布不同的个人信息时，我会对"谁可以看"选项进行设置
	JSYL2	在我披露个人信息时，这些身份之间会产生冲突（如朋友与父母间，同事与领导间）
	JSYL3	身份太多让我难以处理发布的个人信息
	JSYL4	我想减少一些身份
习惯（XG）	XG1	在微信上更新自己的状态，是一种习惯性的、不由自主的行为
	XG2	在微信上更新自己的状态，通常没有考虑太多
	XG3	每当我希望和朋友分享个人信息时，我会使用微信
	XG4	每当我使用微信时，我都会想发布个人信息
隐私披露意愿 （PLYY）	PLYY1	我很乐意在微信上披露个人信息
	PLYY2	我经常在微信上透露个人信息
	PLYY3	我的微信上发布了很多个人信息
	PLYY4	我将来可能会在微信上披露更多个人信息

二　数据收集及描述性统计

微信是中国最具影响力的社交媒体之一，其用户所属专业、社交领域丰富，他们的行为具有一定代表性。因此，本章以微信用户作为目标调查对象，通过"问卷星"平台（https：//www.wjx.cn）制作网络问卷，借助微信、QQ、微博等工具发放问卷。每个 IP 地址只能提交一次调查。剔除所有题项回答一致、填写时间过短的问卷后，总计回收有效问卷 468 份，被调查对象的描述性统计结果如表 7－2 所示。

表 7－2　　　　　　　　　　调查样本描述性统计

变量	题项	频次	百分比（%）
性别	男	219	46.8
	女	249	53.2
年龄	20 岁以下	201	42.9
	20—29 岁	195	41.7
	30—39 岁	36	7.7
	40 岁以上	36	7.7
学历	大专及以下	29	6.2
	本科	354	75.6
	硕士研究生	41	8.8
	博士研究生	44	9.4
微信朋友圈动态更新的频率	每天都发	17	3.6
	几天发一次	117	25.0
	几个星期发一次	118	25.2
	几个月发一次	87	18.6
	几乎不发	129	27.6
每天在微信朋友圈花费的时间	少于 1 小时	269	57.5
	1—3 小时	147	31.4
	3—5 小时	38	8.1
	5 小时及以上	14	3.0

续表

变量	题项	频次	百分比（%）
	70 人以下	116	24.8
	71—150 人	134	28.6
微信上朋友的数量	151—300 人	124	26.5
	301—600 人	72	15.4
	600 人以上	22	4.7

在调查的 468 个样本中，具有本科及以上学历的调查对象占 93.8%，40 岁以下用户占 92.3%，这与《2017 年中国移动社交用户洞察报告》[①]中的用户特征数据相符合。男性、女性用户分别占比 46.8%、53.2%，男女比例趋近于一致。被调查者微信朋友圈更新频率在"每天都发"到"几乎不发"的区间内都有一定数量分布，每天花费在微信朋友圈的时间与微信上好友的数量也都呈现较为离散的分散状态。可见，调查对象对微信及朋友圈的使用程度不同，文化程度较高，可以结合自身状况选出合理的答案，因此调查样本具有代表性。

第六节　数据分析

本章选择偏最小二乘结构方程模型（PLS-SEM）代替协方差结构方程模型（CB-SEM）方法分析的原因如下[②]：PLS 不需要数据符合正态分布的假设；PLS 是一种预测导向的方法，能给出最优预测精度；PLS 适用于分析含有较多潜在变量和指标变量的复杂结构方程模型；PLS 可以同时对结构模型（即自变量和因变量之间的关系）和测量模型（即潜在变量与测量指标之间的关系）进行分析；当研究需要潜在变量得分用于

---

① 艾瑞咨询：《2017 年中国移动社交用户洞察报告》，http：//report. iresearch. cn/wx/report. aspx？Id = 3020&from = timeline，2020 年 3 月 20 日。

② Hair J. F.，Risher J. J.，Sarstedt M.，et al.，"When to Use and How to Report the Results of PLS-SEM"，*European Business Review*，Vol. 31，No. 1，January 2019，pp. 2 – 24. Hair J. F.，Ringle C. M.，Sarstedt M.，"PLS-SEM：Indeed a Silver Bullet"，*Journal of Marketing Theory and Practice*，Vol. 19，No. 2，2011，pp. 139 – 152.

后续分析时，应使用 PLS-SEM。

一　测量模型分析

运用软件 Smart PLS 3 进行信度、收敛效度与区别效度分析，结果如表 7 – 3 和表 7 – 4 所示：

表 7 – 3　　　　　　　　　　信度、收敛效度分析结果

潜在变量	题项编号	标准因子载荷量	T 统计量	Cronbach's α	CR	AVE
隐私风险（YSFX）	YSFX1	0.899	76.379	0.921	0.944	0.809
	YSFX2	0.909	78.052			
	YSFX3	0.920	92.874			
	YSFX4	0.869	61.458			
隐私关注（YSGZ）	YSGZ1	0.785	23.618	0.828	0.886	0.660
	YSGZ2	0.871	48.544			
	YSGZ3	0.823	30.236			
	YSGZ4	0.767	29.082			
隐私控制（YSKZ）	YSKZ1	0.721	20.624	0.848	0.896	0.685
	YSKZ2	0.849	51.542			
	YSKZ3	0.853	52.578			
	YSKZ4	0.878	63.278			
角色压力（JSYL）	JSYL1	0.767	30.648	0.866	0.909	0.715
	JSYL2	0.878	68.507			
	JSYL3	0.892	85.216			
	JSYL4	0.840	46.525			
习惯（XG）	XG1	0.824	41.646	0.761	0.847	0.583
	XG2	0.750	24.106			
	XG3	0.657	15.092			
	XG4	0.811	41.719			

续表

潜在变量	题项编号	标准因子载荷量	T统计量	Cronbach's α	CR	AVE
社交媒体信任（XR）	XR1	0.848	40.692	0.859	0.901	0.694
	XR2	0.890	73.186			
	XR3	0.812	21.583			
	XR4	0.780	19.977			
隐私披露意愿（PLYY）	PLYY1	0.847	44.992	0.897	0.928	0.764
	PLYY2	0.906	96.770			
	PLYY3	0.896	70.343			
	PLYY4	0.847	49.660			

（1）信度：潜在变量的 Cronbach's α 值最低为 0.761，组合信度（Composite Reliability，CR）值最低为 0.847，均大于 0.7 的阈值[①]。因此，本章测量题项具有较高的信度，能有效测量潜在变量。

（2）收敛效度：所有潜在变量均至少包括 3 个测量题项，且测量题项的标准因子载荷量均高于 0.6（见表 7-3），P 值均小于 0.001；所有潜在变量的 AVE（Average Variance Extracted）值均大于 0.5。因此，本章测量题项具有较高的收敛效度。

（3）区别效度：依据 Fornell-Larcker 判别标准，需要满足所有潜在变量的 AVE 算术平方根均高于该变量与其他潜在变量之间的相关系数。对角线上为各个潜在变量对应 AVE 值的平方根，位于对角线下半部分为各潜在变量与其他潜在变量之间的相关系数。表 7-4 显示，对角线部分最低值为 0.763，非对角线部分最高值为 0.608。可见，本章的潜在变量之间具有较高的区别效度。

表7-4 区别效度分析结果

	习惯	社交媒体信任	隐私披露意愿	角色压力	隐私关注	隐私控制	隐私风险
习惯	**0.763**						

---

① Benitez J., Henseler J., Castillo A., et al., "How to Perform and Report an Impactful Analysis Using Partial Least Squares: Guidelines for Confirmatory and Explanatory IS Research", *Information & Management*, Vol. 57, No. 2, March 2020, p. 103168.

续表

	习惯	社交媒体信任	隐私披露意愿	角色压力	隐私关注	隐私控制	隐私风险
社交媒体信任	0.231	**0.833**					
隐私披露意愿	0.608	0.319	**0.874**				
角色压力	−0.371	−0.203	−0.572	**0.845**			
隐私关注	0.000	−0.235	−0.221	0.063	**0.813**		
隐私控制	0.283	0.141	0.387	−0.248	−0.281	**0.828**	
隐私风险	−0.232	−0.312	−0.360	0.210	0.442	−0.182	**0.899**

二　结构模型分析

社交媒体用户隐私披露意愿研究模型的结构模型分析结果，如图 7 - 2 和表 7 - 5 所示。结构模型分析主要从 3 个方面进行评价：标准化残差均方根（SRMR）、决定系数 R^2 值和路径系数的显著性水平。

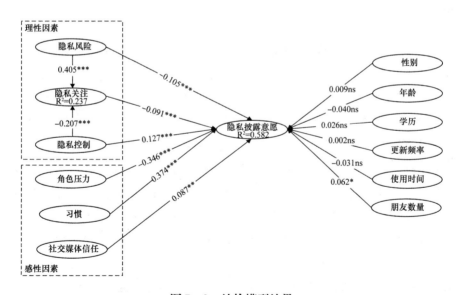

图 7 - 2　结构模型结果

注：***、**、*分别代表1%、5%、10%显著性。

本章模型的 SRMR 值为 0.054，小于 0.08 的阈值。因此，符合 PLS-

SEM 模型适配度要求。隐私披露意愿的方差解释率 R^2 值为 0.582，即隐私披露意愿被解释率为 58.2%，超过 Hair J. F. 等提出的消费者行为领域 R^2 值要求。

表 7 - 5　　　　　　　　　　　路径分析结果

假设	路径	标准化路径系数	T 值	P 值	结论
H1	隐私风险→隐私披露意愿	- 0.105 ***	2.823	0.005	接受
H2	隐私风险→隐私关注	0.405 ***	8.911	0.000	接受
H3	隐私关注→隐私披露意愿	- 0.091 **	2.492	0.013	接受
H4	隐私控制→隐私关注	- 0.207 ***	5.179	0.000	接受
H5	隐私控制→隐私披露意愿	0.127 ***	3.570	0.000	接受
H6	社交媒体信任→隐私披露意愿	0.087 **	2.320	0.020	接受
H7	角色压力→隐私披露意愿	- 0.346 ***	8.244	0.000	接受
H8	习惯→隐私披露意愿	0.374 ***	8.199	0.000	接受

注：***、** 分别代表 1%、5% 显著性。

（1）理性因素变量对隐私披露意愿的影响：隐私风险（β = -0.105，P < 0.01）对社交媒体用户隐私披露意愿具有显著负向影响，假设 H1 得到验证。隐私风险（β = 0.405，P < 0.01）对用户隐私关注产生显著正向影响，假设 H2 成立。可见，隐私风险增长会加剧用户对社交媒体的隐私关注程度，降低用户隐私披露意愿。隐私关注（β = -0.091，P < 0.05）对社交媒体用户隐私披露意愿呈现负向影响，假设 H3 成立。可见，用户隐私关注水平增加会降低用户的社交媒体隐私披露意愿。隐私控制（β = -0.207，P < 0.01）对隐私关注具有显著负向影响，假设 H4 通过验证。隐私控制（β = 0.127，P < 0.01）对用户隐私披露意愿有显著正向影响，假设 H5 成立。可见，隐私控制会缓解用户的隐私关注，用户隐私控制能力越强，其隐私披露意愿也越强烈。

（2）感性因素变量对隐私披露意愿的影响：社交媒体平台信任（β = 0.087，P < 0.05）对用户隐私披露意愿呈现显著正向作用，假设 H6 成立。可见，用户对社交媒体信任的提升，会使其隐私披露意愿增加。角色压力（β = -0.346，P < 0.01）对隐私披露意愿具有显著负向影响，

假设 H7 成立。可见个体在社交媒体上的角色压力越大，其隐私披露意愿越低。而习惯（β = 0.374，P < 0.01）对隐私披露意愿具有显著正向影响，假设 H8 通过验证。可见，用户在社交媒体隐私披露的习惯，会提升其披露个人信息的意愿。

（3）控制变量对隐私披露意愿的影响：性别、年龄、学历、朋友圈更新频率、朋友圈使用时间对社交媒体用户隐私披露意愿不具有显著影响，微信好友数量在 10% 显著性水平影响社交媒体用户隐私披露意愿。可能的原因是：社交媒体上好友数量在一定程度上反映了个人的社交状态及其性格。朋友数量多，在一定程度上揭示着个体性格开朗、社交圈层广泛。在社交媒体涌现出大量信息的背景下，好友数量多的个体披露隐私信息的意愿会高于普通人，他们会不自觉地去披露个人信息。

（4）隐私关注的中介效应分析：采用 Bootstrap 方法，设定 5000 个样本在 95% 误差修正置信区间下判断是否存在中介效应，若误差修正置信区间的上限与下限之间不包括 0，表明中介效应成立。参考 Liu Z. L. 等的研究，通过 3 个条件进一步判断中介作用效果：①因变量（DV）对自变量（IV）进行回归时，系数显著；②中介变量（M）对自变量进行回归时，系数显著；③因变量对中介变量和自变量进行回归时，中介变量的系数显著。当③中自变量的系数小于①中的系数时，存在部分中介效应。在 SPSS 24 软件中安装 PROCESS 程序插件进行隐私关注在隐私风险、隐私控制对隐私披露意愿影响的中介效应分析，结果如表 7 - 6 所示。可以看出，隐私关注在隐私风险与隐私披露意愿、隐私控制与隐私披露意愿均起部分中介作用。

表 7 - 6　　　　　　　　　　　中介效应检验结果

| | | | IV + M→DV | | | | Bootstrap 分析 | | | 中介作用 |
| IV | M | DV | IV→DV | IV→M | IV | M | 中介效应 | 误差修正置信区间 | | |
								下限	上限	
YSFX	YSGZ	PLYX	- 0.141 ***	0.409 ***	- 0.101 ***	- 0.098 ***	- 0.040	- 0.072	- 0.014	部分中介
YSKZ	YSGZ	PLYX	0.155 ***	- 0.250 ***	0.131 ***	- 0.098 ***	0.024	0.007	0.048	部分中介

注：*** 表示 1% 显著性。

第七节　结论与讨论

一　结论

本章在隐私计算理论、沟通隐私管理理论的基础上，重新审视社交媒体用户隐私披露的研究，以理性与感性因素双重视角构建社交媒体用户隐私披露意愿研究模型，其中理性因素变量包括隐私风险、隐私关注、隐私控制，感性因素变量包括角色压力、习惯、社交媒体信任。采用网络问卷调查方式获取模型验证所需数据，运用偏最小二乘结构方程模型进行研究模型假设检验，得到以下结论：

（1）从理性因素视角来看，基于隐私计算理论、沟通隐私管理理论，隐私风险、隐私关注、隐私控制均会对社交媒体用户隐私披露意愿产生影响。隐私风险对隐私披露意愿产生负向影响，这与孙霄凌等的研究结论一致。当社交媒体用户预期隐私披露行为会导致隐私泄露时，其披露个人信息的意愿会降低。隐私关注对隐私披露意愿产生负向影响，这与郭海玲等的研究结论一致。可见，用户对隐私问题的担忧与关注会降低他们在社交媒体上披露个人信息的意愿。同时，隐私风险对隐私关注有显著的正向影响，这与 Xu F. 等的研究结论一致。可见，用户在感受到隐私披露会带来隐私安全问题后，会提高隐私关注水平。隐私控制对隐私披露意愿呈现正向影响，对隐私关注具有负向作用，这与 Xu F. 等、Zhao L. 等的研究结论一致。当个体可以掌控自己的隐私信息及披露后的可见群体时，个体披露信息的意愿会增加。如果无法合理控制个人发布在社交媒体上的信息，用户会产生对隐私问题的关切，并伴随着焦虑、烦躁等负面情绪。

（2）从感性因素视角来看，社交媒体信任、角色压力与习惯均对社交媒体用户隐私披露意愿产生显著影响。社交媒体信任会对隐私披露意愿产生正向影响，这与牛静等的研究结论一致。用户越信任社交媒体平台，其隐私披露的意愿越强烈。作为一种积极的情绪，信任的存在降低了用户对隐私问题的关注及相关风险的评估，并使用户放宽自己的隐私边界，增加隐私披露的意愿。角色压力对隐私披露意愿产生显著的负向影响，这与 Liu Z. L. 等的研究结果一致。当用户在社交媒体上感受到多种角色带来的压力时，其对隐私信息的披露意愿会降低。而习惯对社交媒体用户的隐私披露意愿呈现正向影响，这与 Mouakket S. 等的研究结论一致。可见，在社交媒体上有隐私披露习惯的用户，有更高的隐私披露意愿。

（3）隐私披露意愿不仅由个体理性因素决定，也会受到个体感性因素的影响。两种视角互为补充地对社交媒体用户隐私披露意愿进行解释。理性因素视角依赖于用户的理性思维，分析影响用户隐私披露意愿的因素。而感性因素视角则对感性状态下（非理性思考状态）社交媒体用户的隐私披露意愿进行阐释。

二　讨论

（一）理论贡献

相对已有研究，本章存在的创新之处主要表现在：

（1）构建的社交媒体用户隐私披露意愿模型，兼顾了个体理性与感性的双因素，扩展了隐私披露意愿的研究视角。以往研究多依托于隐私计算理论、沟通隐私管理理论等隐私理论，本章在此基础上引入了角色理论、习惯理论，考察了角色压力、习惯两个变量对社交媒体用户隐私披露意愿的影响，同时探究了隐私关注在隐私风险、隐私控制对隐私披露意愿的影响中的中介作用，丰富了社交媒体隐私披露领域的理论研究。

（2）在隐私计算理论与沟通隐私管理理论方面，本章通过分析两种理论的理性思考过程，将隐私风险、隐私控制、隐私关注归纳为理性因素，探寻这些因素如何影响隐私披露意愿，延伸了两种理论的理解。在角色理论方面，本章将角色压力引入隐私披露研究领域，探寻角色压力如何影响隐私披露意愿，增加了角色理论的应用方向。在隐私披露领域，理性因素与感性因素的分类视角能够更好地理解隐私披露意愿的影响机制。相较于以往仅仅关注单一层次因素的研究，本章能够更加全面地从理性框架与感性框架来理解隐私披露意愿，为隐私披露领域原有的理论扩展了研究视角。

（二）管理启示

从理性因素视角来看：①降低用户的隐私风险、隐私关注。社交媒体用户应该遵从社交媒体平台隐私管理条例，不主动泄露个人机密信息，也不随意转发他人的图片、信息，从自身出发，降低隐私风险，维护和谐的社交媒体环境。社交媒体监管者应对用户的社交媒体隐私披露行为进行提醒，切忌披露个人私密信息，从源头上降低隐私风险。同时，监管部门应该制定更为规范的社交媒体隐私政策，例如：规定社交媒体平台获取隐私权限的最低标准，当用户已开放的隐私权限满足最低标准后，不得因用户拒绝提供更多隐私信息而降低基本服务标准；对于违反相关政策条例的平台或个人给予明确的处罚，并向用户公布该平台或个人的违规行为，以此规范社交媒体平台及用户的相关行为，降低隐私风险，保护用户合理的隐私披露意愿。社交媒体平台应完善平台隐私保护的技术手段。平台内部应加强用户隐私信息的管理技术水平，及时更新隐私管理技术，防止对隐私信息的不当人为操作，以及外来非法途径入侵，以降低隐私风险。②提升用户的隐私控制能力。社交媒体用户应定期查看常用社交媒体平台收集个人隐私信息的权限，取消不影响功能使用的权限设置，保证个体的隐私控制能力。社交媒体平台应完善并公开该平台的隐私管理机制，在用户首次使用或是更新该平台后以弹窗形式呈现相关隐私管理条例，以降低用户的隐私风险，提升用户的隐私控制水平。

从感性因素视角来看：①增强用户对社交媒体平台的信任。社交媒体平台加强对内部工作人员的隐私保护及诚信意识教育，告诫其不能因贪图私利而滥用用户的隐私信息，应恪守隐私条例，并签署相应隐私承诺，树立良好的社交媒体平台品牌形象。同时，社交媒体平台应主动与用户签订隐私保护承诺，并将对用户隐私信息的管理措施进行分条分页罗列，确保用户了解社交媒体平台的隐私管理方式，以获取用户对平台的信任。国家应出台并完善个人信息保护法、数据安全法等相关法律，用法律手段维护用户合适的隐私披露权利，规范社交媒体平台的行为，增强用户对社交媒体的信任度。②减轻用户的角色压力。社交媒体用户的角色压力来源于社交过载，应尽可能集中时间处理社交媒体的消息，由此缓解无法集中注意力的疲惫感。同时，用户应合理管理社交媒体关系，减少不必要的关系。例如：定期检查、清理微信好友列表；对不同圈层的好友进行合理的分组，并对不同分组设置不同的权限。而社交媒体平台可以为用户的一些基本角色设定标签，如家人、朋友、同事等，简化用户的分组操作。这些措施可以缓解用户日益加重的角色压力，维持用户的社交媒体隐私披露意愿。③保护有隐私披露习惯的用户。研究发现，具有社交媒体隐私披露习惯的个体有较强的隐私披露意愿。据此，社交媒体平台及监管者应重点关注此类用户，通过对用户在社交媒体平台的隐私披露数据进行检测，定义隐私披露级别，向隐私披露倾向高且可能存在隐私安全问题的用户做出提醒，如提醒相关用户在隐私披露时应尽量关闭定位信息，缩小朋友圈信息的可见范围，在保证隐私安全的情况下使用社区发布个人信息。

（三）研究不足

首先，从调查样本来看，本章以大学本科阶段的微信用户为主，所得研究结论是否适用于其他用户群体有待进一步验证，未来可以扩大调查样本范围以提升模型研究结论的稳健性。其次，从考察影响因素来看，未来可以探讨其他因素对隐私披露意愿的影响，如用户隐私信息披露动机（关系维系、自我展示等）。同时，不同的社交媒体隐私信息披露设置（公开、私密、部分可见、不给谁看）是否对用户隐私披露意愿具有影响也是未来值得探究之处。最后，在研究方法方面，未来可以运用心理学试验方法，进行跨文化社交媒体用户隐私披露比较的研究。

第八章

社交媒体用户隐私设置意愿影响
因素：基于扎根理论的研究

第一节　引言

随着移动互联网技术的飞速发展与互联网的大规模普及，社交媒体已经成为人们进行日常社会交流与信息传递的重要平台。《第46次中国互联网络发展状况统计报告》显示，截至2020年6月，我国网民规模达到9.40亿人，微信朋友圈使用率为85.0%，QQ空间、微博使用率分别为41.6%、40.4%，由此可见，微信朋友圈、微博等主流社交媒体得到了广泛的使用[①]。然而，随着社交媒体大量介入到人们的生活中，社交媒体中的隐私泄露问题更加凸显。近年来，社交媒体隐私泄露事件屡见不鲜，例如：2019年3月，中国跨境电商网站Gearbest泄露了数百万用户的档案和购物订单；2019年5月，美国著名招聘公司Ladders超过1370万用户信息被泄露[②]。为了更好地保护用户的隐私信息并提高用户自身的隐私保护意识，社交媒体运营商采取了针对性的保护措施，如微信推出了朋友圈限时可见以及分组可见等隐私保护功能，并且不断更新。

在此背景下，越来越多的用户通过社交平台提供的隐私设置功能保护个人隐私。那么有哪些因素会影响社交媒体用户的隐私设置？隐私设

---

① 中国互联网信息中心（CNNIC）：《第46次中国互联网络发展状况统计报告》，https://www.cnnic.cn/n4/2022/0401/c88-1124.html，2020年9月29日。

② 金元浦：《大数据时代个人隐私数据泄露的调研与分析报告》，《清华大学学报》（哲学社会科学版）2021年第1期。

置意愿影响因素之间的作用关系如何？为解决上述问题，本章希望通过扎根理论的质性分析方法，探究社交媒体用户隐私设置意愿的影响因素，并在此基础上建立社交媒体用户隐私设置意愿影响因素与作用路径模型，以期为社交媒体运营商的隐私设置功能进一步完善与用户的隐私保护提供借鉴与参考。

第二节　文献综述

社交媒体是指网络上允许人们进行撰写、分享、评论、讨论、相互沟通等的应用与服务，主要包括社交网站、微博、微信、论坛、博客等①。有研究表明，相比电子商务、金融和医疗保健的环境，人们在社交媒体环境中的隐私关注相对更高②。大数据时代，随着个人信息在社交平台上大量披露，隐私泄露的风险隐患增加，这进一步提升了人们的隐私保护意识③。隐私设置为用户提供了一种隐私控制机制，通过限制对特定信息的访问来确定隐私的保护级别，信息可访问的范围从广泛的受众到较小的用户群体（如仅限朋友或自己）④。相比于将个人信息完全保密的青少年，在社交媒体上完全公开个人信息的青少年更有可能在社交平台上遭遇不好的经历⑤。随着人们对社交网络上隐私关注度的提升，许多社交媒体用户都有过隐私设置的行为。Danah B. 等⑥发现，他们的

① 王雪芬、赵宇翔、朱庆华：《社交媒体环境下的用户隐私关注研究现状》，《情报学报》2015 年第 12 期。

② Xu H.，Dinev T.，Smith J.，et al.，"Information Privacy Concerns：Linking Individual Perceptions with Institutional Privacy Assurances"，*Journal of the Association for Information Systems*，Vol. 12，No. 2，2011，pp. 798 – 824.

③ 刘雅辉、张铁赢、靳小龙等：《大数据时代的个人隐私保护》，《计算机研究与发展》2015 年第 1 期。

④ Heirman W.，Walrave M.，Vermeulen A.，et al.，"An Open Book on Facebook？Examining the Interdependence of Adolescents' Privacy Regulation Strategies"，*Behaviour & Information Technology*，Vol. 35，No. 9，May 2016，pp. 706 – 719.

⑤ Lenhart A.，Madden M.，Smith A.，et al.，"Teens，Kindness and Cruelty on Social Network Sites：How American Teens Navigate the New World of 'Digital Citizenship'"，Pew Internet & American Life Project，http：//pewinternet. org/Reports/2011/Teens-and-social-media. aspx.

⑥ Danah B.，Eszter H.，"Facebook Privacy Settings：Who Cares？"，https：//firstmonday. org/article/view/3086/2589.

研究参与者中有98%都曾经修改过隐私设置。但事实上，用户进行隐私设置往往无法达到其隐私控制的目的。Madejski M.[1] 的研究表明，在线社交网络（OSN）用户无法正确管理其隐私设置，他们的隐私设置目的与共享意愿严重不匹配。

基于此，从社交媒体自身出发，许多学者从技术层面探寻社交媒体的隐私设置方法。Egelman S. 等[2]设计了一个基于 Venn 图的隐私设置界面，并通过可用性研究进行了验证，表明此接口比目前使用的隐私设置接口更有效。针对当前隐私公告的低可用性，Schaub F. 等[3]提出了一个设计空间，通过结构化的方法和词汇来讨论和比较不同的隐私通知设计。Fang S. W. 等[4]发现社交媒体提供的隐私设置服务往往是复杂的、模糊的、不友好的，基于此提出了一种三个层次的 Facebook 隐私管理方法。沈洪洲等[5]从功能设计、功能导航、菜单层级、文字表述、黑名单功能和默认值设置等方面提出了移动社交媒体隐私保护功能可用性的改进建议。

从用户的视角出发，有研究发现，尽管大多数的 Facebook 用户都了解隐私设置的功能，但是他们并不使用这些可用的隐私设置[6]。社交媒体用户的隐私设置行为与意愿都受到哪些因素的影响？有研究发现，人口属性是影响社交媒体用户隐私设置的因素，性别、文化因素均对社交

① Michelle M., "A Study of Privacy Settings Errors in An Online Social Network", *IEEE International Conference on Pervasive Computing and Communications（PerCom）2012 Proceedings*, Lugano, Switzerland, March 19 – 23, 2012.

② Egelman S., Oates A., Krishnamurthi S., "Oops, I Did It Again：Mitigating Repeated Access Control Errors on Facebook", *SIGCHI Conference on Human Factors in Computing Systems 2011 Proceedings*, Vancouver, BC, Canada, May 7 – 12, 2011.

③ Shaub F., Balebako R., Durity A. L., et al., "A Design Space for Effective Privacy Notices", *Symposium on Usable Privacy and Security（SOUPS）*, Ottawa, Canada, July 22 – 24, 2015.

④ Fang S. W., Rajamanthri D., Husain M., "Facebook Privacy Management Simplified", *International Conference on Information Technology 2015 Proceedings*, Las Vegas, NV, USA, April 13 – 15, 2015.

⑤ 沈洪洲、宗乾进、袁勤俭等：《我国社交网络隐私控制功能的可用性研究》，《计算机应用》2012 年第 3 期；沈洪洲、汤雪婷、周莹：《我国移动社会化媒体隐私保护功能的可用性研究》，《图书情报工作》2017 年第 4 期。

⑥ Kisilevich S., Mansmann F., "Analysis of Privacy in Online Social Networks of Runet", *International Conference on Security of Information and Networks 2010 Proceedings*, Taganrog, Rostov-on-Don, Russian, September 7 – 11, 2010.

媒体用户的隐私设置意愿产生影响，较于男性，女性往往会进行更多[1]以及更高频率[2]的隐私设置，主要表现在删除照片标记、上传照片、通过好友申请等多个方面；Liang H. 等[3]分析了 330 万个推特账户发现相较于崇尚集体主义文化的社交媒体用户，崇尚个人主义文化的用户隐私设置意愿更为强烈。此外，外部环境也是社交媒体用户隐私设置的影响因素。获取与阅读一些隐私相关的新闻、信息以及轶事类隐私泄露的文章都可以促使社交媒体用户进行隐私设置。除此之外，用户的隐私设置还与隐私素养[4]、隐私管理的自我效能感[5]、印象管理[6]、感知控制[7]等因素相关。

综上所述，可以发现目前对于社交媒体隐私设置的研究主要包括：其一，从社交媒体隐私设置功能可用性角度出发，研究社交媒体自身如何提升其隐私设置功能；其二，从社交媒体用户角度出发，探讨用户隐私设置的原因与影响因素。然而，已有研究多聚焦于外部因素对隐私设置产生的影响，较少考虑到用户感知等内部因素的作用，特别是已有研究不能很好地解释中国情境下社交媒体用户隐私设置意愿。已有研究多基于定量方法测度用户隐私设置行为，属于横断面的研究，无法对用户隐私设置意愿的形成和发展过程进行追踪和研究。因此，本章关注用户心理发展以及外部环境影响过程，采用扎根理论的质性研究方法，对社

---

① Nosko A. , Wood E. , Kenney M. , et al. , "Examining Priming and Gender as a Means to Reduce Risk in a Social Networking Context: Can Stories Change Disclosure and Privacy Setting Use When Personal Profiles are Constructed?", *Computers in Human Behavior*, Vol. 28 , No. 6 , November 2012 , pp. 2067 – 2074.

② Hoy M. G. , Milne G. , "Gender Differences in Privacy-Related Measures for Young Adult Facebook Users", *Journal of Interactive Advertising*, Vol. 10 , No. 2 , 2010 , pp. 28 – 45.

③ Liang H. , Shen F. , Fu K. W. , "Privacy Protection and Self-disclosure Across Societies: A Study of Global Twitter Users", *New Media & Society*, Vol. 19 , No. 9 , 2017 , pp. 1476 – 1497.

④ Bartsch M. , Dienlin T. , "Control Your Facebook: An Analysis of Online Privacy literacy", *Computers in Human Behavior*, Vol. 56 , March 2016 , pp. 147 – 154.

⑤ Chen H. T. , Chen W. H. , "Couldn't or Wouldn't? The Influence of Privacy Concerns and Self-Efficacy in Privacy Management on Privacy Protection", *Cyberpsychology*, *Behavior and Social Networking*, Vol. 18 , No. 1 , 2015 , pp. 13 – 19.

⑥ 刘茜：《青年用户微信朋友圈隐私管理动因研究》，《当代传播》2019 年第 4 期。

⑦ 朱侯、李佳纯：《社交媒体用户隐私设置行为实证研究——以微信平台为例》，《现代情报》2020 年第 3 期。

交媒体用户隐私设置意愿展开深入的剖析和研究，探究其关键影响因素及其相互作用关系，以期为社交媒体供应商开展面向用户隐私设置意愿的服务优化提供参考。

第三节　研究设计

一　研究方法

扎根理论（Grounded Theory）由社会学家 Glaser B. G. 和 Strauss A. L.[①] 于 1967 年提出，即研究人员在开始研究之前未提出任何理论假设，而是直接从实验观察中进行，从访谈资料中归纳出相关的概念，然后上升到系统的理论[②]。当检验组样本反映的信息不能再提炼出新的概念或范畴时，则认为理论已经达到饱和状态，此时即可以开展相关理论的归纳[③]。

本章整体的研究思路是：在社交媒体用户深度访谈的基础上，通过开放式编码、主轴编码以及选择性编码三个编码步骤，沿故事线将分散的概念进行串联，提炼社交媒体用户隐私设置意愿影响因素，在此基础上得出故事线，进一步揭示影响因素之间的关系和作用路径。

二　样本选择

微信是中国最具影响力的社交媒体之一，艾媒咨询发布的 2019 年 6 月微信用户年龄分布的报告显示，24 岁以下的用户占比最高，为 33.5%[④]。根据以上的调查数据以及访谈的可行性考虑，本章选择微信平台作为主要研究平台，选择高校本科生、研究生群体作为主要访谈样

①　Glaser B. G., Strauss A. L., *The Discovery of Grounded Theory: Strategies for Qualitative Theory*, New Brunswick, NJ: Aldine Transaction, 1967.

②　陈晓莉：《高校阅读推广活动质性研究——基于读者的视角》，《图书馆工作与研究》2016 年第 8 期。

③　杨梦晴、王晰巍、李凤春等：《基于扎根理论的移动图书馆社群化服务用户参与影响因素研究》，《图书情报工作》2018 年第 6 期。

④　艾媒咨询：《2019 年 6 月微信用户年龄分布》，https://data.iimedia.cn/data-classification/detail/24733950.html，2020 年 12 月 20 日。

本。本章在选择访谈对象过程中遵循以下原则：①访谈对象均为社交媒体活跃群体，对社交媒体隐私设置功能有一定的了解；②访谈对象的年龄分布主要为24岁以下的青年群体，适当选取其他年龄段人员；③访谈对象男女比例应均衡，学历、职业、地域分布要存在一定的差异性。总体原则是保证调查样本具有研究的示范性、典型性和多样性，保证获取丰富多样与翔实的访谈数据。

通过面对面访谈与电话访谈相结合的方式，公开招募被访者，征得被访者同意，若在访谈过程中发现访谈对象不满足设定的访谈原则，则立即停止访谈。本章采用理论抽样，即把资料搜集、编码和理论构建三项工作融合成一个持续往返的过程，当访谈中不再出现新的类属、概念的时候，停止抽样，最终受访者共23名，具体受访者信息如表8-1所示。

表8-1 访谈对象基本信息统计

变量	题项	频次	比例（%）
性别	男	11	48
	女	12	52
年龄	18岁以下	2	9
	18—30岁	15	65
	30岁以上	6	26
职业	在读学生	17	74
	教师	1	4
	公司职员	5	22

三　资料收集与处理

本章在访谈提纲拟定时遵循一定的规则逻辑，问题的设计基于前期文献研究与实际调查，尽量贴近实际场景并不断调整，以确保在保持访谈完整性的同时兼顾访谈对象的思维发散。主要的访谈提纲如下：①您平时在社交媒体上关注自身隐私问题吗？为什么？②您有过隐私被侵犯的经历吗？如果发生过，您是如何应对的？③您在发微信朋友圈时会选择性屏蔽他人吗？在哪些情境下，分别会如何进行设置？④您为什么会进行隐私设置呢？⑤您在进行隐私设置时会不会感到操作复杂、繁琐？

已有的隐私设置功能能满足您隐私设置的需求吗？⑥您对自己在社交媒体上的隐私状况满意吗？有没有什么问题或者顾虑？

在每次访谈时选择一个样本进行面对面访谈或者电话访谈，访谈持续时间为 45 分钟左右。访谈过程中采用语音录音的方式，并在访谈结束后将录音转换成文本文件，为提高质性分析效率和规范性，采用 NVivo 11 软件进行分析和整理，其中用于扎根理论分析的样本为 21 个，用于理论饱和度检验的样本为 2 个。

第四节　范畴提炼与模型构建

一　开放式编码

开放式编码又称一级编码，是扎根理论编码中的第一步，其主要依据原始访谈资料，将资料中的语句进行逐一的对比分析，从中挑选出可以编码的语句片段进行概念化与范畴化。本章通过 NVivo 11 软件进行原始语句的概念萃取工作，剔除没有回答实质性问题的访谈记录，最终得到 347 条原始语句。在提取初步概念后，将个别前后矛盾的初始概念予以剔除，由于初始概念数量庞杂且存在一定程度的交叉，以重复频率为 3 次作为阈值，仅对大于 3 次的初始概念赋予范畴[1]，说明这些概念已经出现饱和状态，需要提出这些概念[2]。最终共得到 20 个范畴，表 8-2 仅列出部分代表性语句。

表 8-2　　　　　　　　　　　　　　开放式编码结果

范畴	原始语句
A1 隐私关注	F9：社交媒体……因为说实话，我平时可能已经很有针对性，很注意自己的一些隐私问题。 F18：反正我感觉我在社交媒体上的隐私一直非常的小心谨慎。

　　① 胡媛、艾文华、胡子祎等：《高校科研人员数据需求管理影响因素框架研究》，《中国图书馆学报》2019 年第 4 期。

　　② 王平、茹嘉祎：《国内未成年人图书馆服务满意度影响因素——基于扎根理论的探索性研究》，《图书情报工作》2015 年第 19 期。

续表

范畴	原始语句
A2 信任	F22：因为都是自己的同学朋友，我这种（发的动态）会更私人化一些，发的消息可能里面包含的信息量更大一些，更精确一些。 F3：目前的所有的社交媒体其实没有隐秘可言……我以微信为例，我不会把家人的隐私信息透露给我所谓的朋友圈。
A3 隐私设置意愿	F2：隐私设置是日常的一个行为，还是很必要的。 F16：要设置的，是要保护我自己的隐私嘛。
A4 印象管理	F20：就是完全是为了塑造人设。 F10：一般来说发这种动态的话，因为有很多你周围的同学、老师、朋友可能会看到，所以我要发的话尽量会选择一些比较积极向上的。
A5 感知隐私泄露	F13：有一个跟我不是特别熟的同学，他应该是翻我朋友圈翻到的那一条，就知道我的家庭状况，我当时一听其实还挺懵的，因为我已经想不起来我什么时候还发过这个，所以当时就觉得不太好。 F9：就比如说我可能在微博或者是在微信上填写一些信息的时候可能就泄露了吧，别人就会给我打电话什么的。
A6 平台适用性	F23：我觉得挺方便的，就是想屏蔽谁就屏蔽谁，想删就删的那种，还可以什么几天可见。 F5：比如说不让朋友来看我的朋友圈呀，还可以设置人家只能看几天的信息啊，或者说根本就不让他看到我们的朋友圈啊……加微信的时候可以设置同意通过才能加，这种保护性的东西，挺全面的。
A7 主观规范	F13：我之前的一个老师特地强调过……在朋友圈上发的信息就是会泄露，……从那个时候起，我就挺注意的，不会在朋友圈发一些比较有隐私的东西。 F2：我们公司里面就关于这一个信息安全，它有一些要求，像这方面的事情也了解得比较多。
A8 感知行为控制	F14：社交媒体隐私设置的话，没什么用。 F21：就比如说你发照片的时候别人下载的话你可能不知道谁下载了。
A9 隐私疲劳	F8：有时候发一个朋友圈要弄的分组啊之类的太多了，我就放弃涵盖一些人了。 F7：我有时候就在弄这些东西（隐私设置）的时候，弄着弄着，就不想弄了。

范畴	原始语句
A10 信息时效	F4：最以前的时候设过三天，还有就是半年的，基本上我是不想加一个朋友他可以把你几年前的朋友圈翻起来，所以会有设置。 F7：因为我有时候会比较情绪化，我就会发当时我的感想吧，但是过了这个时间，又觉得自己特别幼稚，就不想让大家都看见，就是会搞一个三天可见。
A11 感知有用性	F19：我觉得还不错吧，就是它这个功能如果你不去注意的话，那肯定是不能保护的，但是你如果自己在注意你的隐私的话，它的功能的确可以保护你自己的隐私。 F5：有用，我觉得微信的功能是非常强大的，包括你说的这个隐私方面。
A12 信息内容	F3：朋友圈一般是这样的，是你在做事情呢，比如说你在做什么，你在干什么，或者说你是在做你某些项目的信息告知吧。 F8：比如说大学转一些推送啊，或者是一些活动什么的。
A13 交互公平	F13：上次就是发生了一个事情，让我知道原来我可能就是被一些人设置了朋友圈不可见，然后就是觉得心里有点不是很舒服。 F10：我一般这种情况，就是我选择不看他的朋友圈，但是他还可以看我的朋友圈。你现在不让我看，我以后也不想看到你。
A14 隐私设置技术	F13：目前我的朋友圈是虽然不屏蔽，但是我现在微信的朋友圈，我设置了三天可见。 F19：（分组）遇到不想让他们看见的可以屏蔽。
A15 人口属性	F10：就是可能观念就比较开放一点，他们可能并不会太在意这件事情（隐私设置），或者说他们可能对这个并不是非常地看重。 F4：反而是像我们中年人，一般的社会经验相对来说多一点，所以隐私这块可以更注意一些。
A16 人际关系	F18：我社交媒体上发的东西……一般来说就是只有亲戚朋友可以看到吧。 F21：之前有过吧，有的关系处得不太好，发生矛盾的话，可能会不太想让他看到我的朋友圈或者相关的信息。
A17 角色压力	F19：一种是比如考后出去玩的朋友圈可能会选择性屏蔽一些老师。 F8：就比如说大学转一些推送啊，或者是一些活动什么的，就只大学相关的人可见这样子，不然的话让别人可见会觉得很尴尬。
A18 感知易用性	F20：就像这个分组，我至今都没有学，所以我也不会，然后我感觉它不是很简单。 F9：我觉得挺方便的，因为我可能就直接就屏蔽了吧，挺容易操作的。
A19 隐私素养	F6：这一类人（极少沟通的人）就因为不是自己所熟知的人嘛，他们的东西我也不想看，我的东西也不想让他们看。 F2：我会经常整理分组，统一整理也不是说什么半年、一年整理一次，有空的时候就在地铁上整理一下。

范畴	原始语句
A20 自我效能感	F14：就算设置了仅某些人可见，但是还是会有那种恶意的水军呀之类的就会知道你，它可以查出来。我看没有什么办法保护隐私。 F4：我自己这块（隐私状况）没问题。

二　主轴编码

主轴编码又称二级编码，是在开放式编码得到的范畴基础上发展范畴的关系、层面与性质，发现并建立概念之间的潜在逻辑联系。根据开放式编码所得的 20 个概念，分析归纳范畴的性质和关联，共得到 6 个主范畴，形成的主范畴、所对应的开放式编码范畴以及范畴内涵，如表 8 - 3 所示。

表 8 - 3　　　　　　　　　　　主轴编码结果

主范畴	对应范畴	范畴内涵
技术因素	平台适用性	社交媒体所提供的隐私设置技术的适用程度
	隐私设置技术	针对用户隐私设置需求所开发与提供的技术
用户感知	感知行为控制	用户对个人发布信息控制能力的感知，包括社交网站上对隐私的可见性设置、信息收集的可知性以及信息使用透明度的感知
	感知易用性	用户对在社交媒体上控制个人隐私容易程度的感知
	感知有用性	用户对在社交媒体上发布信息的隐私控制有用性的感知
	感知隐私泄露	用户在社交媒体上发布的个人信息被泄露的感知
环境因素	人际关系	用户社交媒体中人际关系的现状与变化
	交互公平	用户社交媒体中信息交互的公平程度
	主观规范	用户在隐私设置时因受到人际关系或媒体影响而感受到的社会压力
信息因素	信息时效	用户在社交媒体上发布信息的时效性
	信息内容	用户在社交媒体上发布信息的内容种类

主范畴	对应范畴	范畴内涵
个人特质	隐私关注	用户对个人隐私的关注与重视程度
	信任	用户在社交媒体中对他人以及平台的信任程度
	隐私疲劳	用户对隐私问题的倦怠感
	人口属性	使用社交媒体的用户年龄、性别与性格
	自我效能感	用户对自己能否进行隐私管理所具有的能力判断与信念
	隐私素养	用户对社交媒体中如何跟踪和使用信息以及信息如何保留或失去其隐私性质的理解和认识水平
社交情境	印象管理	用户通过个人信息披露塑造个人在其社交媒体中的形象
	角色压力	用户在社交媒体不同群体之间扮演不同角色所带来的压力与顾虑

三 选择性编码

选择性编码又称三级编码，其目的是在主轴编码的基础上，进一步处理范畴之间的关系，在范畴中提炼出核心范畴，系统建立起核心范畴与其他范畴之间的影响关系与作用。本章的核心范畴为社交媒体隐私设置意愿，采用开发"故事线"的方式将 6 个主范畴串联组成关系结构，主范畴关系结构如表 8 - 4 所示。

表 8 - 4 　　　　　　　　　**主范畴典型关系结构**

	典型关系结构	路径与内涵	代表性语句
直接影响	个人特质 f1（T）→隐私设置意愿 W	个人特质是用户隐私设置意愿的直接影响因素与内驱变量，它影响用户在社交媒体中的隐私设置意愿	我感觉我对社交媒体上的隐私一直非常的小心谨慎……我在社交媒体上发的东西也不多，一般来说就是只有亲戚朋友可以看到
	用户感知 f2（P）→隐私设置意愿 W	用户感知是用户隐私设置意愿的直接影响因素与内驱变量，它影响用户在社交媒体中的隐私设置意愿	以前发过一条在咖啡馆写作业的动态，标定了一个定位，当时就有不是很熟的同学跑到我旁边，我刚好在做一些比较私人的事情就被他看见了……下次就注意了
	社交情境 f3（C）→隐私设置意愿 W	社交情境是用户隐私设置意愿的直接影响因素与内驱变量，它影响用户在社交媒体中的隐私设置意愿	大学前两天健美操比赛什么的，我仅限大学同学可见，和其他人没什么关系

续表

	典型关系结构	路径与内涵	代表性语句
间接影响	环境因素 f4（E）→隐私设置意愿 W	环境因素是用户隐私设置意愿的间接影响因素与外驱变量，它通过用户感知影响用户在社交媒体中的隐私设置意愿	新闻上报道，某些妈妈把小孩的状况……暴露了，导致一些人贩子……对这些小孩子进行拐卖……不能太把自己的隐私放在社交媒体上
	信息因素 f5（I）→隐私设置意愿 W	信息因素是用户隐私设置意愿的间接影响因素与内驱变量，它通过社交情境影响用户在社交媒体中的隐私设置意愿	一些早几年发的动态，在现在看来是比较幼稚的，就不想让后来才加的人看见，对个人形象不太好
	技术因素 f6（T）→隐私设置意愿 W	技术因素是用户隐私设置意愿的间接影响因素与外驱变量，它通过用户感知影响用户在社交媒体中的隐私设置意愿	比如说不让朋友来看我的朋友圈呀……这种保护性的东西挺全面的……这些服务有用啊，我觉得微信隐私方面的功能是非常强大的，我也会用

根据三级编码构建所得的故事线，得到社交媒体用户隐私设置意愿影响因素模型（Social Media Privacy Setting Model，SMPSM），如图 8 - 1 所示。其中，个人特质、用户感知、社交情境直接影响用户隐私设置意愿，而环境因素、信息因素、技术因素则间接影响用户隐私设置意愿。

四　理论饱和度检验

根据扎根理论流程的理论饱和度检验要求，本章对事先预留的 2 份访谈记录进行同一流程的扎根理论编码。检验结果可以反映出社交媒体用户隐私设置意愿影响因素分析框架的 6 个主范畴，同时没有形成新的范畴和关系，表明概念范畴形成已达到饱和状态。

第五节　模型阐述与研究发现

本章通过开放式编码、主轴编码与选择性编码扎根理论三个步骤，

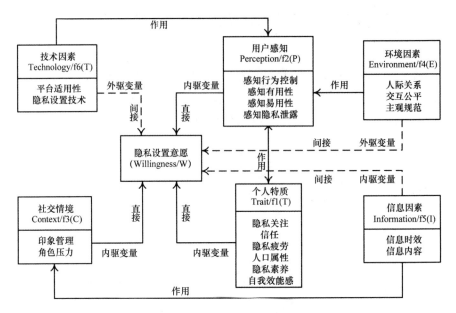

图 8-1 社交媒体用户隐私设置意愿影响因素模型（SMPSM）

将用户隐私设置意愿影响因素归纳为六个维度，分别为个人特质、用户感知、社交情境、环境因素、信息因素、技术因素。不同的维度对用户隐私设置意愿的影响路径不尽相同。下面逐一阐述每一维度对社交媒体用户隐私设置意愿的作用路径。

一 个人特质对隐私设置意愿的影响

个人特质是隐私设置意愿的直接影响因素与内驱变量，它影响用户在社交媒体中隐私设置意愿。同时，个人特质与用户感知相互影响，如用户隐私关注会影响其感知行为控制。个人特质指的是不同社交媒体用户展现出的不同特点与特质，主要包括隐私关注、信任、隐私疲劳、人口属性、隐私素养以及自我效能感。

隐私关注度高的用户往往有更高的隐私设置意愿，用户对隐私的关注程度越高，其隐私设置意愿越强烈。有受访者明确说道："我感觉我对社交媒体上的隐私一直非常得小心谨慎……我在社交媒体上发的东西也不多，一般来说就是只有亲戚朋友可以看到吧。"

信任包括用户对他人的信任与对社交平台的信任①。用户对他人以及社交平台的信任程度越高，其对个人隐私被滥用的顾虑就越少，隐私设置意愿也相对越低。许多受访者对于社交媒体平台的隐私保护可信程度十分看重，有受访者认为"社交媒体本身就没有隐私"，从而放弃使用相关隐私设置功能的使用。用户对他人的信任程度也直接影响着用户的隐私设置意愿，如"如果加的人完全跟我没什么关系，可能就给我送个快递，我会直接屏蔽他或者设为仅聊天"。

隐私疲劳反映了用户对隐私问题的一种倦怠感，是由网络隐私保护的复杂性和对数据泄露风险的低估带来的②。隐私疲劳是在访谈中非常常见的一种现象，如"有时候发一个朋友圈要弄的分组啊之类的太多了，我就放弃涵盖一些人了，直接发那条朋友圈"。由此可见，随着隐私疲劳的产生，用户的隐私设置意愿降低了，其对于隐私保护决策的努力也会减少。

隐私素养指一个人对在线环境中如何跟踪和使用信息以及信息如何保留或失去其隐私性质的理解和认识水平③，本章将其放在社交媒体环境中，发现用户的隐私素养直接影响其隐私设置。如部分用户认为信息一经社交媒体发布便失去其隐私属性，因而不在乎有关隐私的设置，而有的用户非常了解社交媒体中有关隐私控制的操作且具有较高的隐私意识，他们已经将隐私设置当作一种日常的行为。

自我效能感是个体对自己能否在一定水平上完成某一行为活动所具有的信念、判断或主体的自我感受④，本章将自我效能定义为用户对自己能否进行隐私管理所具有的能力判断与信念。在访谈中，大部分受访者都认为自己可以在能力范围内有效地控制自己的隐私，这些人的隐私设置意愿往往较为强烈，在对隐私管理能力的自我肯定中继续对社交媒

---

① Bergstrom A., "Online Privacy Concerns: A Broad Approach to Understanding the Concerns of Different Groups for Different Uses", *Computers in Human Behavior*, Vol. 53, December 2015, pp. 419 – 426.

② 许一明、李贺、余璐:《隐私保护自我效能对社交网络用户隐私行为的影响研究》,《图书情报工作》2019 年第 17 期。

③ 宛玲、张月:《国内外隐私素养研究现状分析》,《图书情报工作》2020 年第 12 期。

④ Bandura A., "Self-Efficacy: Toward a Unifying Theory of Behavioral Change", *Psychological Review*, Vol. 84, No. 2, 1977, pp. 191 – 215.

体中的隐私进行相关设置。

除此之外，性别、性格、年龄等人口属性对于社交媒体用户隐私设置意愿也不尽相同，有受访者表示其关注隐私设置是"社交恐惧"的某种副产品，也有受访者称"我们中年人，一般的社会经验相对来说多一点，所以隐私这块可以更注意一些"，可见人口属性对隐私设置意愿具有直接影响。

二 用户感知对隐私设置意愿的影响

用户感知是隐私设置意愿的直接影响因素与内驱变量，它影响用户在社交媒体中隐私设置意愿。同时，用户感知与个人特质相互影响，如感知隐私泄露会影响用户的隐私关注。用户感知主要包括感知行为控制、感知易用性、感知有用性、环境感知以及感知隐私泄露。

本章将感知行为控制定义为用户对个人发布信息控制能力的感知，包括对社交媒体上隐私的可见性设置、信息收集的可知性以及信息使用透明度的感知，微信的《微信隐私保护指引》中明确指出其收集的信息以及相关用途。根据计划行为理论（Theory of Planned Behavior，TPB），感知行为控制是用户行为意愿的直接影响因素①。在本章中，用户对个人发布信息控制能力的感知直接影响用户在社交媒体上的隐私设置意愿，如"社交媒体隐私设置的话，没什么用……不屏蔽谁"。

技术接受模型（Technology Acceptance Model，TAM）中，感知有用性（Perceived Usefulness）是指使用者认为使用某一信息技术/信息系统对其工作业绩的提升程度；感知易用性（Perceived Ease of Use）则是指使用者认为使用某一信息技术/信息系统的容易程度②。在本章中，感知有用性指社交媒体用户认为进行隐私设置操作后对隐私保护的提升程度，感知易用性指社交媒体用户认为在社交媒体中对隐私进行设置的容易程度。用户感知在社交媒体上控制个人隐私越容易、越有用，其隐私设置

① 孙霄凌、程阳、朱庆华：《社会化搜索中用户隐私披露行为意向的影响因素研究》，《情报杂志》2017 年第 10 期。

② Davis F. D. , "Perceived Usefulness, Perceived Ease of Use, and User Acceptance of Information Technology", *MIS Quarterly*, Vol. 13, No. 3, 1989, pp. 319 – 339.

意愿越强烈，两者呈正相关的关系。此外，用户对于自身隐私泄露的感知，也在一定程度上对其隐私设置意愿产生影响，如"我记得以前发过一条在咖啡馆写作业的动态，标定了一个定位，当时就有不是很熟的同学跑到我旁边，我刚好在做一些比较私人的事情就被他看见了……下次就注意了"。

三　社交情境对隐私设置意愿的影响

社交情境是隐私设置意愿的直接影响因素与内驱变量，它影响用户在社交媒体中的隐私设置意愿。社交情境主要包括印象管理和角色压力。

印象管理即用户对其在社交媒体中个人形象的管理，如微信朋友圈是人们自我表露并且塑造形象的一个社交平台。研究发现，许多受访者倾向于在微信朋友圈中发布积极向上与正能量的信息，从而塑造一个良性的个人形象，对于情绪宣泄、消极的信息，其往往通过分组、仅自己可见、仅三天可见等隐私设置方法来进行此类信息的控制。也有受访者提到，因为微博账号无人关注，因而情绪宣泄、吐槽等负面信息会选择微博进行发布，不担心有认识的人看到。

此外，由于当前社交媒体用户在同一社交媒体上往往扮演着多种角色，用户面临的角色压力促使其对于不同信息进行差异化投放，如"针对家长，我朋友圈会发一些家长需要的信息，包括一些育儿知识"，"大学前两天健美操比赛什么的，我仅限大学同学可见，和其他人没什么关系"。由此可见，社交媒体用户面临的角色压力会促使其产生隐私设置意愿，进而执行隐私设置行为。

四　环境因素对隐私设置意愿的影响

环境因素是隐私设置意愿的间接影响因素与外驱变量，它通过用户感知影响其在社交媒体中隐私设置意愿。环境因素主要包括人际关系、交互公平与主观规范。

研究发现，环境因素会通过用户感知影响用户的隐私设置意愿。人际关系会影响用户对个人发布信息控制能力的感知，人际关系发生变化时，用户往往认为以往的隐私控制达不到目前的要求，进而产生改变隐私设置意愿。交互公平指的是人际间相互对待的公平[①]，信息交互的公平性能够提升交互双方之间的公平感，从而影响其行为[②]。通过访谈发现，对信息交互公平性要求更高的用户，更加在意其在社交媒体上的隐私控制，如"有人把我屏蔽了……心里有点膈应，可能一气之下就把他也屏蔽了"。

主观规范指人们在决策过程中因受到人际关系或媒体影响感受到的社会压力[③]，其中社会压力来源于用户所处的社会文化环境和对用户有一定影响作用的他人（家庭、朋友等）[④]。研究发现，文化、朋友、同事、亲人等社会与个人对隐私设置行为的态度会影响用户对隐私的重视程度，用户在此过程中会对自身隐私控制的能力与效果产生疑问，隐私设置意愿也会随之发生变化，如"我之前的一个老师特地强调过……在朋友圈上发的信息就是会泄露……从那个时候起，我就挺注意的，不会在朋友圈发一些比较有隐私的东西"，"新闻上报道，某些妈妈把小孩的状况……暴露了，导致一些人贩子……对这些小孩子进行拐卖……不能太把自己的隐私放在社交媒体上"。

五　信息因素对隐私设置意愿的影响

信息因素是隐私设置意愿的间接影响因素与内驱变量，它通过社交情境影响用户在社交媒体中的隐私设置意愿。信息因素主要包括信息时效与信息内容两个范畴。

研究发现，信息时效与信息内容通过社交情境间接影响用户隐私设置意愿。信息时效指的是用户在社交媒体发布信息的时效。有受访者称，

① Bies R. J., "The Predicament of Injustice: The Management of Moral Outrage", *Research in Organizational Behavior*, Vol. 9, No. 4, 1987, pp. 289 – 319.

② Dholakia U. M., Bagozzi R. P., Pearob L. K., "A Social Influence Model of Consumer Participation in Network-and Small-group-based Virtual Communities", *International Journal of Research in Marketing*, Vol. 21, No. 3, 2004, pp. 241 – 263.

③ Hsu M. H., Yen C. H., Chiu C. M., et al., "A Longitudinal Investigation of Continued Online Shopping Behavior: An Extension of the Theory of Planned Behavior", *International Journal of Human Computer Studies*, Vol. 64, No. 9, September 2006, pp. 889 – 904.

④ 李海丹、洪紫怡、朱侯：《隐私计算与公平理论视角下用户隐私披露行为机制研究》，《图书情报知识》2016 年第 6 期。

一些发布时间较早的信息，在现在看来是"幼稚的""不好意思的""不太好让新加的朋友看见"，担心这些信息会对其印象管理与自我呈现产生负面影响，因此会采取删除该朋友圈、将朋友圈设为三天可见等隐私设置方式控制此类信息的披露。信息内容是指用户在社交媒体发布信息的内容，用户将不同内容的信息进行区别性投放，从而产生隐私设置意愿。

六　技术因素对隐私设置意愿的影响

技术因素是隐私设置意愿的间接影响因素与外驱变量，它通过用户感知影响其在社交媒体中的隐私设置意愿。技术因素主要包括平台适用性与隐私设置技术。

平台适用性指的是用户应用社交媒体所提供的隐私设置技术的适应程度。研究发现，平台适用性会通过用户感知影响用户在社交媒体中的隐私设置意愿。当用户适应社交媒体所提供的隐私设置技术时，其对于隐私设置服务的感知易用性相对会提升，其隐私设置意愿也随之提高，如"就像这个分组，我至今都没有学，所以我也不会，我觉得不简单……屏蔽不用分组啊"。隐私设置技术则是社交媒体针对用户隐私设置需求所开发与提供的技术。当用户了解社交媒体提供的隐私设置技术，认为这些技术能够有效保护自己的隐私时，其隐私设置意愿相对提升，如"比如说不让朋友来看我的朋友圈呀……这种保护性的东西挺全面的……这些服务有用啊，我觉得微信隐私方面的功能是非常强大的，我也会用"。

第六节　结论与讨论

本章运用扎根理论的质性分析方法，分析了社交媒体用户隐私设置意愿影响因素间的关系，提出了社交媒体用户隐私设置意愿作用路径模型，将用户隐私设置意愿影响因素归纳为六个维度，分别为个人特质、用户感知、社交情境、环境因素、信息因素、技术因素，并具体阐释了各维度间相互作用的关系。

　　本章具有一定的理论意义与实践价值。在理论方面，本章通过开放式编码、主轴编码、选择性编码的编码过程，将原始访谈资料中的概念高度凝练形成六个主范畴，并在此基础上构建出了社交媒体用户隐私设置意愿影响因素与作用路径模型，可以为未来社交媒体用户隐私设置领域研究提供理论层面的参考。同时，本章立足于中国情境，所得出的结论可以很好地反映中国社交媒体用户隐私设置意愿形成、发展的影响因素与作用关系。在实践方面，本章详细阐述了个人特质、用户感知、社交情境、环境因素、信息因素、技术因素等六个维度对隐私设置意愿的作用路径，可以为社交媒体，特别是国内社交媒体隐私设置功能的进一步完善提供实践层面的指导和建设思路，更好地保护用户在社交媒体上的隐私。

　　本章研究仍然具有一定的局限性：一是扎根理论的三级编码过程中可能出现理解差异、主观臆断的情况，影响理论的准确性，因而本章所构建的理论模型仍需要进一步进行实证检验；二是研究主要关注的是微信这一强关系社交媒体中用户的隐私设置，所得结论是否适用于其他类型社交媒体有待进一步探究。

第九章

突发公共卫生事件中社交媒体信息
过载的前因后果：基于扎根理论的研究

第一节 引言

新型冠状病毒感染（COVID-19）重大突发公共卫生事件，在全球范围内大面积且大规模暴发。伴随 COVID-19 疫情的暴发，"信息疫情"（Infodemic）也带来了前所未有的挑战①。"信息疫情"是指过多无法辨别真假的信息会导致人们难以发现可信任可依靠的信息源，其中一些失真或错误的信息甚至可能会危害人们的健康，通常用来描述 COVID-19 疫情期间的信息过载或真假信息混淆等乱象，其最为直观的后果是引发公众的非理性恐惧心理，甚至是大规模的社会恐慌，不利于重大突发公共卫生事件中的健康危机应对和疫情疾病管控。

信息过载是"信息疫情"的主要表现形式，信息过载即个人的信息处理能力难以应付庞大的信息处理需求时所处的一种状态②，这种状态会造成认知失调、引发负面情绪、影响行为决策，对人们的生活造成巨大影响。而社交媒体是信息过载的主要信息来源，"信息疫情"现象在社交媒体平台上表现得尤为突出。据北京大学新媒体研究院的调查结果，

---

① 世界卫生组织：《病毒之外，"信息疫情"同样会危害健康》，2020 年 2 月 6 日，https：//www. sohu. com/a/370984798_ 282570，2021 年 5 月 20 日。

② Eppler M. J. ，Mengis J. ，"The Concept of Information Overload：A Review of Literature from Organization Science，Accounting，Marketing，MIS，and Related Disciplines"，*The Information Society*，Vol. 20，No. 5，2004，pp. 325 – 344.

以微博和微信为代表的即时通信工具/社交媒体，是92%的受访者在COVID-19疫情大流行期间获取疫情信息的主要渠道①。为充分认识和科学控制信息疫情，有效识别和厘清重大突发公共卫生事件中社交媒体信息过载的前因与后果，已成为当前迫切需要研究的重要问题。

（1）社交媒体信息过载的成因研究。已有研究关注从信息、用户或系统层面开展社交媒体信息过载的成因分析：①信息因素：广告侵扰、谣言传播、信息模糊性、信息相关性②，信息冗余性、信息真实性③，信息数量、信息长度④，信息来源⑤；②用户因素：人口统计学因素（年龄、性别、教育、收入）、认知能力（现有知识、信息能力）、媒介使用⑥；③系统因素：泛在连接、系统功能过载⑦。此外，也有学者开发了COVID-19的信息过载量表⑧。上述研究主要探讨了某一层面因素对社交

① 李玮、蒋科、熊悠竹：《调查报告：民众获取"疫情信息"的10大渠道》，2020年6月16日，https：//m. thepaper. cn/baijiahao_ 7863078，2022年7月15日。

② Lee A. R.，Son S. M.，Kim K. K.，"Information and Communication Technology Overload and Social Networking Service Fatigue：A Stress Perspective"，*Computers in Human Behavior*，Vol. 55，February 2016，pp. 51 – 61；Xie X. Z.，Tsai N. C.，"The Effects of Negative Information-Related Incidents on Social Media Discontinuance Intention：Evidence from SEM and fsQCA"，*Telematics and Informatics*，Vol. 56，January 2021，p. 101503.

③ 刘鲁川、张冰倩、李旭：《社交媒体信息过载、功能过载与用户焦虑情绪的关系：一项实验研究》，《信息资源管理学报》2019年第2期。

④ Zhang X.，Ma L.，Zhang G.，et al.，"An Integrated Model of the Antecedents and Consequences of Perceived Information Overload Using Wechat as an Example"，*International Journal of Mobile Communications*，Vol. 18，No. 1，January 2020，pp. 19 – 40.

⑤ Mohammed M.，Sha'aban A.，Jatau A. I.，et al.，"Assessment of COVID – 19 Information Overload among the General Public"，*Journal of Racial and Ethnic Health Disparities*，Vol. 9，February 2022，pp. 184 – 192.

⑥ Hong H.，Kim H. J.，"Antecedents and Consequences of Information Overload in the COVID – 19 Pandemic"，*International Journal of Environmental Research and Public Health*，Vol. 17，No. 24，2020，p. 9305.

⑦ Gao W.，Liu Z. P.，Guo Q. Q.，et al.，"The Dark Side of Ubiquitous Connectivity in Smartphone-Based SNS：An Integrated Model from Information Perspective"，*Computers in Human Behavior*，Vol. 84，July 2018，pp. 185 – 193；Fu S. X.，Li H. X.，Liu Y.，et al.，"Social Media Overload，Exhaustion，and Use Discontinuance：Examining the Effects of Information Overload，System Feature Overload，and Social Overload"，*Information Processing and Management*，Vol. 57，No. 6，November 2020，p. 102307.

⑧ Sarkhel S.，Bakhla A. K.，Praharaj S. K.，et al.，"Information Overload Regarding COVID – 19：Adaptation and Validation of the Cancer Information Overload Scale"，*Indian Journal of Psychiatry*，Vol. 62，No. 5，October 2020，pp. 481 – 487.

媒体信息过载的影响，尚缺乏从多个层面系统地厘清社交媒体信息过载的成因。另外，这些研究虽从不同视角讨论了社交媒体信息过载的驱动因素，但缺乏对重大突发公共卫生事件这一特定情境下的社交媒体信息过载影响因素的深入研究。

（2）社交媒体信息过载的影响研究。现有研究主要通过定量研究或实验研究的方式将用户的负面情绪与中辍意愿作为社交媒体信息过载的影响后果进行探讨：①部分学者将用户的负面情绪作为社交媒体信息过载的直接结果变量、用户中辍意愿作为间接结果变量，包括疲惫、恐慌、不满意、沮丧、后悔、错失焦虑、抗拒①，也有学者未对负面情绪细分出具体变量②。此外，还有研究将正面情绪（流体验）作为社交媒体信息过载的直接结果变量③。②另有学者将用户中辍意愿作为社交媒体信息过载的直接结果变量④。这些研究主要探究信息过载对社交媒体用户负面情绪和中辍意愿的影响，较少对用户感知信息过载后的认知状态和应对行为进行系统性探讨和细分研究，缺乏信息过载、认知状态、负面

---

① Wirth J., Laumer S., Maier C., et al., "Drivers and Consequences of Frustration When Using Social Networking Services: A Quantitative Analysis of Facebook Users", *Americas Conference on Information Systems 2015 Proceedings*, Puerto Rico, USA, August 13–15, 2015; Zhang S., Zhao L., Lu Y., et al. "Do You Get Tired of Socializing? An Empirical Explanation of Discontinuous Usage Behaviour in Social Network Services", *Information & Management*, Vol. 53, No. 7, November 2016, pp. 904–914; Cao X. F., Sun J. S., "Exploring the Effect of Overload on the Discontinuous Intention of Social Media Users: An S-O-R Perspective", *Computers in Human Behavior*, Vol. 81, April 2018, pp. 10–18; 王琳、朱可欣：《"新冠肺炎"信息疫情对大学生社交媒体用户信息行为的影响》，《图书馆杂志》2020年第7期；Liu H. F., Liu W. T., Yoganathan V., et al., "COVID–19 Information Overload and Generation Z's Social Media Discontinuance Intention during the Pandemic Lockdown", *Technological Forecasting and Social Change*, Vol. 166, May 2021, p. 120600.

② 陈琼、宋士杰、赵宇翔：《突发公共卫生事件中信息过载对用户信息规避行为的影响：基于 COVID–19 信息疫情的实证研究》，《情报资料工作》2020年第3期。

③ 林家宝、林顺芝、郭金沅：《社交媒体超载对用户不持续使用意愿的双刃剑效应》，《管理学报》2019年第4期。

④ Gao W., Liu Z. P., Guo Q. Q., et al., "The Dark Side of Ubiquitous Connectivity in Smartphone-Based SNS: An Integrated Model from Information Perspective", *Computers in Human Behavior*, Vol. 84, July 2018, pp. 185–193; Niu G. F., Yao L. S., Tian Y., et al., "Information Overload and the Intention to Reduce SNS Usage: The Mediating Roles of Negative Social Comparison and Fatigue", *Current Psychology*, Vol. 41, 2022, pp. 5212–5219; Xie X. Z., Tsai N. C., "The Effects of Negative Information-Related Incidents on Social Media Discontinuance Intention: Evidence from SEM and fsQCA", *Telematics and Informatics*, Vol. 56, January 2021, p. 101503.

情绪与应对行为之间复杂因果关系的探讨。此外，这些研究主要侧重于传统网络环境下社交媒体信息过载的后果分析，非常规突发公共卫生事件环境下社交媒体信息过载的后果研究匮乏。

综上所述，为了进一步探究重大突发公共卫生事件中社交媒体信息过载的关键前因、影响后果及各影响因素的作用路径，本章采用深度访谈、扎根理论的质性分析方法，基于压力源—应变—结果（Stressor-Strain- Outcome，S-S-O）理论框架，构建重大突发公共卫生事件中社交媒体信息过载前因后果理论模型，以期为充分地认识与应对重大突发公共卫生事件情境下的信息疫情提供理论借鉴与实践启示。

第二节　理论基础

压力源—应变—结果（S-S-O）框架主要包括三个组成部分，分别是压力源（Stressor）、应变（Strain）和结果（Outcome）。S-S-O 框架指出，感知到压力源的个体会产生应变反应，进而引发相应的心理或行为结果。本章将引起疫情信息过载感知的原因要素视为压力因素（Stressor），将用户使用社交媒体时的疫情信息过载感知视为应变因素（Strain），而应变因素在压力因素的作用下，用户可能会产生的认知、情绪与行为表现则被视为结果要素（Outcome）。选择 S-S-O 理论框架的原因如下：其一，S-S-O 框架与本章的目标相吻合，即探讨引起重大突发公共卫生事件中社交媒体信息过载的原因和感知信息过载引发的后果，从而构建理论模型进行分析。其二，S-S-O 框架已被广泛应用于信息系统行为学领域研究中，且已被充分证明其理论框架的有效性和实用性[①]。

第三节　研究设计

一　研究方法
扎根理论的质性分析方法因其研究方法的系统性和灵活性、研究程

---

① Ayyagari R., Grover V., Purvis R., "Technostress: Technological Antecedents and Implications", *MIS Quarterly*, Vol. 35, No. 4, 2011, pp. 831 – 858.

序的严谨性和科学性、研究结果的可追溯性和可重复性①，被认为是一种可以将社会中普遍存在的现象抽象为相应理论的规范的质性研究方法②。信息过载问题涉及较多个人因素，每个人所处环境的复杂性与思维的差异性致使许多问题难以用量化的方式进行测度。这种情况下，更关注个人因素、更突出情境因素的质性研究方法显然更易挖掘出深层次的观点。因此，本章采用更符合人类逻辑思维、更具解释力的经典扎根理论研究方法，自下而上地进行数据分析工作，对重大突发公共卫生事件这一具体情境下社交媒体信息过载的前因与后果进行探索性研究。本章所遵循的扎根理论方法的一般实施过程：研究者基于观察或访谈获取原始资料，利用开放式编码、主轴编码与选择性编码三阶段编码过程对资料内容进行分析、归纳和整合，经过理论饱和度检验后得出研究结论，并将研究结论建构在一个合理的理论框架内。

二　原始资料收集

采用半结构化访谈的方式对数据进行收集。鉴于扎根理论强调样本的丰富性，本章选取有着丰富的社交媒体使用经历、来自不同专业背景、具有不同社会身份的 18 位人员作为访谈对象，访谈时间段为 2021 年 3—5 月，访谈样本的具体分布情况如表 9 - 1 所示。

表 9 - 1　　　　　　　　　访谈对象基本信息统计

变量	题项	样本数	百分比（%）
性别	男	9	50
	女	9	50
学历	本科及以下	7	39
	研究生	11	61

---

① 胡媛、艾文华、胡子祎等：《高校科研人员数据需求管理影响因素框架研究》，《中国图书馆学报》2019 年第 4 期。

② 胡媛、李美玉、栾庆玲等：《青年科研人员情感负荷影响因素模型构建》，《科学学研究》2021 年第 10 期。

续表

变量	题项	样本数	百分比（%）
专业背景	医学	3	17
	非医学	15	83
社会身份	学生	14	78
	非学生	4	22

正式访谈前，通过相关文献调研、结合研究问题初步拟定一份访谈提纲，并邀请 2 名社交媒体用户进行预访谈，依据受访者的意见、实际访谈情况和访谈资料的分析结果及时调整和完善访谈提纲，形成最终的半结构化访谈提纲。正式访谈主要通过面对面访谈与语音访谈相结合的方式开展，在征得访谈对象同意的前提下，对访谈内容进行全程录音，后期再转为文本备用。访谈时以半结构化访谈提纲作为提示，给予受访者适当的引导，使其充分表达自己的经历与观点，每个样本对象的访谈时间为 15—30 分钟。访谈结束后，对收集来的 18 份访谈文本进行整理和检查。

正式访谈提纲由 8 个问题组成：①个人的基本信息（性别、受教育程度、专业背景、社会身份等）？②新冠疫情期间是否持续在社交媒体上关注过疫情相关信息？主要关注哪类信息？关注的原因是什么？③主要通过何种社交媒体获取疫情信息？每日在疫情信息获取与处理方面耗费的时间长吗？④在搜索或浏览疫情信息的时候，社交媒体上的信息是否都及时地满足了自身的信息需求？提供的信息是否每一条都仔细阅读浏览？为什么？⑤是否出现过对疫情信息注意力减退或取消关注的情况？原因是什么？⑥在阅读的过程中是否有感觉信息量太大，信息质量差，超出自身信息处理能力的现象出现（即感知信息过载）？觉得出现这种现象的原因是什么？⑦感知信息过载后有无困扰之处？是否会引起认知或情绪波动？产生什么样的情绪？为什么会产生这些情绪？这会对疫情信息查询、浏览等行为甚至是生活产生影响吗？产生何种影响？为什么？⑧不想再在社交媒体上看到过量的疫情信息后会如何做？对这种做法的结果感到满意吗？是否减轻了信息过载感知？这时心情如何，会不会有所变化？

三　编码过程

编码是对收集到的文本加以概括、分类和说明的环节，编码的过程也是框架形成的过程，是扎根理论中最重要的步骤。具体编码过程包括开放式编码、主轴编码与选择性编码三个阶段。采用扎根理论三级编码方式，对收集到的文本加以概括、分类和说明，通过编码逐步形成理论框架。本章采用 NVivo11 Plus 质性分析软件对所有访谈文本进行编码。

(一) 开放式编码

开放式编码是扎根理论逐级编码过程的基础阶段，是将获取的所有文本资料打散、合并，提取抽象概念，并以新的方式重新排列组合的操作过程[①]。目的是对原始资料进行标签化、概念化与范畴化。为深入剖析重大突发公共卫生事件中社交媒体信息过载的成因与影响，本章对访谈文本进行逐字逐句的编码，编码完成后再分别进行概念化。将与主题不符的概念剔除后，共得到 47 个初始概念。由于初始概念难以明晰概念间的分类关系，需进一步归纳，经过对初始概念的提炼和总结，共得到 22 个范畴，如表 9 - 2 所示。

表 9 - 2　　　　　　　　　　开放式编码结果

范畴	初始概念	代表性原始语句
B1 人口统计特征	A1 受教育程度（本科及以下/研究生）	a1 有的疫情信息看不明白，觉得信息太多了（本科及以下） a2 疫情相关的信息我是可以处理的（研究生）
B2 性格特质	A2 性格特质	a3 我觉得我算是悲观的人，尤其是本来就有疫情，又有一堆信息推送过来的时候，心情只能更悲观 a4 因为我的性格非常开朗，平时基本上不会有什么压力……我觉得有一些突发情况以及突发的一些信息都没事的，事情就是在一件一件发生，然后去接受、去解决，我觉得通过我身边的人就可以观察到，大家对信息的接受能力跟性格是有很大关系的

[①]　Eppler M. J., Mengis J., "The Concept of Information Overload: A Review of Literature from Organization Science, Accounting, Marketing, MIS, and Related Disciplines", *The Information Society*, Vol. 20, No. 5, 2004, pp. 325 - 344.

范畴	初始概念	代表性原始语句
B3 使用特征	A3 使用强度	a5 使用得越多，接收到的信息就各种各样，无关的信息就越多
	A4 使用经验	a6 当你不会使用屏蔽或投诉这些功能的话，社交媒体肯定会疯狂给你推送疫情信息，但是当你使用这些功能时，它肯定给你推的频率变少
	A5 使用社交媒体类型	a7 微信推送的少，有的时候不关注根本看不到什么，一天也就那么一两条儿，但是当你打开抖音，热门里全是疫情信息
B4 信息能力	A6 信息识别理解能力	a8 因为疫情信息跟专业关系比较大，所以没有出现我不太理解的情况（医学专业） a9 有的疫情信息也有可能是过于专业，让我无法理解（非医学专业）
	A7 信息加工处理能力	a10 对这些信息的处理或者消化的时候完全超出了我的行为能力，我能做的只有去看到这些信息，我甚至什么都做不了
B5 信息需求	A8 信息需求	a11 如果比较急切的话，有着想特别快找到的这个心情，但是在众多的信息中你又找不出来自己想要的、有价值的，就会影响心情 a12 那些消息对我来讲都是无关紧要的，我看也行不看也行，我没有那么想从中找到一个什么，所以那些信息对我来讲也造不成信息过载
B6 信息数量	A9 信息强度	a13 社交媒体一直在更新一直在更新，不是固定一个时间的，甚至每天晚上 2 点多它们都有疫情信息推送，这种信息太冗杂了，你根本看不过来
	A10 信息内容长度	a14 一句话能说出来的事它非要说一大段
	A11 信息重复性	a15 看疫情信息的时候，有重复推送的，就是信息内容相似，但会再推送一遍
B7 信息质量	A12 信息不确定性	a16 疫情信息本身存在不确定性，无法判断信息的真假。可能是我对它太过关注了，我总想知道它是真是假，还总会听到很多别的消息的混淆，就会弄得自己很混乱
	A13 信息复杂性	a17 文字看着就感觉很多，一个东西用一大段话给你写半天也讲不清楚，你觉得是不是很头疼

范畴	初始概念	代表性原始语句
B7 信息质量	A14 信息冲突性	a18 可能跟一件事儿相关，但它推的信息不会完全一样，不会是统一口径的，你看完了一个之后以为这个是真的了，再看另一个的时候就觉得细节不一样了，让你分不清到底哪个是真的
	A15 信息相关性	a19 推无关信息肯定是会觉得信息过载，我们最主要的就是从这些无关的信息里面获取自己想要的信息
	A16 信息专业性	a20 我觉得有一部分原因是专业性，就像那种专门的防治信息，我可能确实不太懂，有的时候就看着
B8 信息呈现方式	A17 信息提供方式	a21 文字需要自己去浏览，还要去思考，需要更多的认知资源，相较于视频，图片那种比较直观的形式，时间花得多，就造成了很多时间上的负担
	A18 信息直观性	a22 它的数字太多了，排版有时候不是那么直观，每次看的时候就感觉比较累
B9 负面信息内容	A19 负面信息内容	a23 当时的人都挺情绪化的，每个人语言文字的表达并不是特别恰当，组织出来的信息比较偏激，不符合我想要看到理性信息的诉求，觉得很多很烦
B10 系统功能复杂程度	A20 系统功能复杂程度	a24 微博真的是太复杂了，它有热搜，有同城热搜，有你感兴趣的，还有专门为你推荐的，为你推荐的里面，又分了好多门类，包括你感兴趣的、本地的，还有一些你关注的人，消息那边又有一些你订阅的账号、你加的一些群，功能真的是太复杂了
B11 信息屏蔽技术	A21 信息屏蔽技术	a25 我在快手上，看见别人发的我不想看见的疫情信息，好像只能把他一个人给屏蔽了，不能把这类信息屏蔽
B12 信息推送技术	A22 疫情信息推送	a26 微博上面的一些新冠疫情信息，同样的信息我可能知道一个大概就行了，如果一直给我推送的话，我就感觉很不耐烦
	A23 广告信息推送	a27 社交媒体推送广告的话我不能接受
B13 好友数量	A24 广告侵扰	a28 有很多卖东西的，或者发广告的，就会很烦
	A25 过度分享	a29 有些疫情信息根本不想看，但是好多人都在转发，关注的人都在转发

范畴	初始概念	代表性原始语句
B14 社群影响	A26 社群影响	a30 平常没什么，但是有人说的话，自己也就突然感觉过多的疫情信息是挺烦人的
B15 社交媒体多任务处理	A27 社交媒体多任务处理	a31 我去各大微信公众号搜它相关的内容，还用快手、抖音去搜，结果发现搜出来的信息五花八门，经过各种加工
B16 疫情环境	A28 疫情环境	a32 在平时的话，偶尔会出一条新的消息，但在那种集中暴发期间有各种真假难辨的信息，每天看得头疼
B17 感知疫情信息过载	A29 感知疫情信息过载	a33 你进微博之后一扫那个热搜，密密麻麻，全是关于这个问题，就觉着信息可能有点儿过多了 a34 那些乱七八糟的社交媒体上，真的是泥沙俱下，质量太差了，反正就是不好筛选，而且因为内容太多了，渠道太广了，哪怕它全是真的，只看真的，我都觉得看不过来了
B18 认知失调	A30 认知失调	a35 寻找信息的时候即使感到过载，影响自己的心情，但是目标就是去寻找信息，还是会去寻找的
B19 消极高唤醒情绪	A31 愤怒	a36 一直推，一直推疫情信息，让人感觉气愤
	A32 恐惧	a37 有的时候带来的是恐慌
	A33 焦虑	a38 本来心情就不太好了，然后再给我推这么多信息，让我一个一个去搜我想要的信息，我可能会特别焦虑
	A34 紧张	a39 我过度关注，身体就感觉太紧张了，所以干脆就不是特别的关注了
	A35 烦躁	a40 感觉烦躁，它的信息量太大了，已经超出我的理解范围了
B20 消极低唤醒情绪	A36 倦怠	a41 我如果对这个信息的接受能力、处理能力比较差的话，这个信息又不断出现，那我可能就会比别人更多、更快地感受到倦怠
	A37 担心	a42 如果是我要搜的那种信息，有的说得特别严重的话，我可能会觉得比较担心
	A38 抑郁	a43 当时一直很关注确诊信息，也感觉到自己的情绪不对，有抑郁的感觉

续表

范畴	初始概念	代表性原始语句
B21 积极应对行为	A39 自我情绪管理	a44 本来信息就多了，就不要再一头扎进去，先让自己放松一下，调整一下心态之后，再去找信息或是想一想怎么尽最大可能性地减少这种信息过载
	A40 时间管理	a45 疫情期间更倾向于关注疫情，每天先看疫情的信息，之后找时间再看一些自己感兴趣的其他信息
	A41 采取预防措施	a46 消息里边折射出很多，比如说感觉疫情信息数量一直在增加的话，一定要考虑继续购买口罩啦
B22 消极应对行为	A42 潜水	a47 别人再讨论这些疫情消息的话，我会选择不加入进去，只听着不讨论
	A43 忽略	a48 别人给我发的疫情信息我也不看，就忽略过去，直接跳过去
	A44 取消关注	a49 之前关注很多博主或者公众号，但是发现他们内容都大同小异之后，一些不是那么官方的就不关注了
	A45 屏蔽	a50 会把大部分软件的推荐或推送功能关掉
	A46 退出	a51 如果这个社交媒体一直给我推送一些没有用的东西，或者说它会干扰到我，我会把它卸载掉
	A47 减少使用	a52 如果是极个别很不喜欢的 App，经常推送这种信息的话我可能会减少使用

（二）主轴编码

主轴编码是扎根理论逐级编码过程的第二个阶段，是指在开放式编码的基础上，对编码形成的初始范畴进行分类整合，建立各个初始范畴间的联系，形成主范畴[1]。其目的是将基础资料转化为更为抽象的概念，使理论从文本中逐渐显现[2]。本章基于开放式编码形成的 22 个初始范畴进行主轴编码，在探索与梳理其内在的逻辑关系后，最后提取了 8 个主

---

[1] 张海：《基于扎根理论的网络用户信息茧房形成机制的质性研究》，《情报杂志》2021 年第 3 期。

[2] Tie Y. C. , Birks M. , Francis K. , "Grounded Theory Research: A Design Framework for Novice Researchers", *Open Medicine*, Vol. 7, No. 3, January 2019, pp. 1 – 8.

范畴，分别为"用户因素""信息因素""技术因素""环境因素""感知疫情信息过载""认知后果""情绪后果"和"行为后果"，具体的主轴编码过程如表9-3所示。

表9-3   主轴编码结果

主范畴	范畴	范畴内涵
C1 用户因素	B1 人口统计特征	包括受访者性别、受教育程度等基本信息
	B2 性格特质	个体相对稳定的思想与情绪方式
	B3 使用特征	用户表现出与他人相区别的社交媒体使用特征
	B4 信息能力	用户在社交媒体上加工处理信息、吸收并创造信息的能力
	B5 信息需求	人们现有知识储备不足以解决面临的问题时产生的对信息的不足感与求足感
C2 信息因素	B6 信息数量	用户主动或被动接受疫情信息数量的多少
	B7 信息质量	用户对信息内容质量高低的评判
	B8 信息呈现方式	社交媒体通过文字、图像、音频、视频等形式来表达信息内容
	B9 负面信息内容	社交媒体上的负面信息，即含有情绪化和极端化等内容的信息
C3 技术因素	B10 系统功能复杂程度	社交媒体拥有的功能数量和使用难度
	B11 信息屏蔽技术	用户在社交媒体上使用的用于选择、拒绝或回避疫情信息的技术
	B12 信息推送技术	根据用户兴趣和使用习惯，自动给用户传送疫情信息的社交媒体技术
C4 环境因素	B13 好友数量	社交媒体用户进行社交互动的朋友数量
	B14 社群影响	用户的态度、行为受到社群关系的影响
	B15 社交媒体多任务处理	在使用某一款社交媒体的过程中同时使用其他类型的媒体，或同时参与其他非媒体活动
	B16 疫情环境	社交媒体用户处于的新冠疫情暴发情境

续表

主范畴	范畴	范畴内涵
C5 感知疫情信息过载	B17 感知疫情信息过载	用户感觉给定的时间范围内提供的信息量超过了个人处理信息的能力
C6 认知后果	B18 认知失调	当两种或两种以上相矛盾的认知、态度与行为发生时，用户会经历一种令人不安的心理状态
C7 情绪后果	B19 消极高唤醒情绪	较高强度的负面情绪激活状态，包括愤怒、恐惧、焦虑、紧张和烦躁等
	B20 消极低唤醒情绪	较低强度的负面情绪激活状态，包括倦怠、担心和抑郁等
C8 行为后果	B21 积极应对行为	用户采取积极方式应对社交媒体信息过载
	B22 消极应对行为	用户采取消极方式应对社交媒体信息过载

（三）选择性编码

选择性编码是扎根理论逐级编码过程的最后一个阶段，是基于主轴编码结果提炼核心范畴，并以核心范畴为主线，厘清各个范畴间的关系，进而建构理论模型框架的过程。其目的是整合所有理论范畴形成扎根于资料文本且具有解释力的理论①。本章经过深入比较分析主轴编码中的8个主范畴，揭示8个主范畴的典型关系结构，如表9-4所示。

表9-4　　　　　　　　　　**主范畴典型关系结构**

典型关系	关系结构	关系结构内涵
用户因素→感知疫情信息过载	直接作用	人口统计特征、性格特质、使用特征、信息能力与信息需求等用户因素直接影响感知疫情信息过载
信息因素→感知疫情信息过载	直接作用	社交媒体上信息数量、信息质量、信息呈现方式与负面信息内容等信息因素直接影响感知疫情信息过载
技术因素→感知疫情信息过载	直接作用	社交媒体的系统功能复杂程度、信息屏蔽和信息推送技术等技术因素直接影响感知疫情信息过载

---

① 王新新、高俊、冯林燕等：《弱主动服务行为的概念、影响及机制研究》，《管理世界》2021年第1期。

典型关系	关系结构	关系结构内涵
环境因素→感知疫情信息过载	直接作用	社交媒体上的好友数量、社群影响、社交媒体多任务处理与所处的疫情环境等环境因素直接影响感知疫情信息过载
感知疫情信息过载→认知后果	直接作用	感知疫情信息过载直接影响用户的认知情况
感知疫情信息过载→情绪后果	直接作用	疫情信息过载感知直接影响用户的情绪状态
认知后果、情绪后果→行为后果	直接作用	用户的认知和情绪表现直接影响其应对信息过载的行为
感知疫情信息过载→行为后果	间接作用	用户的疫情信息过载感知间接影响其应对行为

（四）理论饱和度检验

本章针对 18 名访谈对象的访谈内容，随机抽取了 15 个样本（7 名男性样本，8 名女性样本）进行分析，余下的 3 份样本用于饱和度检验。在对剩余的 3 份样本的分析过程中，没有发现新的概念、范畴，说明重大突发公共卫生事件中社交媒体信息过载的前因与后果因素已经被充分挖掘。当新的数据资料已经无法再形成新的属性和新的理论解释时便产生了"理论饱和"[1]，由此可认为，本章范畴编码和理论模型已达理论饱和状态。

第四节　信息过载前因后果理论模型构建

经过上述三阶段编码分析及理论饱和度检验后，提炼出"重大突发公共卫生事件中社交媒体信息过载的前置因素及其对用户认知、情绪和行为的影响"这一核心范畴，进而基于 S-S-O 理论构建重大突发公共卫

---

① ［英］凯西·卡麦兹：《建构扎根理论：质性研究实践指南》，边国英译，重庆大学出版社 2009 年版。

生事件中社交媒体信息过载前因后果理论模型（见图9-1）。该理论模型可概括为：用户因素、信息因素、技术因素和环境因素影响社交媒体用户的疫情信息过载感知，感知疫情信息过载影响着社交媒体用户的认知反应和情绪反应，进而影响着社交媒体用户的行为决策。

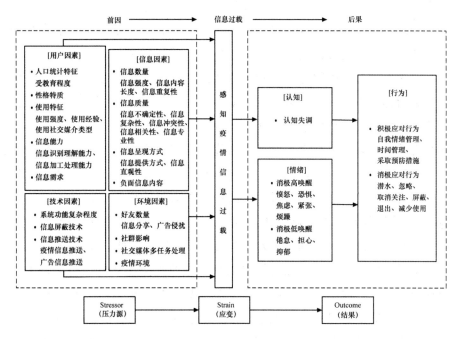

图9-1 重大突发公共卫生事件中社交媒体信息过载前因后果理论模型

一 信息过载前因变量

在压力对机体的刺激环节，本章将用户因素、信息因素、技术因素和环境因素视为主要压力源，也是信息过载的前因变量。

（一）用户因素

用户因素与其自身特性密切相关，用户是感知疫情信息过载的主体。本章中用户因素涉及人口统计特征、性格特质、使用特征、信息能力和信息需求5个范畴。

人口统计特征包括受访者性别、社会身份、受教育程度等基本信息，而受教育程度是造成疫情信息过载感知程度不同的主要人口因素。在重大突发公共卫生事件情境下，受教育程度高的用户，在面对大量疫情信息时，表现出较弱的疫情信息过载感知。有学历为本科及以下的受访者表示"有的疫情信息也有可能是过于专业，让我无法理解"。Chae J. 等的研究也指出与受教育程度高的人相比，受教育程度低的人对新信息的分类能力较弱，更容易感知信息过载[①]。

性格特质是个体相对稳定的思想与情绪方式，也是一个人的个性心理特征。在重大突发公共卫生事件情境下，性格乐观的用户适应能力较强，倾向于及时解决问题，对社交媒体的使用表现出高度的积极性，信息过载的感知较弱。而性格悲观的用户在短时间内接受大量疫情信息时，往往会产生或加重负面情绪。如"因为我的性格非常开朗，平时基本上不会有什么压力……我觉得有一些突发情况以及突发的一些信息都没事的，事情就是在一件一件发生，然后去接受、去解决，我觉得通过我身边的人就可以观察到，大家对信息的接受能力跟性格是有很大关系的"。Chae J. 等的研究也表明高焦虑特质的个体在暴露于与威胁相关的信息时，他们的焦虑会损害其信息处理能力，更易产生信息过载感知。

使用特征是指用户表现出与他人相区别的社交媒体使用行为，主要包括使用强度、使用经验和使用社交媒体类型3个方面。（1）使用强度方面，重大突发公共卫生事件情境下，用户使用社交媒体的时间越长，登录频率越高，接触到的疫情信息也就越多，显著影响其疫情信息过载感知。有受访者指出，"使用得越多，接收到的信息就各种各样，无关的信息就越多"。（2）使用经验方面，拥有丰富社交媒体使用经验的用户往往能够高效获取所需信息，有效屏蔽无关信息。如"当你不会使用屏蔽或投诉这些功能的话，社交媒体肯定会疯狂给你推送疫情信息，但是当你使用这些功能时，它肯定给你推的频率变少"。（3）使用社交媒体类型方面，相比于强关系社交媒体，使用弱关系社交媒体更易感知疫情信息过载。如"微信（强关系社交媒体）推送得少，有的时候不关注根本看不到什么，一天也就那么一两条儿，但是当你打开抖音（弱关系

---

① Chae J. , Lee C. , Jensen J. D. , et al. , "Correlates of Cancer Information Overload: Focusing on Individual Ability and Motivation", *Health Communication*, Vol. 31, No. 5, 2016, pp. 626 – 634.

社交媒体），热门里全是疫情信息"。

信息能力指的是社交媒体用户加工处理信息、吸收并创造信息的能力，主要包括信息识别理解能力和信息加工处理能力。重大突发公共卫生事件情境下，信息能力弱的社交媒体用户，往往难以及时消化过量的疫情信息、准确识别疫情信息的真伪，更易产生信息过载感知。而有着医学专业背景的学生通常对健康信息和疫情信息具备一定的甄别能力，信息素养较高，表现为较低的信息过载感知。如"因为疫情信息跟专业关系比较大，所以没有出现我不太理解的情况"。王娜等的研究也指出社交媒体用户信息素养较低是造成社交媒体信息过载的原因之一①。

信息需求是指当人们现有知识储备不足以解决面临的问题时产生的对疫情信息的不足感与求足感。在重大突发公共卫生事件情境下，社交媒体用户对疫情信息需要的急切程度直接影响其疫情信息过载感知，用户的信息需求越迫切，越不愿意在信息搜寻上花费过多时间，当面临过量的疫情信息时，就越容易感知疫情信息过载。如"如果比较急切的话，有着想特别快找到的这个心情，但是在众多的信息中你又找不出来自己想要的、有价值的，就会影响心情"。

（二）信息因素

信息因素指的是重大突发公共卫生事件情境下，用户在社交媒体平台获取的信息所展示出的属性与特征，是影响社交媒体用户疫情信息过载感知的主要因素。本章中信息因素主要包括信息数量、信息质量、信息呈现方式和负面信息内容4个范畴。

信息数量是指用户主动或被动接受疫情信息数量的多少。重大突发公共卫生事件情境下，当社交媒体用户接收到的疫情信息过多，超过了其处理与吸收疫情信息的能力时，就会产生疫情信息过载感知。用户接收的信息数量越多，产生的疫情信息过载感知就越强烈。而疫情信息的数量直接受其强度、内容长度、重复性等因素的影响。如"社交媒体一直在更新一直在更新，不是固定一个时间的，甚至每天晚上2点多它们都有疫情信息推

---

① 王娜、任婷：《移动社交网站中的信息过载与个性化推荐机制研究》，《情报杂志》2015年第8期。

送，这种信息太冗杂了，你根本看不过来"。刘鲁川等的研究也指出社交媒体有着信息数量庞大的信息特征，用户在使用时需要从海量信息中挑选出有用或感兴趣的信息，会给大脑造成沉重的负担，超出其机体承受力。

信息质量是指用户对疫情信息内容质量高低的评判，具体包括信息不确定性、信息复杂性、信息冲突性、信息相关性和信息专业性。依据有限理性理论，社交媒体用户能够处理的信息容量是有限的，需要花费更多的注意力思考和阅读来源可靠且有价值的疫情信息，而社交媒体平台上充斥着真假难辨、晦涩难懂、模糊冲突、无关无用的疫情信息，高质量疫情信息的筛选会占用和消耗用户大量的时间和精力，让用户感到认知负荷。如"疫情信息本身存在不确定性，无法判断信息的真假。可能是我对它太过关注了，我总想知道它是真是假，还总会听到很多别的消息的混淆，就会弄得自己很混乱"。刘雪琪等的研究也表明信息难度越大，用户的信息过载感知就越强烈[1]。

信息呈现方式是指社交媒体通过文字、图像、音频、视频等形式来表达疫情信息内容。疫情信息内容的组织与呈现是否有利于用户理解和内化为知识，直接影响着用户的疫情信息过载感知，更直观清晰的疫情信息内容会显著降低社交媒体用户的信息过载感知。本章还发现，相比图片、视频形式的疫情信息，文字形式的疫情信息会让社交媒体用户感知信息过载的程度更深。如"文字需要自己去浏览，还要去思考，需要更多的认知资源，相较于视频，图片那种比较直观的形式，时间花得多，就造成了很多时间上的负担"。

负面信息内容是指用户在社交媒体上接触到的含有情绪化和极端化等特征的负向信息。在新冠大流行背景下，受到疾病威胁的人们往往处于精神高度紧张的状态，一些非理性、情绪化和偏激的言论经由社交媒体不断传播扩散，社交网络上充斥着抱怨、牢骚、恐慌、焦虑等负向信息。而部分用户在社交媒体使用时，倾向于看到的是新冠的预防和控制措施、疫苗的研制进展等正向信息，或是用户现有问题的解决方案。这

---

[1] 刘雪琪、廖秉宜：《我国大陆地区新浪微博用户信息过载感知程度影响因素的实证研究》，《信息资源管理学报》2017年第3期。

些负面信息不仅无益于事情的解决，还会加重用户的情绪负担，致使用户产生强烈的疫情信息过载反应。有受访者提到"当时的人都挺情绪化的，每个人语言文字的表达并不是特别恰当，组织出来的信息比较偏激，不符合我想要看到理性信息的诉求，觉得很多很烦"。江佩芹的研究也证明了负向资讯程度会正向影响资讯超载①。

（三）技术因素

技术因素指的是用户接触到的社交媒体平台的系统功能和信息处理技术，是影响社交媒体用户疫情信息过载感知的重要因素之一。本章中技术因素主要包括系统功能复杂程度、信息屏蔽技术和信息推送技术3个范畴。

系统功能复杂程度是指社交媒体拥有的功能数量和使用难度。社交媒体拥有过多功能，会重复推送疫情相关信息，增加了用户需要处理的潜在的无用疫情信息的数量；繁复的系统功能设置会使得社交媒体的使用难度增大、易用性降低。系统功能越复杂，社交媒体用户的认知负担越重，越易产生负面情绪。如"微博真的是太复杂了，它有热搜，有同城热搜，有你感兴趣的，还有专门为你推荐的，为你推荐的里面，又分了好多门类，包括你感兴趣的、本地的，还有一些你关注的人，消息那边又有一些你订阅的账号、你加的一些群，功能真的是太复杂了"。Fu S. X. 等②也在研究中提到：社交媒体运营商对系统功能频繁地拓展和更新，在满足用户需求、提升用户使用体验的同时也要求用户了解随之产生的众多与新功能相关的普及信息，增加了用户信息组织的难度，超出其信息处理能力，造成信息过载。

信息屏蔽技术是指用户在社交媒体上使用的用于选择、拒绝或回避疫情信息的技术。重大突发公共卫生事件情境下，高效的信息屏蔽技术能够在一定程度上优化社交媒体平台上用户的疫情信息搜寻和浏览体验，使用户的疫情信息需求更加明确和聚焦，降低社交媒体用户的疫情信息

---

① 江佩芹：《社群网站中资讯超载前因及对使用者情感反应与行为意图之影响——以 FACEBOOK 为例》，硕士学位论文，"国立"高雄应用科技大学，2014 年。

② Fu S. X. , Li H. X. , Liu Y. , et al. , "Social Media Overload, Exhaustion, and Use Discontinuance: Examining the Effects of Information Overload, System Feature Overload, and Social Overload", *Information Processing and Management*, Vol. 57, No. 6, November 2020, p. 102307.

过载感知，但无效或低效的信息屏蔽技术则无法帮助用户剔除无用的疫情信息内容。如"我在快手上，看见别人发的我不想看见的疫情信息，好像只能把他一个人给屏蔽了，不能把这类信息屏蔽"。Ahmed S. T. 在研究中也指出一些信息回避、筛选技术可帮助用户从信息源中剔除无用内容以保护自身免受信息的轰炸①。

信息推送技术是指根据用户兴趣和使用习惯，自动给用户传送信息的社交媒体技术，主要包括疫情信息推送和广告信息推送技术。过量的疫情信息推送是疫情期间的一种网络常态，此外，用户在使用社交媒体时，还经常会被迫接受和浏览的疫情信息内容相关的广告推荐。社交媒体信息推送技术频繁推送"看起来有用"的疫情信息，常常使得用户被海量信息所淹没，产生信息过载的感知。如"微博上面的一些新冠疫情信息，同样的信息我可能知道一个大概就行了，如果一直给我推送的话，我就感觉很不耐烦"。Mohammcd M. 的研究也证实了通过推送通知接收消息的用户通常会经历更多的信息过载②。

（四）环境因素

环境因素指的是社交媒体用户所处的现实环境，用户的基本活动都在一定的环境范围内产生并受其制约。环境因素显著影响社交媒体用户的疫情信息过载感知。本章中环境因素涵盖好友数量、社群影响、社交媒体多任务处理和疫情环境 4 个范畴。

好友数量是指社交媒体用户拥有的与之进行社交互动的朋友数量，直接影响疫情信息分享和广告侵扰的程度。由于新冠疫情所表现出的危机性质，多数人将分享新闻视为一种社会责任，分享意愿尤为强烈，因此来自朋友分享的疫情信息明显增加，但是由于"旁观者效应"，人们认为转发一下就已尽到责任，分享信息时并没有对疫情信息加以思考和鉴别，反而成为流言传播的助推者，增加了社交媒体用户的疫情信息甄

---

① Ahmed S. T. , "Managing News Overload（MNO）：The COVID – 19 Infodemic", *Information*, Vol. 11, No. 8, 2020, p. 375.

② Mohammed M. , Sha' aban A. , Jatau A. I. , et al. , "Assessment of COVID – 19 Information Overload among the General Public", *Journal of Racial and Ethnic Health Disparities*, Vol. 9, February 2022, pp. 184 – 192.

别难度。另外，朋友圈频繁的广告发布也会给社交媒体用户带来信息处理压力。这种情况下，好友数量越多，用户接收到的疫情信息和广告就越多，越易产生疫情信息过载感知。有受访者表示"有些疫情信息根本不想看，但是好多人都在转发，关注的人都在转发"。Sasaki Y. 等通过对日本微博用户的实证研究也发现好友数显著正向影响用户的信息过载感知[①]。

社群影响是指社交媒体用户的态度、行为受到社群关系的影响。一旦确立社交关系，建立圈子或群体，社交媒体用户就会根据群体规范调整自己的行为，一些异质但有价值的疫情信息会被人们不自觉地屏蔽，长期接收同质化的疫情信息，加剧了疫情信息过载感知。此外，与个体关系紧密的朋友大规模的疫情信息发布、其他社群成员的态度倾向也可能会影响社交媒体用户的疫情信息过载感知。如"平常没什么，但是有人说的话，自己也就突然感觉过多的疫情信息是挺烦人的"。Osatuyi B. 等的研究指出重要同伴的状态或行为会显著影响 SNS 用户的使用[②]。

社交媒体多任务处理是指用户在社交媒体使用过程中同时使用其他类型的媒体，或同时参与其他非媒体活动的行为。一方面，多样化的移动社交类 App 在给用户带来更多选择的同时，也增加了用户的平台任务数量。而用户处理疫情信息的能力是有限的，多任务处理时，有限的认知资源被分配到了不同的任务需求中去，会造成认知过载。另一方面，使用的社交媒介越多，获取疫情信息的渠道就越广，用户接收到的虚假、重复、冲突的疫情信息也随之剧增，造成信息过载。如"我去各大微信公众号搜它相关的内容，还用快手，抖音去搜，结果发现搜出来的信息五花八门，经过各种加工"。黄宏辉的研究也证明了社交媒体的多任务处理会给用户的认知资源带来压力，造成认知过载[③]。

---

① Sasaki Y. , Kawai D. , Kitamura S. , "The Anatomy of Tweet Overload: How Number of Tweets Received, Number of Friends, and Egocentric Network Density Affect Perceived Information Overload", *Telematics & Informatics*, Vol. 32, No. 4, 2015, pp. 853 – 861.

② Osatuyi B. , Turel O. , "Conceptualisation and Validation of System Use Reduction as a Self-Regulatory IS Use Behaviour", *European Journal of Information Systems*, Vol. 29, No. 1, January 2020, pp. 44 – 64.

③ 黄宏辉：《青年群体社交媒体倦怠的成因和对在线社区脱离意向的影响》，《新闻记者》2020 年第 11 期。

疫情环境是指社交媒体用户处于的新冠疫情暴发情境。重大突发公共卫生事件的紧迫性使得短时间内与疫情相关的信息几乎成为所有社交媒体关注的焦点，并且集中大范围地进行发布。此外，疫情关系到每个人的生命安全和切身利益，社交媒体用户对疫情期间信息的关注度和紧张度远远超过其他时期。当社交媒体用户长时间暴露于大量密集的、真假难辨的、冲突的疫情信息环境中会产生认知负担，甚至引起情绪崩溃。如"在平时的话，偶尔会出一条新的消息，但在那种集中暴发期间有各种真假难辨的信息，每天看得头疼"。

二 信息过载后果变量

在机体对刺激的响应环节，本章将认知后果、情绪后果和行为后果作为用户的应变反应，也是信息过载的后果变量。

（一）用户认知后果

感知疫情信息过载会直接影响社交媒体用户的认知情况，可能会导致社交媒体用户经历认知失调状态。认知失调是指当两种或两种以上相矛盾的认知、态度与行为发生时，用户会经历一种令人不安的心理状态。重大突发公共卫生事件情境下，一方面，过度的疫情信息暴露会使社交媒体用户产生需求和处理能力不匹配感知，但出于疫情信息寻求等需求，不得不抑制认知的排斥而被迫继续使用社交媒体；另一方面，经历疫情信息过载后的社交媒体用户由于社会交往带来的规范压力迫使其控制不安、抵触情绪继续接收信息。上述二者都会导致社交媒体用户认知和行为出现偏差，引发认知失调。有受访者指出"寻找信息的时候即使感到过载，影响自己的心情，但是目标就是去寻找信息，还是会去寻找的"。

（二）用户情绪后果

感知疫情信息过载会直接影响社交媒体用户的情绪状态，导致其体验到多种消极情感。本章引入 Russell J. A. 提出的情绪维度理论[①]，将情感视为由刺激引起的意识的一个内在方面，从效价维度和唤醒维度对社

---

① Russell J. A. , "Core Affect and the Psychological Construction of Emotion", *Psychological Review*, Vol. 110, No. 1, 2003, pp. 145 - 172.

交媒体用户在感知疫情信息过载后的情感体验进行分类。从效价维度来看，消极情绪是感知疫情信息过载后社交媒体用户的主导情绪；从唤醒维度来看，根据对活力或能量等情绪强度的感知，可将社交媒体用户的情绪分类为高唤醒情绪和低唤醒情绪。综合考虑二者，将社交媒体用户感知疫情信息过载后直接产生的情绪归纳为消极高唤醒情绪和消极低唤醒情绪2个范畴。

消极高唤醒情绪是指较高强度的负面情绪激活状态，愤怒、恐惧、焦虑、紧张和烦躁是社交媒体用户在经历疫情信息过载后易产生的突出的消极高唤醒情绪。重大突发公共卫生事件情境下，用户往往对社交媒体持续推送虚假疫情信息的行为感到反感和愤怒，如"一直推，一直推疫情信息，让人感觉气愤"。经访谈发现，新增确诊人数、死亡人数以及居住地的疫情情况是社交媒体用户最为关注的疫情信息，用户在阅读这些信息时也在不断评估自身和家人感染新冠病毒的风险与感染的危害性。在评估的过程中，繁杂的信息量引起的用户疫情信息过载感知可视为压力源之一，加剧用户阅读疫情信息时的恐惧、焦虑、紧张和烦躁等负面情绪。有受访者表示"感觉烦躁，它的信息量太大了，已经超出我的理解范围了"。陈琼等的研究也表明大量难辨真假的疫情信息会增加用户搜寻、阅读和理解信息的难度，进而加剧由突发公共卫生事件本身带来的气愤等一系列消极情绪。Song S. J. 等的研究也证实感知信息过载会引发社交媒体用户的焦虑情绪[①]。

消极低唤醒情绪是指较低强度的负面情绪激活状态，倦怠、担心和抑郁是社交媒体用户在经历疫情信息过载后易产生的突出的消极低唤醒情绪。社交媒体上广泛传递的博眼球、博热度的虚假疫情信息大大增加了信息接受者信息辨别和信息选择的压力，导致其对疫情期间信息的阅读和社交媒体的使用产生倦怠情绪。另外，在新冠疫情扩散这一环境的刺激下，社交媒体上充斥的过量的负面言论会抬高用户对于疫情风险程

---

① Song S. J. , Yao X. L. , Wen N. N. , "What Motivates Chinese Consumers to Avoid Information about the COVID – 19 Pandemic? The Perspective of the Stimulus-Organism-Response Model", *Information Processing & Management*, Vol. 58, No. 1, 2021, p. 102407.

度的判断，进而产生担心情绪，严重者甚至引发抑郁情绪。有受访者表示"当时一直很关注确诊信息，也感觉到自己的情绪不对，有抑郁的感觉"。Swar B. 等的研究也证明了感知信息过载与消极情感和抑郁症状等呈显著的正相关关系①。

（三）用户行为后果

感知疫情信息过载通过社交媒体用户认知和情绪的中介作用间接影响社交媒体用户的应对行为，不同的认知和情绪表现会导致不同的行为结果，本章将用户的应对行为概括为积极应对行为和消极应对行为两类。

积极应对行为是指用户采取积极的方式应对疫情信息过载。感知疫情信息过载会引发社交媒体用户的消极低唤醒情绪，而消极低唤醒情绪会减缓个体的认知并触发系统信息处理，使得用户在面对疫情信息过载时更倾向于保持相对理性、以科学的方式积极应对。重大突发公共卫生事件情境下，部分社交媒体用户选择通过自我情绪管理即感知和管理自身情绪的方式应对疫情信息过载感知。自我情绪管理能帮助用户有效识别和梳理负面情绪和压力来源，进而采取情绪导向或问题导向的应对策略来缓解疫情信息过载的干扰。有受访者提到"本来信息就多了，就不要再一头扎进去，先让自己放松一下，调整一下心态之后，再去找信息或是想一想怎么尽最大可能性地减少这种信息过载"。还有社交媒体用户将时间管理作为克服疫情信息过载感知的一种手段，基于优先级的信息策略，合理分配各类疫情信息的处理时间，将最为重要的信息优先处理、次要或不重要的信息在时间更为充足时处理，通过放慢信息处理速度减缓疫情信息过载感知；另外，有用户表示在感知信息过载后会反向推动其采取积极的预防措施以有效地应对新冠疫情的发展。Bala R. 等也在研究中证明信息超载会促使印度人在新冠疫情流行期间广泛采用被建议的预防行为②。

① Swar B. , Hameed T. , Reychav I. , "Information Overload, Psychological Ill-Being, and Behavioral Intention to Continue Online Healthcare Information Search", *Computers in Human Behavior*, Vol. 70, 2017, pp. 416 – 425.

② Bala R. , Srivastava A. , Ningthoujam G. D. , et al. , "An Observational Study in Manipur State, India on Preventive Behavior Influenced By Social Media During the COVID – 19 Pandemic Mediated by Cyberchondria and Information Overload", *Journal of Preventive Medicine and Public Health*, Vol. 54, No. 1, 2021, pp. 22 – 30.

消极应对行为是指社交媒体用户采取消极的方式应对信息过载。感知疫情信息过载易引起社交媒体用户的认知失调和消极高唤醒情绪，认知失调和消极高唤醒情绪会促使个体采取回避行动调整自身状态、减轻不适感，受二者控制的用户在面对疫情信息过载时更倾向于以非理性、强烈排斥、回避的态度消极应对。重大突发公共卫生事件情境下，社交媒体用户采取的消极应对行为可归纳为两个方面：疫情信息规避行为和社交媒体不持续使用行为，即分别通过控制疫情信息量和控制社交媒体使用强度的方式应对疫情信息过载现象。前者主要体现在社交媒体用户采用技术手段对疫情信息进行过滤和屏蔽，或通过忽略和潜水的方式有意识地回避某些接收到的疫情信息，或取消对某些"好友"的关注以减少信息源等。Song S. J. 等在研究中指出人们会故意采取一些应对策略以回避与疫情相关的信息，减少焦虑等负面情绪。后者主要体现在用户采取减少社交媒体的使用或退出某些社交媒体的策略来降低社交媒体的涉入度，通过关闭信息接收渠道的方式避免接触海量的疫情信息。有受访者表示"如果这个社交媒体一直给我推送一些没有用的东西，或者说它会干扰到我，我会把它卸载掉"。

第五节　结论与讨论

一　结论

本章运用扎根理论的质性分析方法，立足于重大突发公共卫生事件情境，研究社交媒体信息过载的前因后果及其作用机制，重点分析了三个方面的问题：（1）重大突发公共卫生事件情境下，社交媒体信息过载受哪些关键因素的影响？本章从理论层面构建了重大突发公共卫生事件中社交媒体信息过载前因后果理论模型，挖掘出用户因素、信息因素、技术因素、环境因素、感知疫情信息过载、认知后果、情绪后果和行为后果 8 个主范畴及其 22 个子范畴。其中，用户因素、信息因素、技术因素与环境因素这四类因素，是重大突发公共卫生事件中影响社交媒体用户信息过载感知的关键前因。（2）重大突发公共卫生事件情境下，用户感知社交媒体信息过载的影响后果是什么？前因后果理论模型中提炼的认知后果和情绪后果是用户感知社交媒体信息过载后直接产生的认知反应和情绪反应，行为后果则是用户感知社交媒体信息过载后间接产生的行为反应。其中，认知后果即认知失调，情绪后果包括消极高唤醒情绪和消极低唤醒情绪两类情绪状态，行为后果可概括为积极应对行为和消极应对行为两类行为选择。（3）重大突发公共卫生事件情境下，社交媒体信息过载影响因素的作用关系和影响机制如何？本章表明，用户因素、信息因素、技术因素和环境因素直接作用于社交媒体用户的疫情信息过载感知，感知疫情信息过载直接影响着社交媒体用户的认知情况和情绪状态，并在认知和情绪的中介作用下间接影响着社交媒体用户的应对行为。

二　讨论

（一）学术价值

面向重大突发公共卫生事件情境下社交媒体信息过载前因与后果研究，具有较高的学术价值和应用价值。

其一，相比于已有的社交媒体信息过载研究，本章采用扎根理论的质性分析方法更易发掘未知变量，能够系统地揭示众多因素间的复杂关系，为社交媒体信息过载的前因和后果研究提供了新思路。其二，本章拓展了社交媒体信息过载的研究领域，研究情境的差异性使得已有研究结论无法直接应用于重大突发公共卫生事件情境，本章面向重大突发公共卫生事件中社交媒体信息过载现象进行了针对性的探讨。其三，从信息生态理论的信息人、信息技术、信息环境、信息四个维度揭示信息过载的前因，突破了仅从单一维度对信息过载前因探究的局限，较为完整地捕捉到了重大突发公共卫生事件中社交媒体信息过载形成机理。其四，从认知、情绪与行为多重视角分析信息过载的影响后果，揭示了社交媒体信息过载与用户的认知、情绪、行为间的复杂作用机理。

（二）应用价值

本章从多维度分析重大突发公共卫生事件中社交媒体信息过载的形成路径和影响机制，有助于从源头上揭示重大突发公共卫生事件情境下信息过载问题的成因，为重大突发公共卫生事件中社交媒体用户的认知冲突调节、负面情绪疏导和使用行为管理提供决策支持，有利于帮助社交媒体运营商优化重大突发公共卫生事件中的信息环境，降低信息疫情带来的负面影响。

（三）管理启示

根据研究结果，本章基于多要素协同视角，结合信息生态理论，从信息人、信息、信息技术和信息环境四个维度提出应对重大突发公共卫生事件中社交媒体信息过载的对策建议。（1）信息人维度，要求社交媒体用户努力提高自身信息素养，有效控制使用行为。前者指社交媒体用户应适当补充医学等方面的专业知识，提高信息的选择、评估和辨别能力；后者指社交媒体用户在使用社交媒体平台浏览疫情信息时需明确使用目的，高效筛选有用信息，有意识地控制自身在社交媒体上接收信息的时间与数量。（2）信息维度，要求发布的疫情信息本身做到积极正面、重点突出、通俗易懂，避免歧义、重复与过多专业术语的使用，还应保证疫情信息能够以便捷且直观的方式和形式进行传播。（3）信息技术维度，一方面，要求社交媒体运营商优化社交媒体的疫情信息推送技术、过滤技术和屏蔽技术，更具针对性、选择性地为用户推送高质量的疫情信息，过滤某些用户发布的无意义和重复的疫情信息，准确屏蔽用户不感兴趣的疫情信息；另一方面，要求社交媒体运营商对平台功能定位和用户定位有清晰的认知，去除与定位不相符或社交媒体用户使用频率低的冗余功能，增强平台特色功能的建设，并在每次新功能上线时为社交媒体用户提供详细的功能使用说明和指导。（4）信息环境维度，要求社交媒体运营商完善疫情信息审核机制，履行信息监督义务，并联合国家监管部门主动且及时地对关注度高、影响力强、尚未验证真假的疫情信息予以官方的权威解答，阻止谣言的传播和扩散，保障平台信息质量。

（四）研究不足

研究不足之处表现为，为了保证受访群体能够更明晰地理解信息过载现象，本章主要选择了社交媒体青年用户群体作为访谈对象，而忽略了老年用户群体。未来的研究可以拓宽访谈对象的年龄范围和文化背景，选择中老年或跨文化背景的社交媒体用户开展更为广泛的研究，使研究结果更具有普适性。

第十章

突发公共卫生事件中社交媒体
用户信息规避行为影响因素：
基于扎根理论的研究

第一节　引言

突发公共卫生事件指突然发生，造成或者可能造成社会公众健康严重损害的重大传染病疫情、群体性不明原因疾病、重大食物和职业中毒以及其他严重影响公众健康的事件[①]。因其具有突发性强、传播速度快、范围广、危害性强等特征[②]，极大程度影响了公民健康及经济发展。2019 年末暴发的新冠疫情，在全球范围内产生了重大影响，成为人类发展历程中极具代表性的突发公共卫生事件。

在突发公共卫生事件背景下，公众的信息行为受到特定信息环境的影响。人们渴望获取疫情信息，增进对疫情发展状况的掌控。微信、微博等社交媒体凭借其较高的信息传播效率，成为用户获取疫情信息的重要渠道[③]。然而，大量真假难辨、重情绪轻事实的信息出现于社交媒体上，对用户的身心健康产生了重大影响，甚至引发了"信息疫情"。社

---

① 中华人民共和国人民政府：突发公共卫生事件应急条例，http：//www. gov. cn/gongbao/content/2011/content_ 1860801. htm，2021 年 3 月 20 日。
② 王馨悦、刘畅：《重大突发公共卫生事件中公众信息搜寻行为影响因素探究》，《图书情报工作》2020 年第 21 期。
③ 耿瑞利、徐建国、金燕等：《重大突发公共卫生事件下公众信息获取行为与错失焦虑研究——以新型冠状病毒肺炎疫情为例》，《图书情报工作》2020 年第 15 期。

交媒体用户逐渐倾向于规避相关信息，以缓解由信息疫情带来的负面影响[①]。与此同时，澎湃新闻《肺炎认知调查·报告》显示，微博是青年群体最主要的疫情信息来源[②]。在青年群体中，大学生群体具有较强的理解能力，访谈对象选取便利，有利于调查研究的推进。因此，厘清突发公共卫生事件中大学生社交媒体用户信息规避行为的影响因素，有利于在青年群体中构建健康有序的社交媒体信息环境，削减大学生在获取信息过程中的风险感知与负面情绪、认知，从而更好地满足用户的信息需求，维持社交媒体的用户黏性，并为其他用户群体起到示范作用。

第二节　文献综述

一　信息规避

在信息资源管理学科领域，信息规避行为的相关研究起初见于信息行为模型[③]，目前已有研究将信息规避研究扩展至更为多元的方向，例如，健康信息规避[④]、风险信息规避[⑤]、信息规避泛在研究、社交媒体用户信息规避[⑥]、学术信息规避[⑦]等。

---

① 陈琼、宋士杰、赵宇翔：《突发公共卫生事件中信息过载对用户信息规避行为的影响：基于 COVID – 19 信息疫情的实证研究》，《情报资料工作》2020 年第 3 期。

② 澎湃新闻：肺炎认知调查报告，https：//www. thepaper. cn/newsDetail _ forward _ 5671866，2021 年 10 月 10 日。

③ 姜婷婷、权明喆、魏子瑶：《信息规避研究：边界、脉络与动向》，《中国图书馆学报》2020 年第 4 期。

④ Sairanen A. , Savolainen R. , "Avoiding Health Information in the Context of Uncertainty Management", *Information Research*, Vol. 15, No. 4, December 2010, pp. 372 – 379.

⑤ Kahlor L. A. , Olson H. C. , Markman A. B. , et al. , "Avoiding Trouble: Exploring Environmental Risk Information Avoidance Intentions", *Environment and Behavior*, Vol. 52, No. 2, 2020, pp. 187 – 218.

⑥ Dai B. , Ali A. , Wang H. , "Exploring Information Avoidance Intention of Social Media Users: A Cognition-Affect-Conation Perspective", *Internet Research*, Vol. 30, No. 5, August 2020, pp. 1455 – 1478.

⑦ Willson R. , Given L. M. , " 'I'm in Sheer Survival Mode': Information Behaviour and Affective Experiences of Early Career Academics", *Library & Information Science Research*, Vol. 42, No. 2, April 2020, p. 101014.

然而，目前信息规避的概念尚未完全达成共识。其中，采用较为广泛的定义认为，信息规避指任何旨在阻止或推迟获取不希望获得的信息的行为[1]。该定义所包含的信息规避现象非常宽泛，例如，对已知或未知内容信息的规避、对个体或他人信息的规避、对必要或无用信息的规避、蓄意主动型的信息规避与被动防御型的信息规避等[2]。较为宽泛的定义易于造成概念间的混淆，部分学者将信息规避与选择性接触（Selective Exposure）、信息摒弃（Information Dismissal）、推理规避（Inference Avoidance）等概念不加区分地进行研究，这样不利于信息规避乃至信息行为领域的研究发展。因此，本章参考孙海霞[3]、陈琼等的研究成果，将信息规避行为的特性总结为：①自主性。信息规避行为是个体对信息有意识或下意识地主动回避，源于用户"不想获取"该信息的内在动机。②主观性。信息规避行为产生时，用户对信息内容不一定知情，因此规避行为多来自用户对信息影响的主观预判。关于信息规避行为产生的内在动机，Sweeny K. 等提出当信息可能对用户的信念、行为、情绪产生影响时，用户会拒绝获取该信息。后续研究证实了此观点，Savolainen R. 研究证实负面情绪会导致用户的信息规避行为[4]，Howell J. L. 等发现如果了解信息会强迫用户产生不情愿的行为，用户会选择规避该信息[5]。

二　社交媒体用户信息规避行为

社交媒体用户信息行为研究是近年来图书馆学与情报学领域研究的热点之一，学者们针对社交媒体用户信息规避行为的形成机理、影响因

① Sweeny K. , Melnyk D. , Miller W. , et al. , "Information Avoidance: Who, What, When, and Why", *Review of General Psychology*, Vol. 14, No. 4, December 2010, pp. 340 – 353.

② Dali K. , "The Lifeways We Avoid: The Role of Information Avoidance in Discrimination against People with Disabilities", *Journal of Documentation*, August 2018, Vol. 74, No. 6, pp. 59 – 65.

③ 孙海霞：《国外健康信息规避行为研究综述》，《图书情报工作》2021 年第 9 期。

④ Savolainen R. , "Emotions as Motivators for Information Seeking: A Conceptual Analysis", *Library & Information Science Research*, Vol. 36, No. 1, January 2014, pp. 59 – 65.

⑤ Howell J. L. , Shepperd J. A. , "Behavioral Obligation and Information Avoidance", *Annals of Behavioral Medicine*, Vol. 45, No. 2, April 2013, pp. 258 – 263.

素进行了初步探究。已有研究主要探讨了信息因素、社会环境因素、认知因素、情绪因素对社交媒体用户信息规避行为的影响，认知因素、情绪因素是引起用户信息规避的直接因素，而信息因素、社会环境因素则作为外驱变量间接作用于信息规避行为[①]。Guo Y. Y. 等[②]、Dai B. 等的研究均发现信息无关性、信息过载、社交过载会导致社交媒体疲惫、不满、沮丧等负面情绪，从而使用户产生信息规避行为。此外，庞杂的广告信息也是社交媒体用户选择规避的重要内容，用户对广告信息的消极体验、负面情绪是其产生信息规避行为的主要因素。巢乃鹏等[③]研究表明，感知侵扰、感知收益、既往消极体验均对用户的心理抗拒产生显著影响，而心理抗拒对广告回避产生正向影响。

在突发公共卫生事件中，媒介使用会放大公众对风险的感知[④]。大量虚假信息在社交媒体上迅速传播，加剧了公众的恐慌情绪。针对新冠疫情的研究发现，与基于科学的证据或公共卫生建议相比，虚假信息在Twitter上的传播频率更高[⑤]。因此，相较于对传统媒体的使用，用户使用以社交媒体为代表的新媒体更易于在疫情期间产生抑郁、焦虑等负面情绪[⑥]。部分个体会因获取信息产生的苦恼、焦虑，而产生信息规避行为，这在一定程度上降低了公众对预防措施的遵从性[⑦]。

---

① 刘咏梅、张帅、谢阳群：《社交网络环境下大学生信息回避行为影响因素探究》，《现代情报》2019年第10期。

② Guo Y. Y., Lu Z. Z., Kuang H. B., et al., "Information Avoidance Behavior on Social Network Sites: Information Irrelevance, Overload, and the Moderating Role of Time Pressure", *International al Journal of Information Management*, Vol. 52, June 2020, p. 102067.

③ 巢乃鹏、赵文琪、秦佳琪：《行为定向广告回避的影响机制研究》，《当代传播》2020年第6期。

④ 陈超：《媒介使用对公众疫情防控行为影响的实证研究》，《东南传播》2020年第6期。

⑤ Kim H. K., Ahn J., Atkinson L., et al., "Effects of COVID – 19 Misinformation on Information Seeking, Avoidance, and Processing: A Multicountry Comparative Study", *Science Communication*, Vol. 42, No. 4, 2020, pp. 586 – 615.

⑥ Chao M., Xue D., Liu T., et al., "Media Use and Acute Psychological Outcomes during COVID – 19 Outbreak in China", *Journal of Anxiety Disorders*, Vol. 74, August 2020, p. 102248.

⑦ Siebenhaar K., Kther A. K., Alpers G. W., "Dealing with the COVID – 19 Infodemic: Distress by Information, Information Avoidance, and Compliance with Preventive Measures", *Frontiers in Psychology*, Vol. 11, November 2020, p. 567905.

三 S-O-R 范式与用户信息行为

刺激—机体—反应（Stimulus-Organism- Response，S-O-R）范式，是环境心理学的重要理论，最初由 Mehrabian A. 和 Russell J. A. 于 1974 年提出①。其中，刺激（S）指引发用户机体反应的外部环境因素；机体（O）表示外界刺激下用户的生理、心理状态；反应（R）表示个体应对刺激的态度、行为。该范式认为，个体的身心状态会受到环境刺激的影响，并因此产生相应行为以应对环境的变化与刺激。

早期，S-O-R 范式被应用于市场营销领域，该类研究较多关注消费者购买意愿的影响因素。由于 S-O-R 范式充分考虑了内外部因素的共同作用，并能较好厘清影响因素间的作用关系，目前也被广泛应用于用户信息行为研究。其中，与社交媒体相关的研究成果主要集中于用户对各类型社交媒体的使用行为，包括用户持续使用行为②、参与行为③、不持续使用行为④等。此外，较多研究采用 S-O-R 范式探究信息焦虑的产生机理。张艳丰等基于 S-O-R 模型和 MOA 理论，分析用户健康信息焦虑的生成机理⑤。刘畅等借助 S-O-R 范式构建了碎片化阅读情境下用户信息焦虑行为形成机理模型⑥。基于上述研究，S-O-R 范式能够较好解释内外部因素对用户信息行为的作用机理，适用于构建用户信息行为模型。

四 研究述评

已有研究主要涉及突发公共卫生事件中普遍的媒介使用，以及常规

---

① Mehrabian A. ，Russell J. A. ，*An Approach to Environmental Psychology*，Massachusetts：MIT，1974.

② 匡亚林、李佳蓉：《基于"S-O-R"框架的政务短视频持续使用群体画像模型构建》，《情报杂志》2021 年第 11 期。

③ 张雄涛、甘明鑫：《隐私视角下社交媒体推荐对用户在线交互意向的影响机理研究》，《现代情报》2021 年第 5 期。

④ 张敏、孟蝶、张艳：《S-O-R 分析框架下的强关系社交媒体用户中辍行为的形成机理——一项基于扎根理论的探索性研究》，《情报理论与实践》2019 年第 7 期。

⑤ 张艳丰、王羽西：《突发公共卫生事件下社交媒体用户健康信息焦虑生成机理及管理策略研究》，《情报资料工作》2021 年第 4 期。

⑥ 刘畅、巩洪村、曹高辉：《碎片化阅读情境下用户信息焦虑行为形成机理——基于扎根理论的探索性研究》，《图书情报知识》2021 年第 3 期。

情境中社交媒体用户信息规避的形成机理和影响因素。这些研究具有以下特点：在研究内容上，偏向于对泛在内容的研究，而缺乏对特定背景、特定主题的深入挖掘，鲜少有研究围绕突发公共卫生事件中的社交媒体用户信息规避行为展开；在研究方法上，多为基于问卷调查的量化研究，质性研究方法运用较少。然而，在突发公共卫生事件背景下，社交媒体平台产生的信息内容复杂、数量庞大，而用户的心理状况及信息需求也不同寻常，以往研究难以解释该情境下的社交媒体用户信息规避行为。本章采用扎根理论对大学生的信息规避行为进行分析，一是可以探索性地对突发公共卫生事件中大学生社交媒体用户信息规避行为的影响因素进行研究；二是在发掘各种影响因素的基础上，可以更好地阐明各因素间的关系，从而更为完整地还原大学生用户信息规避行为的产生与发展过程；三是扎根理论研究基于多个用户案例数据，案例间彼此佐证，所生成的理论更为客观可信。基于此，本章以新冠疫情为例，采用扎根理论的质性分析方法对疫情期间大学生社交媒体用户信息规避行为的影响因素进行深入的探究，以期为突发公共卫生事件中社交媒体用户信息规避行为提供理论支持，并为社交媒体平台更合理地满足用户信息需求提供路径参考。

第三节　研究设计

一　研究方法

扎根理论由 Glaser B. G. 等①于 1967 年提出，是社会学领域重要的质性研究方法。它从初始文本或经验资料中提取、归纳出概念和范畴并抽象形成理论，再通过不断地比较、修正进行完善。其目的是通过标准化的操作流程，自下而上地将隐性化的定性显性化②。扎根理论的主要步骤包括：（1）开放式编码，将获得的原始资料概念化、范畴化；（2）主

---

① Glaser B. G., Strauss A. L., *The Discovery of Grounded Theory: Strategies for Qualitative Theory*, New Brunswick, NJ: Aldine Transaction, 1967.
② 贾旭东、衡量：《扎根理论的"丛林"、过往与进路》，《科研管理》2020 年第 5 期。

轴编码，进一步提炼出主范畴，并获取各范畴间的关系；（3）选择性编码，选择出核心范畴，建立并验证核心范畴与其他范畴间的关系。

本章采用扎根理论质性研究方法，借助 NVivo12 定性数据管理软件，从访谈资料中归纳突发公共卫生事件中大学生社交媒体用户信息规避行为影响因素，并构建模型揭示影响因素间的作用路径。

二　样本选择

根据《第 47 次中国互联网络发展状况统计报告》[①]，截至 2020 年 12 月，学生在我国网民职业结构中占比最高（21%）。考虑到受访者的理解能力及社交媒体使用经验，本章采用目的性抽样法，选取具有丰富社交媒体使用经验且专业类型多样的在校大学生进行访谈。同时保证男女分布均衡，具备地区、年龄差异[②]。

本章采取线下访谈与线上访谈相结合的方式，对大学生进行初步访谈。当在访谈过程中发现受访者不具有社交媒体信息规避经历时，不继续进行深度访谈。本章共对 28 名年龄段在 20—23 岁的在校大学生进行了深度访谈，访谈对象信息如表 10 – 1 所示。

表 10 – 1　　　　　　　　访谈对象基本信息统计

变量	题项	频次	比例（%）
性别	男	14	50.0
	女	14	50.0
年龄	20 岁	5	17.9
	21 岁	7	25.0
	22 岁	12	42.9
	23 岁	4	14.3

---

① 中国互联网信息中心：《第 47 次中国互联网络发展状况统计报告》，http://cnnic.cn/hlwfzyj/hlwxzbg/hlwtjbg/202102/P020210203334633480104.pdf，2021 年 3 月 21 日。

② 顾润德、陈媛媛、董伟：《基于扎根理论的社交媒体用户倦怠情绪与转移行为研究》，《图书馆杂志》2021 年第 6 期。

续表

变量	题项	频次	比例（%）
专业	图书馆学	5	17.9
	档案学	3	10.7
	会计学	3	10.7
	国际经济与贸易	3	10.7
	电气工程与自动化	3	10.7
	人力资源管理	2	7.1
	物理学	2	7.1
	计算机科学	2	7.1
	汉语言文学	2	7.1
	哲学	1	3.6
	动物医学	1	3.6
	管理科学与工程	1	3.6

三　资料收集与整理

访谈提纲设计：本章结合相关文献设计访谈提纲，对受访者进行半结构化访谈。半结构化访谈仅为访谈设置提纲，要求访谈者根据实际访谈情况灵活调整访谈内容、顺序、提问方式等，以期对受访者的真实情况进行深度挖掘。访谈提纲的拟定参考刘咏梅等、王文韬等①对大学生信息规避行为的研究，并结合 Kim H. K. 等、陈琼等基于突发公共卫生事件情境的研究。在正式访谈前对若干对象进行预采访，根据反馈对访谈提纲进行修改、完善，使其能够最大限度反映受访者的真实想法，并确保访谈具有良好的内容效度。本章的正式访谈分为两部分，第一部分为受访者基本信息采集和概念介绍，第二部分为新冠疫情背景下社交媒体用户信息规避行为的相关经历和影响因素等问题，具体如表 10-2 所示。

---

① 王文韬、张帅、李晶等：《大学生健康信息回避行为的驱动因素探析及理论模型建构》，《图书情报工作》2018 年第 3 期。

表 10 – 2 访谈提纲主要内容

访谈主题	提纲主要内容
受访者基本信息和概念介绍	（1）受访者姓名、年龄、专业
	（2）信息规避定义，疫情信息类型介绍
新冠疫情背景下社交媒体用户信息规避行为的相关经历和影响因素	（3）您在使用社交媒体的过程中会拒绝获取或推迟获取哪些疫情信息？
	（4）您为什么会希望去规避这些信息？
	（5）被迫获取这些信息会对您造成什么影响，为什么？
	（6）选择规避该信息会为自己带来什么好处？
	（7）请问您在什么情况下会更排斥获取这些信息？
	（8）社交媒体充斥的大量疫情信息会不会加剧您的信息规避意愿，为什么？
	（9）在您对自身健康状况非常怀疑的情况下，是否会选择规避疫情信息？
	（10）在您感觉自身健康状况良好时，是否会选择规避疫情信息？
	（11）请问您会愿意获取某些原本规避的信息吗，为什么？
	（12）您通常采取什么方式来规避疫情信息？

访谈过程设定：本章采取"一对一"的采访方式，访谈时长控制在15—40分钟范围内，尽可能根据个体差异延伸访谈问题，对个体信息规避经历进行深度挖掘，以获得有效的文本信息。因时间、地域等因素限制，有8名受访者选择线下面对面访谈，其余20名受访者为线上电话访谈。访谈过程全程录音，在访谈结束后转换成文本并进行整理，形成Word访谈文本。最终采用NVivo12软件进行文本分析、整理。

第四节　扎根理论分析

一　开放式编码

开放式编码是数据被分解、解释的过程。研究者从原始访谈资料中提取重要的语句，进行概念化和范畴化处理。在编码过程中，概念是分析的基本单元，研究者需要在悬置个人观点、立场的基础上，通过对案例中概念、语句的积累、比较，浓缩合并相近的概念，进而从现象中抽象出概念①。参考靳代平等②的研究，笔者在访谈结束后即对原始材料进行标签化，并通过前后多轮比较、归纳，最终获得 47 个初始概念。而范畴则是形成理论的基石，是概念进一步归类与抽象的结果，属于同一现象的概念可以分组形成范畴，一个范畴需要代表现象的属性、产生条件、表现形式、结果等概念内涵。本章初步形成 18 个基本范畴，分别为信息负荷、信息质量、信息相关度、主观规范、任务冲突、倦怠、焦虑、恐惧、愤怒、自我效能感、感知控制、认知成本、认知冲突、强关系社交媒体、弱关系社交媒体、切断信息源、控制注意力、存储信息。开放式编码从原始资料中提取初始概念及基本范畴的具体过程如表 10 - 3 所示。

表 10 - 3　　　　　　　　　　开放式编码结果

范畴	初始概念	原始资料【初始概念】
信息负荷	信息量大	P3：打开公众号刷来刷去都是这些的话可能下次就会减少打开的频率。 P5：这在人们的日常生活中都是可以观察到的，我就觉得这类信息没有太大的意义。
	信息同质性强	
	信息已获取	
信息质量	信息准确度较低	P15：因为小道消息你会觉得他可能说的也没有道理啊，就是不一定是准确的、科学的。 P21：信息非常多，并且很杂乱，没有人理清这个顺序我肯定就不看了。 P22：感觉套路都很相似，而且这种文章很有可能没有什么营养，就感觉是在描述一些事情，没有什么深层次的启发，然后就不太有兴趣去看了。
	信息来源不正规	
	信息缺乏分析整合	
	信息内容价值较低	
信息相关度	信息不被需要	P6：如果我学习、生活中遇到了特定情况，需要我去了解某些疫情信息，我可能才会去关注。 P7：就是关系到我自己的我会看，很远的那些就不看了。 P10：我觉得主要看你对经济是否感兴趣，以及它会不会影响到你的生活。 P5：首要的任务是要解决疫情传播和治疗的问题，而不应该是问责。
	信息相关度低	
	不感兴趣	
	信息对生活的影响	
	信息对疫情防控作用有限	

---

① Corbin J. M., Strauss A., "Grounded Theory Research: Procedures, Canons, and Evaluative Criteria", *Qualitative Sociology*, Vol. 13, No. 1, 1990, pp. 3 - 21.

② 靳代平、王新新、姚鹏：《品牌粉丝因何而狂热？——基于内部人视角的扎根研究》，《管理世界》2016 年第 9 期。

范畴	初始概念	原始资料【初始概念】
主观规范	从众心理	P23：如果是同龄人的话可能影响会比较大一点儿，就是一种潜移默化，感觉他获取了这个东西好像我也应该获取，就有一种团体间的规范，就是大家一起都看或者大家都不看。
任务冲突	处于任务状态	P4：就是如果我要考试，或者有学业上的事儿要完成的时候，我就可能心思上不会太聚焦于这个事情。
	时间紧迫	P19：就是我个人时间比较紧张的情况下，不太有更多的心力去关心别的事情的时候。
倦怠	厌烦	P25：信息都类似，但是数量很大的话，就会让我感觉有一些厌烦，之后就可能会规避一些。
	疲劳	P19：看多了就会疲劳了，就会生理性、心理性地抗拒。
焦虑	焦虑	P10：刚开始疫情越来越严重，就会比较焦虑，就不想看相关的信息。
	担忧	P18：万一是假的话，徒增一些烦恼或者忧虑，所以一般这种我就不去理会。
	烦躁	P12：少一些信息的摄取，可以让自己的心情不会因为这个东西而改变，因为太多的信息会让自己变得烦躁。
	低落	P2：太多让我非常紧张焦虑以及伤心的新闻，让我在平常的生活当中非常得低落。
恐惧	畏惧	P24：大量的信息会更让我感到害怕，然后就会想办法去保护自己，不去看这些信息。
	引起恐慌	P13：因为当时疫情比较严重的时候，大家本身就对这个未知的东西感到很恐慌，然后如果获取那些信息太多的话就会加剧你的恐惧。
愤怒	生气	P19：有些不健康的信息或者谣言可能会直接导致我郁闷，或者侮辱性的言论，不尊重医务劳动者，社会上不公地对待这些新闻会让我愤怒，产生负面情绪，我就不想再看到了。
自我效能感	无力感	P2：我不想面对它，我就不看了，因为你知道疫情很严重，但是没有办法改变。
感知控制	感染风险较低	P3：就待在家里的话感染风险已经很低了。其实就没有那种强烈的忧患意识，或者很关注别的地方的情况。
	感知疫情严重	P13：因为当时疫情比较严重的时候，大家本身就对这个未知的东西感到很恐慌。
	情况未知	
	感知疫情可控	P4：就是还在持续发展，但没有那么大的增长量的时候，我感觉我会减少对它的关注。
	感知健康状况良好	P2：但是我知道我自己没病之后，我反而不去获取了。

续表

范畴	初始概念	原始资料【初始概念】
认知成本	信息专业度高	P1：如果这些信息描述得特别学术化，我会选择规避，如果比较通俗易懂，认知难度不是很大，我就不太会规避它。 P23：一般文章前面说整篇文章有多少多少个字，可能是阅读需要 20 分钟的那种，我可能就先设成浮窗。 P10：但没有比较科学、规范、一目了然地告诉你现在是什么情况。 P22：规避信息就会减少很多时间，就是有的时候你点进去过了，下一次可能就是本能地又点进去了，然后再关掉，其实就是有一点点浪费时间。
	信息理解难度较大	
	信息篇幅较长	
	信息阅读耗时长	
	信息不够直观	
	节约时间	
认知冲突	信息与我已有认知不符合	P23：就是宣扬这种价值观会和我想得不太一样，就不太想看。 P14：还有就是一些言论会激发起大家的情绪，就是没有必要。他们不是在做一种理性的探讨，而是抒发个人情绪。 P11：感觉疫情的责任跟政府有关系，但是并不是说责任完全在政府，所以不会去了解。
	信息带有个人情绪	
	信息具有煽动性	
	信息观点片面	
强关系社交媒体	朋友圈	P12：而且已经看了一些朋友圈里的信息探讨了，更加可信一点。我觉得和微博上的信息也有些重合了，然后微博网友也不认识。
弱关系社交媒体	微博网友	P11：如果是一些微博网友的评论，我可能就匆匆看一眼，毕竟这些言论的真实性有待考证。
切断信息源	卸载软件	P14：我把微博卸载了，就是因为不想看到相关的群众探讨信息。 P2：然后还有我可能就是取关了一些不重要的人。
	取消关注部分账号	
控制注意力	不仔细阅读	P8：扫一扫，了解一个大概。就不会仔细看里面具体写了什么。 P1：我首得先点进去看，判断这个信息到底在讲什么，然后才采取规避或者获取。
	判断后规避	
存储信息	点赞、收藏信息	P7：就是当时只是因为很累，或者当时不想看我可能会点个赞或者点个收藏，以后再看。

二 主轴编码

主轴编码是对开放性编码所形成的范畴进一步的整合，挖掘、建立基本范畴间的逻辑关系，归纳出主范畴，并寻找范畴与主范畴间的关系。本章旨在探究突发公共卫生事件中大学生社交媒体用户信息规避行为，根据原始资料及开放式编码形成的范畴，社交媒体用户信息规避行为的产生符合环境心理学领域的 S-O-R（Stimulus-Organism- Response，S-O-R）范式。具体而言，在突发公共卫生事件下，社交媒体用户受到外界环境刺激，从而引发机体变化，产生信息规避行为。依据上述范式，本章整理基本范畴间的内在联系与逻辑关系，归纳出了 9 个主范畴，如表 10－4 所示。

表 10－4   主轴编码结果

主范畴	范畴	范畴内涵
信息过载	信息负荷	用户所能承受的社交媒体疫情信息数量规模
	信息质量	社交媒体上存在的疫情信息的内容价值，信息的科学性、权威性、准确性等
	信息相关度	社交媒体上存在的疫情信息与用户需求及疫情防控的契合程度
环境因素	主观规范	亲朋好友对社交媒体用户规避疫情信息态度的影响
	任务冲突	因处于其他任务状态，而减少在社交媒体平台获取疫情信息
	行为改变	因在社交媒体获取疫情信息，而产生不理想的后续行为，或是改变正常生活秩序
高唤醒情绪	恐惧	用户因疫情信息威胁而产生的高度兴奋的负面情绪
	愤怒	用户因疫情信息而产生的极度反感、不愉快的情绪
低唤醒情绪	倦怠	用户对社交媒体存在的疫情信息产生疲劳、失望、厌烦等负面情绪
	焦虑	用户因过度担心而产生的忧虑、紧张、低落的烦躁情绪
风险感知	感知控制	用户对疫情发展的掌控程度的认知
	自我效能感	用户对个体影响疫情走向能力的信念

续表

主范畴	范畴	范畴内涵
认知结构	认知成本	用户在社交媒体上获取疫情信息所需要付出的时间、精力等认知资源
	认知冲突	社交媒体上存在的疫情信息表达内容与用户已有的自我观点、健康观点等认知不一致
社交媒体类型	强关系社交媒体	基于熟人关系建立的社交网络
	弱关系社交媒体	基于兴趣关系建立的社交网络
拒绝获取信息	切断信息源	社交媒体用户通过卸载社交媒体软件，取消关注相关账号切断疫情信息来源
	控制注意力	社交媒体用户在查看信息后，再行转移、分散注意力以规避疫情信息
延迟获取信息	存储信息	社交媒体用户选择在调整自身认知、情感状态后，再行获取疫情相关信息

对刺激的范畴界定中，外界信息、社会环境是极易引发用户机体变化的因素。在信息因素方面，张敏等[①]研究发现，信息过载是引发强关系社交媒体用户消极使用的重要因素，因此，本章将信息过载作为刺激用户产生信息规避行为的作用因素之一。信息负荷指向信息资源在数量上过载，信息质量及信息相关度则指向信息资源在内容上过载，占用认知资源。因此，本章将信息负荷、信息质量、信息相关度统一归纳为信息过载。在社会环境方面，刘咏梅等指出，社会因素是影响大学生社交媒体信息回避的重要因素。依据技术采纳模型，主观规范是影响用户态度、行为的重要社会性因素。本章中通过主观规范概念揭示疫情期间社会压力对社交媒体用户信息规避行为的影响。任务冲突体现用户面临的任务及时间压力，是强关系社交媒体用户中辍行为的成因之一。因此，本章将其作为可能会对大学生社交媒体用户信息规避行为产生影响的范畴之一。行为改变被认为是信息获取的后果之一，也是引发信息规避行

---

① 张敏、孟蝶、张艳：《强关系社交媒体用户消极使用行为形成机理的概念模型——基于使能和抑能的双重视角的扎根分析》，《现代情报》2019 年第 4 期。

为的重要因素。据此，本章将主观规范、任务冲突、行为改变归纳、提炼为环境因素主范畴。

在机体对刺激的响应环节，本章把高唤醒情绪、低唤醒情绪、风险感知和认知结构作为用户的机体作用。依据情绪的兴奋程度，将情绪分为高、低唤醒情绪[①]，不同兴奋程度的情绪会直接带来用户不同的信息获取行为。因此，本章将恐惧、愤怒两种情绪归为高唤醒情绪，将倦怠、焦虑两种情绪归纳为低唤醒情绪。依据 Persoskie A. 等[②]的研究，风险感知会带来医疗信息规避。而风险感知的内核是对风险强度及自我效能的评估，因此本章引入风险感知主范畴，并设置感知控制、自我效能感两个范畴维度。而用户接受刺激程度的不同也可能受到社交媒体类型的影响。因此，本章基于张敏等的研究，设置社交媒体类型范畴，探究强关系社交媒体、弱关系社交媒体在外界刺激与机体作用中的调节作用。

从用户反应来看，社交媒体用户可能会产生拒绝获取信息，延迟获取信息两种信息规避方式，不同程度的机体作用会产生不同的信息规避反应。因此，本章建立了拒绝获取信息、延迟获取信息两个范畴。

三 选择性编码

选择性编码是在主轴编码的基础上，进一步进行精炼、整合。在主范畴中提炼出统领其他范畴的核心范畴，并建立核心范畴与其他范畴间的联结关系。本章提炼出"社交媒体用户信息规避"这一核心范畴，通过开发"故事线"的方式串联 9 个主范畴，以呈现全部脉络条件、行为现象，从而形成理论模型。主范畴的典型关系结构如表 10 - 5 所示。

---

① 裴江南、葛一迪:《社交媒体情绪对信息行为的影响：基于两类灾害事件的比较研究》,《管理科学》2020 年第 1 期。

② Persoskie A., Ferrer R. A., Klein W. M. P., "Association of Cancer Worry and Perceived Risk with Doctor Avoidance: An Analysis of Information Avoidance in a Nationally Representative US Sample", *Journal of Behavioral Medicine*, Vol. 37, No. 5, 2014, pp. 977 - 987.

表 10 - 5　　　　　　　　　　　主范畴典型关系结构

典型关系	关系结构	关系结构的内涵
风险感知、认知结构→信息规避行为	因果关系	风险感知和认知结构是社交媒体用户信息规避行为的直接影响因素与内驱变量，它们直接对用户的信息规避行为产生影响
情绪因素→拒绝获取信息	因果关系	情绪因素是社交媒体用户信息规避行为的直接影响因素与内驱变量，它们直接对用户的拒绝获取信息行为产生影响
低唤醒情绪→推迟获取信息	因果关系	低唤醒情绪是社交媒体用户信息规避行为的直接影响因素与内驱变量，它直接对用户的推迟获取信息行为产生影响
信息过载、环境因素→认知结构	因果关系	信息过载、环境因素是社交媒体用户信息规避行为的间接影响因素与外驱变量，信息过载、环境因素通过刺激用户的认知结构，进而促使用户产生信息规避行为
信息过载、环境因素、风险感知、认知结构→情绪因素	因果关系	信息过载、环境因素、风险感知及认知结构是情绪因素的直接影响因素，均通过刺激用户机体，使其产生唤醒度不同的情绪因素，进而促使用户产生信息规避行为
信息过载→风险感知	因果关系	信息过载是风险感知的直接影响因素，信息过载会刺激用户的风险感知，进而促使用户产生信息规避行为
社交媒体类型↓信息过载→认知结构	调节关系	社交媒体类型（强关系社交媒体 vs. 弱关系社交媒体）对信息过载刺激产生的用户认知结构变化起调节作用
社交媒体类型↓信息过载→情绪因素	调节关系	社交媒体类型（强关系社交媒体 vs. 弱关系社交媒体）对信息过载刺激产生的用户情绪因素变化起调节作用
社交媒体类型↓信息过载→风险感知	调节关系	社交媒体类型（强关系社交媒体 vs. 弱关系社交媒体）对信息过载刺激产生的用户风险感知变化起调节作用

　　围绕以上三级编码所得故事线，本章构建了突发公共卫生事件下大学生社交媒体用户信息规避行为影响因素模型，如图 10 - 1 所示。其中，

认知结构、风险感知、高唤醒情绪、低唤醒情绪直接影响突发公共卫生事件中大学生社交媒体用户信息规避行为；信息过载、环境因素则通过刺激社交媒体用户的认知、情绪因素，间接影响社交媒体用户信息规避行为；社交媒体类型（强关系社交媒体 vs. 弱关系社交媒体）在信息过载对用户情绪、认知的影响中起到调节作用。

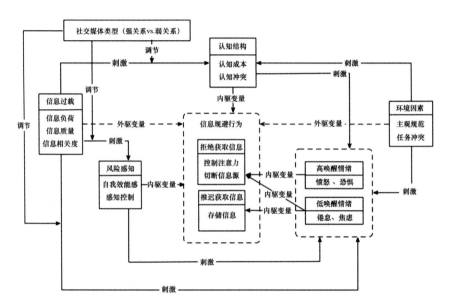

**图 10 - 1 突发公共卫生事件下大学生社交媒体用户信息规避
行为影响因素模型**

四 理论饱和度检验

本章使用预留的三份受访者的访谈资料进行理论饱和度检验，重复以上三级编码过程，并对其进行深入比较、分析，过程中未产生新的概念和范畴。由此认为，该模型达到理论饱和。

第五节 模型阐释与研究发现

本章通过扎根理论三级编码的研究方法，构建了突发公共卫生事件下大学生社交媒体用户信息规避行为影响因素模型，将影响因素划分为认知结构、风险感知、情绪因素（高唤醒情绪、低唤醒情绪）、信息过载、环境因素、社交媒体类型六个维度，并将信息规避行为具体区分为拒绝获取信息及推迟获取信息两部分。下文将逐一阐述各维度影响因素对信息规避行为的作用路径。

一　风险感知对社交媒体用户信息规避行为的影响

突发公共卫生事件中，社交媒体用户的风险感知会对社交媒体用户信息规避行为产生直接影响，也会通过刺激用户的情绪，间接影响社交媒体用户信息规避行为。风险感知主要包括感知控制、自我效能感2个范畴。

感知控制意为个体对事态发展的掌控程度的认知。较低的感知控制意味着事物具有更强的风险性与不确定性。在突发公共卫生事件期间，社交媒体用户的风险感知主要来源于对疫情易感性、严重性的评估。研究表明，较低的感知控制会影响用户的信息规避行为[1]。受访者表示，当处于较低的感知控制状态时，他们会产生恐惧、焦虑等负面情绪，从而选择在社交媒体上规避相关信息，以避免负面情绪对工作、生活的影响，如"因为当时疫情比较严重的时候，大家本身就对这个未知的东西感到很恐慌，就会害怕去了解相关信息，不想去看"。与之相反，感知控制较高时，社交媒体用户也会产生信息规避行为。例如，"（疫情感染人数）没有那么大的增长量的时候，我感觉我会减少关注"，"我知道我自己没病之后，我反而不去获取了"。此时，用户认为疫情局势已处于控制之中，无需再对相关信息进行过多关注，因此会有选择地规避信息。

自我效能感是指个体对能否完成某项行为的自我判断[2]。本章结合突发公共卫生事件背景，将自我效能感定义为社交媒体用户对个体影响疫情走向能力的信念。已有研究证实，健康自我效能感较高的个体，更

---

①　杨雨琪：《基于元人种志的在线环境下用户信息规避行为影响因素模型研究》，《情报资料工作》2021年第4期。

②　Goodall C. E., Reed P., "Threat and Efficacy Uncertainty in News Coverage about Bed Bugs as Unique Predictors of Information Seeking and Avoidance: An Extension of the EPPM", *Health Communication*, Vol. 28, No. 1, January 2013, pp. 63 – 71.

有信心去获取健康信息，而健康自我效能感较低的个体则会选择规避健康信息，避免应对健康风险①。众多受访者在突发公共卫生事件中，呈现出较低的自我效能感。他们表示，自己在面对疫情时感觉无能为力，即使获取疫情信息也无法改变疫情现状，因此选择规避疫情相关的信息，如"我不想面对它，我就不看了，因为你知道疫情很严重，但是没有办法改变"。

二 认知结构对社交媒体用户信息规避行为的影响

认知结构是突发公共卫生事件中社交媒体用户信息规避行为的直接影响因素，同时它也会通过刺激用户情感，对社交媒体用户信息规避行为产生间接影响。认知结构主要包括认知成本和认知冲突两个范畴。

本章中，认知成本指用户在社交媒体上获取信息所需花费的认知资源，需要耗费过多认知资源处理的信息会为用户带来认知负担，甚至产生信息焦虑，从而引发用户的信息规避行为。已有研究证实，过高的时间、精力等认知成本的支出会使微信公众号用户产生取消关注意向②。在突发公共卫生事件中，篇幅较长、专业性强、直观性较差的信息，会被多数受访者规避，如"如果这些信息描述得特别学术化，我会选择规避，如果比较通俗易懂，认知难度不是很大，我就不太会规避它"。用户更倾向于在社交媒体平台进行碎片化阅读，专业性过强的长篇幅信息具有较高的理解难度，也对用户的耐心、信息素养产生挑战，因此认知成本会对社交媒体用户信息规避行为产生重要影响。

认知冲突指信息传达的观点与用户自我观点、健康观点等已有认知不一致。王文韬等认为认知冲突是引发信息规避行为的主要驱动因素，个体会有意识地确保自我观点的一致性，因此他们会规避与他们已有认知相冲突的信息。当用户遇到与个人认知不相符合的疫情信息时，会选

---

① 张帅：《大学生健康信息规避的潜在成因探究——基于压力应对理论》，《图书馆学研究》2020 年第 14 期。

② Zhang G., Ma L., Zhang X., et al., "Understanding Social Media Users' Unfollow Intentions: Take Wechat Subscriptions as an Example", *Online Information Review*, Vol. 43, No. 7, November 2019, pp. 1081 – 1097.

择规避该类信息，如"感觉疫情的责任跟政府有关系，但是并不是说责任完全在政府，所以不会去了解"。而受访者表示，当信息表达的观点与个体认知产生剧烈冲突时，会产生较为强烈的负面情绪，如"有的时候会看到一些立场奇怪的舆论，而且它会具有煽动性，然后有时候让我看着很生气"。

三　情绪因素对社交媒体用户信息规避行为的影响

突发公共卫生事件中，情绪因素是影响社交媒体用户信息规避行为的直接影响因素。个体情绪可依据情绪效价、情绪唤醒两个维度进行分类[1]。从效价维度来看，社交媒体用户信息规避行为多产生于用户的负面情绪。而根据情绪唤醒维度，本章将社交媒体用户产生的消极情绪分类为高唤醒情绪、低唤醒情绪。其中，高唤醒情绪维度包括恐惧、愤怒2个范畴，低唤醒情绪维度包括焦虑、疲惫2个范畴。

高唤醒情绪是指较高强度的情绪激活状态[2]，这种情绪会让用户行为受到较强的主观影响[3]。恐惧是用户因威胁而产生的高度兴奋的负面情绪，多作为情绪变量，被引入健康信息规避研究。已有研究表明，癌症恐惧会引发个体的癌症信息规避，对个体健康具有一定威胁[4]。在突发公共卫生事件中，因事件具有显著的危害性及不确定性，社交媒体用户在获取信息的过程中会感受到恐惧情绪。在这种高唤醒情绪的控制下，用户对疫情信息产生了强烈的非理性排斥，会直接拒绝获取相关信息，如"大量的信息会更让我感到害怕，然后就会想办法去保护自己，不去看这些信息"。愤怒则是一种极度反感、不愉快的情绪，只有当信息质

---

① Chae J., Lee C., Jensen J. D., et al., "Correlates of Cancer Information Overload: Focusing on Individual Ability and Motivation", *Health Communication*, Vol. 31, No. 5, 2016, pp. 626–634.

② 牟元樵、邓小昭：《硕士研究生网络学术信息查寻行为中的情绪作用机制》，《图书情报工作》2019年第23期。

③ Russel J. A., "Core Affect and the Psychological Construction of Emotion", *Psychological Review*, Vol. 110, No. 1, 2003, pp. 145–172.

④ Vrinten C., Boniface D., Lo S. H., et al., "Does Psychosocial Stress Exacerbate Avoidant Responses to Cancer Information in Those Who are Afraid of Cancer? A Population-Based Survey among Older Adults in England", *Psychology & Health*, Vol. 33, No. 1, 2018, pp. 117–129.

量低下或信息传递的观念使社交媒体用户感到非常不满意时，用户才会产生愤怒情绪。因此，愤怒情绪的产生也将直接导致用户拒绝获取信息，如"有些不健康的信息或者谣言可能会直接导致我郁闷，或者侮辱性的言论，不尊重医务劳动者，社会上不公地对待这些新闻会让我愤怒，产生负面情绪，我就不想再看到了"。

低唤醒情绪指较低强度的情绪激活状态，这些情绪较为平和。本章中，焦虑指用户因过度担心而产生的忧虑、紧张、低落的烦躁情绪。个体在焦虑状态下的信息行为更易受风险、威胁因素等刺激，而非目标需求的驱动。因此，社交媒体用户会通过信息规避行为规避疫情带来的风险，如"刚开始疫情越来越严重，就会比较焦虑，就不想看相关的信息"。倦怠指用户产生的疲惫、失望、厌烦等负面情绪。社交媒体用户产生倦怠情绪的特征包括对相关信息失去兴趣与寻求的动机，对信息产生失望、疲劳感等。倦怠情绪下，用户对疫情信息失去了获取的动机、兴趣，因此会选择规避，如"信息都类似，但是数量很大的话，就会让我感觉有一些厌烦，之后就可能会规避一些"。然而，低唤醒情绪仍会保留个体的部分理性判断与思考，因此相较高唤醒情绪下，用户行为的客观性较强。如果用户发现部分信息具有较强的相关性或有用性，他们会选择规避行为中的推迟获取信息，如"就是当时只是因为很累，或者当时不想看我可能会点个赞或者点个收藏，以后再看"。

四　信息过载对社交媒体用户信息规避行为的影响

信息过载是社交媒体用户信息规避行为的间接影响因素，信息过载通过刺激社交媒体用户的风险感知、认知结构、情绪因素，从而影响用户的信息规避行为。本章中，信息过载包括信息负荷、信息质量、信息相关度3个范畴。

信息负荷指用户所能承受的社交媒体疫情信息数量规模[①]。突发公共卫生事件期间，对疫情的报道、讨论成为社交媒体的焦点。不同媒体

---

① 牛盾、高志强：《不同信息负荷下注意选择性研究》，《心理科学》2007年第2期。

账号报道相同、相似信息的情况时有出现，一方面占用了用户大量的认知资源，另一方面使用户产生厌烦、疲惫的情绪，如"像我个人关注的官方媒体比较多，然后可能有些相似或者相同的内容感觉一天下来能略过很多遍，这种情况就会感到疲劳"。

信息质量指信息的内容价值，包括信息的科学性、权威性、准确性等。在突发公共卫生事件中，信息质量会对用户的风险感知、情绪因素产生重要作用。疫情期间，社交媒体上存在着大量虚假信息，使得疫情的真实状况变得扑朔迷离，加剧了用户对疫情的感知不确定性，放大了用户的风险感知①，并引发用户的恐惧等负面情绪，如"很多信息无法分辨真伪，可能就会引发骚乱。万一是假的话，徒增一些烦恼或者忧虑"。此外，受访者表示，部分信息存在内容价值低、组织方式杂乱等问题，在占用认知资源的同时，也会使其产生疲惫、焦虑等负面情绪，如"感觉套路都很相似，而且这种文章很有可能没有什么营养，就是在描述一些事情，没有什么深层次的启发，会很浪费时间"。

信息相关度指社交媒体上存在的疫情信息与用户需求的契合程度。已有研究证实，如果用户经常接触到无关信息，可能引发外部环境支持与内在动机的不一致，由此带来更为严重的倦怠情绪。在突发公共卫生事件期间，社交媒体用户不希望处理与疫情发展、防控无关的信息，如"首要的任务是要解决疫情传播和治疗的问题，而不应该是问责"。大量无关信息的出现，占据了用户的认知资源，却未能满足用户的信息需求，因此用户极易产生负面情绪并进行信息规避。

五　环境因素对社交媒体用户信息规避行为的影响

环境因素是社交媒体用户信息规避行为的间接影响因素，它通过影响用户的情绪因素、认知结构对信息规避行为产生作用，环境因素中包括主观规范、任务冲突两个范畴。

---

① Soroya S. H., Farooq A., Mahmood K., et al., "From Information Seeking to Information Avoidance: Understanding the Health Information Behavior during a Global Health Crisis", *Information Processing & Management*, Vol. 58, No. 2, March 2021, p. 102440.

主观规范主要指亲朋好友对社交媒体用户规避疫情信息行为的影响。当个体感知到他人期望他们对某些信息采取规避态度时，尤其是与个体关系更为亲密的人，他们可能会采取行动①。在突发公共卫生事件期间，主观规范重要的功能在于体现共情，通过亲友间情绪的传导，来舒缓个体的负面情绪，并且获得彼此支持。受访者表示，个体的信息行为更容易受到同龄人的影响，以保证在群体中具有足够的话语权，如"如果是同龄人的话可能影响会比较大一点儿，就是一种潜移默化，有一种团体间的规范，就是大家一起都看或者大家都不看"。

任务冲突指社交媒体用户因处于其他任务状态，而减少在社交媒体平台获取疫情信息。当用户在线下处于任务状态时，会更明显地感受到时间压力。为更为合理地分配有限的认知资源，降低对疫情信息的认知成本，用户会选择有目的地获取、规避相关信息，如"我个人时间比较紧张的情况下，不太有更多的心力去关心别的事情"。而当用户无法较好平衡任务与社交媒体使用的关系时会产生负面情绪，加剧对疫情信息的规避意向，如"因为事物繁重比较焦虑的时候，比如学习任务或者其他的，就更不想去获取疫情信息"。

六 社交媒体类型的调节作用

本章将社交媒体类型划分为强关系社交媒体、弱关系社交媒体，它们在信息过载对用户的风险感知、认知结构、情绪因素的影响中起到调节作用。强关系社交媒体是基于线下熟人关系发展而来的社交网络，如QQ、微信、Facebook等；弱关系型社交媒体是基于共同兴趣而建立的社交网络，如微博、豆瓣等。

在突发公共卫生事件中，社交媒体用户对强关系社交媒体的信任度更高。他们认为基于熟人关系间的信息传播，降低了可能产生的干扰，信息质量相对较高②。因此，强关系社交媒体可以削弱信息过载对用户

① Yang Z. J. , Kahlor L. , "What, Me Worry? The Role of Affect in Information Seeking and Avoidance", *Science Communication*, Vol. 35, No. 2, 2013, pp. 189 - 212.
② 金晓玲、冯慧慧、周中允：《微信朋友圈中健康信息传播行为研究》，《管理科学》2017年第1期。

认知结构、风险感知、情绪因素的影响。而多数受访者对信息过载的感知来源于弱关系社交媒体。已有研究证实，用户在弱关系社交媒体上更易受到内、外因素的影响，产生社交媒体中辍行为[①]。在突发公共卫生事件中，大量用户在弱关系社交媒体平台自由表达，致使平台的信息质量良莠不齐，如"如果是一些微博网友的评论，我可能就匆匆看一眼，毕竟这些言论的真实性有待考证"。用户对弱关系平台的信息信任度较低，在一定程度上会放大信息过载对用户认知、情绪的影响。

第六节　结论与讨论

本章以探究突发公共卫生事件中大学生社交媒体用户信息规避行为的影响因素与作用路径为目的，运用扎根理论构建理论模型，将突发公共卫生事件中大学生社交媒体用户信息规避的影响因素归纳为六个维度，分别为信息过载、环境因素、风险感知、认知结构、情绪因素、社交媒体类型，并分析阐述了各因素之间的相互作用关系。本章所获结论，为深入了解突发公共卫生事件中社交媒体用户的信息行为提供了理论支持，同时也对社交媒体平台、相关部门、用户应对突发公共事件中的社交媒体信息规避行为提供了实践指导。

社交媒体运营商应注重提升平台信息质量，优化信息组织方式，可以通过技术手段，增强信息发布的审核机制，尽可能限制虚假、有害信息的传播。此外，社交媒体平台应完善信息举报机制，简化举报流程，维护社交媒体健康的信息环境。社交媒体运营商还应该优化信息组织方式，例如，为突发公共卫生事件的热点话题开设讨论专栏，集中呈现相关信息，避免重复性信息的多次出现，提高用户的信息获取效率。

相关部门则应加强对社交媒体的监管力度，重点是加强对弱关系社交媒体的管理，以防止"信息疫情"对公众产生的伤害；应在突发公共卫生事件中及时、准确地向社交媒体用户传递、更新事件发展情况，防

---

① 李姗姗、雷天骄、崔遵康：《主我与客我理论视域下弱关系社交媒体用户中辍行为机理与模型》，《现代情报》2021年第3期。

止用户因可信信息不足而轻信谣言；应重视突发公共卫生事件中社交媒体用户的心理健康问题，适当对用户的负面情绪、认知进行疏导，以避免用户产生不合理的信息规避行为，例如，相关部门可以在社交媒体平台开设免费心理疏导课程、讲座等。

社交媒体用户在突发公共卫生事件中应提升基本信息素养，尽可能从来源可靠的媒体平台获取信息。针对有争议的信息，做到不轻易相信、传播。在应对风险信息时，社交媒体用户应学会尽量控制自己的情绪，对信息内容进行理性判断、思考，而非盲目规避。当用户处于任务状态时，应尽可能平衡好任务完成与社交媒体使用的关系，尽量有目的地搜寻信息，以减轻因认知成本、任务状态而带来的焦虑情绪。

本章还存在一定局限性。首先，考虑到社交媒体的主要使用对象问题，本章选取大学生作为研究对象，但忽视了其他年龄群体用户。因此，未来可以针对其他年龄群体用户进行深入研究。其次，突发公共卫生事件在初期暴发阶段和后期平稳阶段差异较大，其在社交媒体平台引发的探讨热度也不同，用户行为也有差异，本章未作区分。未来可以就突发公共卫生事件的不同发展阶段，对用户的情绪、认知因素进行比较探究。

参考文献

一　中文译著

［英］凯西·卡麦兹：《建构扎根理论：质性研究实践指南》，边国英译，
重庆大学出版社 2009 年版。

二　中文期刊

曹剑波：《普通大众的知识概念及知识归赋的实证研究》，《东南学术》
2019 年第 6 期。

曹忠鹏、赵晓煜、代祺：《SSTs 情境下顾客技术准备的结果模型》，《管
理评论》2011 年第 11 期。

常桂林、毕强、费陆陆：《微信平台（公众号）用户持续使用意愿分
析——基于期望确认模型与媒介系统依赖理论》，《图书馆学研究》
2017 年第 22 期。

巢乃鹏、赵文琪、秦佳琪：《行为定向广告回避的影响机制研究》，《当
代传播》2020 年第 6 期。

陈超：《媒介使用对公众疫情防控行为影响的实证研究》，《东南传播》
2020 年第 6 期。

陈明红、温杰尧、曾庆彬等：《从 PC 搜索到手机搜索的用户转移行为意
向研究》，《情报科学》2018 年第 7 期。

陈琼、宋士杰、赵宇翔：《突发公共卫生事件中信息过载对用户信息规
避行为的影响：基于 COVID-19 信息疫情的实证研究》，《情报资料工
作》2020 年第 3 期。

陈晓莉：《高校阅读推广活动质性研究——基于读者的视角》，《图书馆

工作与研究》2016 年第 8 期。

陈晔、易柳凤、何钏等:《旅游网站的粘性及其影响因素——基于双系统认知理论》,《旅游学刊》2016 年第 2 期。

陈渝、黄亮峰:《理性选择理论视角下的电子书阅读客户端用户流失行为研究》,《图书馆论坛》2019 年第 9 期。

程慧平、苏超、王建亚:《社交媒体用户不持续使用行为模型构建及实证研究》,《情报学报》2020 年第 9 期。

池毛毛、杜运周、王伟军:《组态视角与定性比较分析方法:图书情报学实证研究的新道路》,《情报学报》2021 年第 4 期。

池毛毛、叶丁菱、王俊晶等:《我国中小制造企业如何提升新产品开发绩效——基于数字化赋能的视角》,《南开管理评论》2020 年第 3 期。

代宝、邓艾雯:《社交媒体用户不持续使用和转移行为的影响因素分析》,《情报科学》2018 年第 5 期。

代宝、续杨晓雪、邓艾雯:《社交网站品牌(粉丝)主页用户参与行为的影响因素分析》,《信息资源管理学报》2018 年第 3 期。

代宝、续杨晓雪、罗蕊:《社交媒体用户信息过载的影响因素及其后果》,《现代情报》2020 年第 1 期。

邓胜利、胡树欣、赵海平:《组态视角下社交平台动态个人信息披露行为研究》,《情报资料工作》2020 年第 5 期。

杜运周、李佳馨、刘秋辰等:《复杂动态视角下的组态理论与 QCA 方法:研究进展与未来方向》,《管理世界》2021 年第 3 期。

甘春梅、林晶晶、肖晨:《扎根理论视角下微信用户间歇性中辍行为的探索性研究》,《信息资源管理学报》2021 年第 5 期。

耿瑞利、徐建国、金燕等:《重大突发公共卫生事件下公众信息获取行为与错失焦虑研究——以新型冠状病毒肺炎疫情为例》,《图书情报工作》2020 年第 15 期。

顾润德、陈媛媛、董伟:《基于扎根理论的社交媒体用户倦怠情绪与转移行为研究》,《图书馆杂志》2021 年第 6 期。

郭海玲、马红雨、许泽辉:《社会化媒体用户信息披露意愿影响模型构建与实证——以微信用户为例》,《图书情报工作》2019 年第 15 期。

郭佳、曹芬芳：《图书馆微信公众号不持续使用意愿研究》，《数字图书馆论坛》2018 年第 5 期。

郭顺利、张向先、相甍甍：《高校图书馆微信公众平台用户流失行为模型及其影响因素分析》，《图书情报工作》2017 年第 2 期。

何大安：《理性选择向非理性选择转化的行为分析》，《经济研究》2005 年第 8 期。

贺明明、王铁男、肖璇：《社会资本对跨组织信息系统吸收影响机理研究》，《管理科学学报》2014 年第 5 期。

侯娟、朱英格、方晓义：《手机成瘾与抑郁：社交焦虑和负性情绪信息注意偏向的多重中介作用》，《心理学报》2021 年第 4 期。

胡媛、艾文华、胡子祎等：《高校科研人员数据需求管理影响因素框架研究》，《中国图书馆学报》2019 年第 4 期。

胡媛、李美玉、栾庆玲等：《青年科研人员情感负荷影响因素模型构建》，《科学学研究》2021 年第 10 期。

黄宏辉：《青年群体社交媒体倦怠的成因和对在线社区脱离意向的影响》，《新闻记者》2020 年第 11 期。

黄琳妍、李虹、倪士光：《直觉性和分析性决策的关系及其影响因素》，《西北师大学报》（社会科学版）2014 年第 5 期。

贾旭东、衡量：《扎根理论的"丛林"、过往与进路》，《科研管理》2020 年第 5 期。

姜婷婷、权明喆、魏子瑶：《信息规避研究：边界、脉络与动向》，《中国图书馆学报》2020 年第 4 期。

蒋索、邹泓、胡茜：《国外自我表露研究述评》，《心理科学进展》2008 年第 1 期。

金晓玲、冯慧慧、周中允：《微信朋友圈中健康信息传播行为研究》，《管理科学》2017 年第 1 期。

金晓玲、田一伟：《共享经济下消费者信任和不信任的形成机制——基于结构方程模型和模糊集定性比较方法》，《技术经济》2019 年第 8 期。

金元浦：《大数据时代个人隐私数据泄露的调研与分析报告》，《清华大学学报》（哲学社会科学版）2021 年第 1 期。

靳代平、王新新、姚鹏：《品牌粉丝因何而狂热？——基于内部人视角的扎根研究》，《管理世界》2016 年第 9 期。

匡亚林、李佳蓉：《基于"S-O-R"框架的政务短视频持续使用群体画像模型构建》，《情报杂志》2021 年第 11 期。

兰晓霞：《移动社交网络信息披露意愿的实证研究——基于隐私计算与信任的视角》，《现代情报》2017 年第 4 期。

李海丹、洪紫怡、朱侯：《隐私计算与公平理论视角下用户隐私披露行为机制研究》，《图书情报知识》2016 年第 6 期。

李家俊、李晏墅、秦伟平等：《团队结构约束对员工创造力的影响：基于情绪理论视角》，《江苏社会科学》2017 年第 1 期。

李嘉、任嘉莉、刘璇等：《微信公众平台的用户持续使用意愿研究》，《情报科学》2016 年第 10 期。

李琪、王璐瑶、乔志林：《隐私计算与社会资本对移动社交用户自我披露意愿的影响研究——基于微信与微博的比较分析》，《情报杂志》2018 年第 5 期。

李姗姗、雷天骄、崔遵康：《主我与客我理论视域下弱关系社交媒体用户中辍行为机理与模型》，《现代情报》2021 年第 3 期。

李旭、刘鲁川、张冰倩：《认知负荷视角下社交媒体用户倦怠及消极使用行为研究——以微信为例》，《图书馆论坛》2018 年第 11 期。

李旭、刘鲁川：《信息过载背景下社会化阅读 App 用户的忽略与退出行为——心理契约违背视角》，《图书馆》2018 年第 2 期。

梁晓丹、李颖灏、刘芳：《在线隐私政策对消费者提供个人信息意愿的影响机制研究——信息敏感度的调节作用》，《管理评论》2018 年第 11 期。

林家宝、林顺芝、郭金沅：《社交媒体超载对用户不持续使用意愿的双刃剑效应》，《管理学报》2019 年第 4 期。

刘畅、巩洪村、曹高辉：《碎片化阅读情境下用户信息焦虑行为形成机理——基于扎根理论的探索性研究》，《图书情报知识》2021 年第 3 期。

刘国亮、张汇川、刘子嘉：《移动社交媒体用户不持续使用意愿研究——

整合错失焦虑与社交媒体倦怠双重视角》，《情报科学》2020 年第
12 期。

刘鲁川、李旭、张冰倩：《基于扎根理论的社交媒体用户倦怠与消极使
用研究》，《情报理论与实践》2017 年第 12 期。

刘鲁川、李旭、张冰倩：《社交媒体用户的负面情绪与消极使用行为研
究评述》，《情报杂志》2018 年第 1 期。

刘鲁川、张冰倩、李旭：《社交媒体信息过载、功能过载与用户焦虑情
绪的关系：一项实验研究》，《信息资源管理学报》2019 年第 2 期。

刘茜：《青年用户微信朋友圈隐私管理动因研究》，《当代传播》2019 年
第 4 期。

刘雪琪、廖秉宜：《我国大陆地区新浪微博用户信息过载感知程度影响
因素的实证研究》，《信息资源管理学报》2017 年第 3 期。

刘雅辉、张铁赢、靳小龙等：《大数据时代的个人隐私保护》，《计算机
研究与发展》2015 年第 1 期。

刘咏梅、张帅、谢阳群：《社交网络环境下大学生信息回避行为影响因
素探究》，《现代情报》2019 年第 10 期。

卢恒、张向先、张莉曼等：《理性与偏差视角下在线问答社区用户知识
付费意愿影响因素构型研究》，《图书情报工作》2020 年第 19 期。

卢小宾、王建亚：《云计算采纳行为研究现状分析》，《中国图书馆学报》
2015 年第 1 期。

牟元樵、邓小昭：《硕士研究生网络学术信息查寻行为中的情绪作用机
制》，《图书情报工作》2019 年第 23 期。

聂婷、丘腾峰：《基于压力源—情绪模型的网络闲散行为形成机制研
究》，《管理学报》2019 年第 5 期。

牛盾、高志强：《不同信息负荷下注意选择性研究》，《心理科学》2007
年第 2 期。

牛静、常明芝：《社交媒体使用中的社会交往压力源与不持续使用意向
研究》，《新闻与传播评论》2018 年第 6 期。

牛静、孟筱筱：《社交媒体信任对隐私风险感知和自我表露的影响：网
络人际信任的中介效应》，《国际新闻界》2019 年第 7 期。

彭丽徽、李贺、张艳丰等：《用户隐私安全对移动社交媒体倦怠行为的
影响因素研究——基于隐私计算理论的 C-A-C 研究范式》，《情报科
学》2018 年第 9 期。

裘江南、葛一迪：《社交媒体情绪对信息行为的影响：基于两类灾害事
件的比较研究》，《管理科学》2020 年第 1 期。

沈洪洲、汤雪婷、周莹：《我国移动社会化媒体隐私保护功能的可用性
研究》，《图书情报工作》2017 年第 4 期。

沈洪洲、宗乾进、袁勤俭等：《我国社交网络隐私控制功能的可用性研
究》，《计算机应用》2012 年第 3 期。

宋华、卢强：《什么样的中小企业能够从供应链金融中获益？——基于网
络和能力的视角》，《管理世界》2017 年第 6 期。

孙海霞：《国外健康信息规避行为研究综述》，《图书情报工作》2021 年
第 9 期。

孙瑾、苗盼、毛晗舒：《孤独感对消费者购买决策的影响——基于情感与
理性决策模式的研究》，《软科学》2020 年第 2 期。

孙霄凌、程阳、朱庆华：《社会化搜索中用户隐私披露行为意向的影响
因素研究》，《情报杂志》2017 年第 10 期。

宛玲、张月：《国内外隐私素养研究现状分析》，《图书情报工作》2020
年第 12 期。

汪雅倩：《焦虑视角下强关系社交媒体不持续使用研究——以微信朋友圈
为例》，《新闻界》2019 年第 10 期。

王林、何玉锋、杨勇等：《基于 fsQCA 的跨境电商品牌依恋促进与抑制
因素案例研究》，《管理评论》2020 年第 12 期。

王琳、朱可欣：《"新冠肺炎"信息疫情对大学生社交媒体用户信息行为
的影响》，《图书馆杂志》2020 年第 7 期。

王娜、任婷：《移动社交网站中的信息过载与个性化推荐机制研究》，
《情报杂志》2015 年第 8 期。

王平、茹嘉祎：《国内未成年人图书馆服务满意度影响因素——基于扎根
理论的探索性研究》，《图书情报工作》2015 年第 19 期。

王松、王瑜、李芳：《匹配视角下社会化商务用户消极使用行为形成机

理研究——基于认知失调的中介》,《软科学》2020 年第 10 期。

王天华、刘子龙:《社会化媒体情景下问题性使用的影响因素研究》,《管理科学》2021 年第 1 期。

王文韬、张帅、李晶等:《大学生健康信息回避行为的驱动因素探析及理论模型建构》,《图书情报工作》2018 年第 3 期。

王晰巍、贾若男、王雷等:《社交媒体用户转移行为影响因素模型及实证研究》,《图书情报工作》2018 年第 18 期。

王新新、高俊、冯林燕等:《弱主动服务行为的概念、影响及机制研究》,《管理世界》2021 年第 1 期。

王馨悦、刘畅:《重大突发公共卫生事件中公众信息搜寻行为影响因素探究》,《图书情报工作》2020 年第 21 期。

王雪芬、赵宇翔、朱庆华:《社交媒体环境下的用户隐私关注研究现状》,《情报学报》2015 年第 12 期。

吴川徽、黄仕靖、袁勤俭:《社会交换理论及其在信息系统研究的应用与展望》,《情报理论与实践》2020 年第 8 期。

吴晓薇、黄玲、何晓琴:《大学生社交焦虑与攻击、抑郁:情绪调节自我效能感的中介作用》,《中国临床心理学杂志》2015 年第 5 期。

熊慧、郭倩:《朋友圈中辍行为的影响因素研究》,《新闻界》2019 年第 10 期。

徐孝娟、赵宇翔、吴曼丽等:《S-O-R 理论视角下的社交网站用户流失行为实证研究》,《情报杂志》2017 年第 7 期。

徐孝娟、赵宇翔、朱庆华:《社交网站用户流失行为理论基础及影响因素探究》,《图书情报工作》2016 年第 4 期。

许芳、杨杰、田萌等:《微信用户后悔情绪影响因素与应对策略选择——基于 SEM 与 fsQCA 的研究》,《图书情报工作》2020 年第 16 期。

许一明、李贺、余璐:《隐私保护自我效能对社交网络用户隐私行为的影响研究》,《图书情报工作》2019 年第 17 期。

鄢慧丽、余军、熊浩:《移动旅游应用用户粘性影响因素研究——以网络舆论为调节变量》,《南开管理评论》2020 年第 1 期。

杨梦晴、王晰巍、李凤春等:《基于扎根理论的移动图书馆社群化服务用户参与影响因素研究》，《图书情报工作》2018年第6期。

杨荣华、陈中永：《自我差异研究述评》，《心理科学》2008年第2期。

杨雨琪：《基于元人种志的在线环境下用户信息规避行为影响因素模型研究》，《情报资料工作》2021年第4期。

袁顺波、张海、段荟：《PPM视角下移动政务App用户流失行为影响因素研究》，《情报杂志》2021年第2期。

张大伟、陈彦馨、王敏：《期望与确认：短视频平台持续使用影响因素初探——基于SEM与fsQCA的研究》，《现代传播》（中国传媒大学学报）2020年第8期。

张海：《基于扎根理论的网络用户信息茧房形成机制的质性研究》，《情报杂志》2021年第3期。

张敏、孟蝶、张艳：《S-O-R分析框架下的强关系社交媒体用户中辍行为的形成机理——一项基于扎根理论的探索性研究》，《情报理论与实践》2019年第7期。

张敏、孟蝶、张艳：《强关系社交媒体用户消极使用行为形成机理的概念模型——基于使能和抑能的双重视角的扎根分析》，《现代情报》2019年第4期。

张敏、孟蝶、张艳：《社交网络用户间歇性中辍行为关键问题研究综述》，《图书情报工作》2019年第21期。

张舒宁、李勇泉、阮文奇：《接收、共鸣与分享：网络口碑推动网红餐饮粉丝效应的过程机理》，《南开管理评论》2021年第3期。

张帅：《大学生健康信息规避的潜在成因探究——基于压力应对理论》，《图书馆学研究》2020年第14期。

张雄涛、甘明鑫：《隐私视角下社交媒体推荐对用户在线交互意向的影响机理研究》，《现代情报》2021年第5期。

张学波、李铂：《信任与风险感知：社交网络隐私安全影响因素实证研究》，《现代传播》（中国传媒大学学报）2019年第2期。

张艳丰、王羽西：《突发公共卫生事件下社交媒体用户健康信息焦虑生成机理及管理策略研究》，《情报资料工作》2021年第4期。

张玥、孙霄凌、陆佳莹等：《基于隐私计算理论的移动社交用户信息披露意愿实证研究——以微信为例》，《图书与情报》2018 年第 3 期。

郑德俊、李杨、沈军威等：《移动阅读服务平台的用户流失因素分析——以"微信读书"平台为例》，《情报理论与实践》2019 年第 8 期。

朱侯、李佳纯：《社交媒体用户隐私设置行为实证研究——以微信平台为例》，《现代情报》2020 年第 3 期。

朱侯、刘嘉颖：《共享时代用户在线披露个人信息的隐私计算模式研究》，《图书与情报》2019 年第 2 期。

朱侯、张明鑫、路永和：《社交媒体用户隐私政策阅读意愿实证研究》，《情报学报》2018 年第 4 期。

朱鹏、李璐、Marchionini G.：《基于调节定向理论的社交网络用户信息分享行为研究》，《情报学报》2019 年第 3 期。

朱翊敏、于洪彦：《在线品牌社群顾客融入意愿研究：产品类型的调节》，《商业经济与管理》2017 年第 12 期。

三　英文专著

Bandura A. , *Social Foundations of Thought and Action：A Social Cognitive Theory*, Englewood Cliffs：Prentice-Hall, 1986.

Falk R. F. , Miller N. B. , *A Primer for Soft Modeling*, Ohio：University of Akron Press, 1992.

Glaser B. G. , Strauss A. L. , *The Discovery of Grounded Theory：Strategies for Qualitative Theory*, New Brunswick, NJ：Aldine Transaction, 1967.

Mehrabian A. , Russell J. A. , *An Approach to Environmental Psychology*, Massachusetts：MIT, 1974.

Petronio S. , *Boundaries of Privacy：Dialectics of Disclosure*, Albany：State University of New York Press, 2002.

Ragin C. C. , *Redesigning Social Inquiry：Fuzzy Sets and Beyond*, London：University of Chicago Press, 2008.

四　英文期刊

Ahmed S. T. , "Managing News Overload（MNO）：The COVID-19 Infodem-

ic", *Information*, Vol. 11, No. 8, 2020.

Ajzen I., "The Theory of Planned Behavior", *Organizational Behavior & Human Decision Processes*, Vol. 50, No. 2, December 1991, pp. 179 – 211.

Alkis Y., Kadirhan Z., Sat M., "Development and Validation of Social Anxiety Scale for Social Media Users", *Computers in Human Behavior*, Vol. 72, July 2017.

Allom H., Bliemel M., Spiteri L., et al., "Applying a Multi-Dimensional Hedonic Concept of Intrinsic Motivation on Social Tagging Tools: A Theoretical Model and Empirical Validation", *International Journal of Information Management*, Vol. 45, April 2019.

Ansary A., Nik Hashim N. M. H., "Brand Image and Equity: The Mediating Role of Brand Equity Drivers and Moderating Effects of Product Type and Word of Mouth", *Review of Managerial Science*, Vol. 12, No. 4, 2018.

Appel H., Crusius J., Gerlach A. L., "Social Comparison, Envy, and Depression on Facebook: A Study Looking at the Effects of High Comparison Standards on Depressed Individuals", *Journal of Social and Clinical Psychology*, Vol. 34, No. 4, 2015.

Armstrong J. S., Overton T. S., "Estimating Nonresponse Bias in Mail Surveys", *Journal of Marketing Research*, Vol. 14, No. 3, 1977.

Aspinwall L. G., Taylor S. E., "Effects of Social Comparison Direction, Threat, and Self-Esteem on Affect, Self-Evaluation, and Expected Success", *Journal of Personality and Social Psychology*, Vol. 64, No. 5, 1993.

Ayyagari R., Grover V., Purvis R., "Technostress: Technological Antecedents and Implications", *MIS Quarterly*, Vol. 35, No. 4, 2011.

Bala R., Srivastava A., Ningthoujam G. D., et al., "An Observational Study in Manipur State, India on Preventive Behavior Influenced By Social Media During the COVID-19 Pandemic Mediated by Cyberchondria and Information Overload", *Journal of Preventive Medicine and Public Health*, Vol. 54, No. 1, 2021.

Bandura A. , "Self-Efficacy: Toward a Unifying Theory of Behavioral Change", *Psychological Review*, Vol. 84, No. 2, 1977.

Bartsch M. , Dienlin T. , "Control Your Facebook: An Analysis of Online Privacy literacy", *Computers in Human Behavior*, Vol. 56, March 2016.

Beaudoin C. E. , "Explaining the Relationship between Internet Use and Interpersonal Trust: Taking into Account Motivation and Information Overload", *Journal of Computer-Mediated Communication*, Vol. 13, No. 3, April 2008.

Beaudry A. , Pinsonneault A. , "The Other Side of Acceptance: Studying the Direct and Indirect Effects of Emotions on Information Technology Use", *MIS Quarterly*, Vol. 34, No. 4, 2010.

Benitez J. , Henseler J. , Castillo A. , et al. , "How to Perform and Report an Impactful Analysis Using Partial Least Squares: Guidelines for Confirmatory and Explanatory IS Research", *Information & Management*, Vol. 57, No. 2, March 2020.

Bergstrom A. , "Online Privacy Concerns: A Broad Approach to Understanding the Concerns of Different Groups for Different uses", *Computers in Human Behavior*, Vol. 53, December 2015.

Bhattacherjee A. , "Understanding Information Systems Continuance: An Expectation-Confirmation Model", *MIS Quarterly*, Vol. 25, No. 3, September 2001.

Bhattacherjee A. , Limayem M. , Cheung C. M. K. , "User Switching of Information Technology: A Theoretical Synthesis and Empirical Test", *Information & Management*, Vol. 49, No. 7 – 8, November – December 2012.

Bhattacherjee A. , Perols J. , Sanford C. , "Information Technology Continuance: A Theoretic Extension and Empirical Test", *Journal of Computer Information Systems*, Vol. 49, No. 1, 2008.

Bies R. J. , "The Predicament of Injustice: The Management of Moral Outrage", *Research in Organizational Behavior*, Vol. 9, No. 4, 1987.

Bright L. F. , Kleiser S. B. , Grau S. L. , "Too Much Facebook? An Exploratory Examination of Social Media Fatigue", *Computers in Human Behavior*, Vol. 44, March 2015.

Cao X. F., Sun J. S., "Exploring the Effect of Overload on the Discontinuous Intention of Social Media Users: An S-O-R Perspective", *Computers in Human Behavior*, Vol. 81, April 2018.

Cao X. F., Khan A. N., Ali A., et al., "Consequences of Cyberbullying and Social Overload while Using SNSs: A Study of Users' Discontinuous Usage Behavior in SNSs", *Information Systems Frontiers*, Vol. 22, December 2020.

Carrus G., Passafaro P., Bonnes M., "Emotions, Habits and Rational Choices in Ecological Behaviours: The Case of Recycling and Use of Public Transportation", *Journal of Environmental Psychology*, Vol. 28, No. 1, March 2008.

Cha K. J., Lee E. M., "An Empirical Study of Discontinuous Use Intention on SNS: From a Perspective of Society Comparison Theory", *Journal of Society for e-Business Studies*, Vol. 20, No. 3, 2015.

Chae J., Lee C., Jensen J. D., et al., "Correlates of Cancer Information Overload: Focusing on Individual Ability and Motivation", *Health Communication*, Vol. 31, No. 5, 2016.

Chan T. K. H., Cheung C. M. K., Shi N., et al., "Gender Differences in Satisfaction with Facebook Users", *Industrial Management & Data Systems*, Vol. 115, No. 1, 2015.

Chang C. W., Heo J., "Visiting Theories that Predict College Students' Self-Disclosure on Facebook", *Computers in Human Behavior*, Vol. 30, No. 30, 2014.

Chang I. C., Liu C. C., Chen K., "The Push, Pull and Mooring Effects in Virtual Migration for Social Networking Sites", *Information Systems Journal*, Vol. 24, No. 4, July 2014.

Chao M., Xue D., Liu T., et al., "Media Use and Acute Psychological Outcomes during COVID-19 Outbreak in China", *Journal of Anxiety*

Disorders, Vol. 74, August 2020.

Chen H. T., Chen W. H., "Couldn't or Wouldn't? The Influence of Privacy Concerns and Self-Efficacy in Privacy Management on Privacy Protection", *Cyberpsychology, Behavior And Social Networking*, Vol. 18, No. 1, 2015.

Chen H., Chen H. T., "Understanding the Relationship between Online Self-Image Expression and Purchase Intention in SNS Games: A Moderated Mediation Investigation", *Computers in Human Behavior*, Vol. 112, No. 5, November 2020.

Chen R., Sharma S. K., "Self-Disclosure at Social Networking Sites: An Exploration through Relational Capitals", *Information Systems Frontiers*, Vol. 15, No. 2, April 2013.

Chesney T., Lawson S., "Critical Mass and Discontinued Use of Social Media", *Systems Research and Behavioral Science*, Vol. 32, No. 3, May/June 2015.

Cheung C., Lee Z. W. Y., Chan T. K. H., "Self-Disclosure in Social Networking Sites: The Role of Perceived Cost, Perceived Benefits and Social Influence", *Internet Research*, Vol. 25, No. 2, April 2015.

Cho I. H., "Facebook Discontinuance: Discontinuance as a Temporal Settlement of The Constant Interplay between Disturbance and Coping", *Quality & Quantity*, Vol. 49, No. 4, May 2015.

Chong A. Y. E., Lacka E., Boying L., et al., "The Role of Social Media in Enhancing Guanxi and Perceived Effectiveness of E-Commerce Institutional Mechanisms in Online Marketplace", *Information & Management*, Vol. 55, No. 5, July 2018.

Corbin J. M., Strauss A., "Grounded Theory Research: Procedures, Canons, and Evaluative Criteria", *Qualitative Sociology*, Vol. 13, No. 1, 1990.

Cropanzano R., Anthony E. L., Daniels S. R., et al., "Social Exchange Theory: A Critical Review with Theoretical Remedies", *The Academy of Management Annals*, Vol. 11, No. 1, 2017.

Dai B. , Ali A. , Wang H. , "Exploring Information Avoidance Intention of Social Media Users: A Cognition-Affect-Conation Perspective", *Internet Research*, Vol. 30, No. 5, August 2020.

Dali K. , "The Lifeways We Avoid: The Role of Information Avoidance in Discrimination against People with Disabilities", *Journal of Documentation*, Vol. 74, No. 6, August 2018.

Darban M. , Kim M. , Koksal A. , "When the Technology Abandonment Intentions Remitted: The Case of Herd Behavior", *Information Technology and Management*, Vol. 22, 2021.

Davis F. D. , "Perceived Usefulness, Perceived Ease of Use, and User Acceptance of Information Technology", *MIS Quarterly*, Vol. 13, No. 3, 1989.

Dhir A. , Yossatorn Y. , Kaur P. , et al. , "Online Social Media Fatigue and Psychological Wellbeing-A Study of Compulsive Use, Fear of Missing out, Fatigue, Anxiety and Depression", *International Journal of Information Management*, Vol. 40, June 2018.

Dholakia U. M. , Bagozzi R. P. , Pearob L. K. , "A Social Influence Model of Consumer Participation in Network-and Small-group-based Virtual Communities", *International Journal of Research in Marketing*, Vol. 21, No. 3, 2004.

Ding Y. , "Looking Forward: The Role of Hope in Information System Continuance", *Computers in Human Behavior*, Vol. 91, February 2019.

Ding Y. , "Modelling Continued Use of Information Systems from a Forward-Looking Perspective: Antecedents and Consequences of Hope and Anticipated Regret", *Information & Management*, Vol. 55, No. 4, June 2018.

Dolan R. , Conduit J. , Frethey-Bentham C. , et al. , "Social Media Engagement Behavior: A Framework for Engaging Customers through Social Media Content", *European Journal of Marketing*, Vol. 5, No. 10, September 2019.

Dong M. C. , Ju M. , Fang Y. , "Role Hazard between Supply Chain Partners in an Institutionally Fragmented Market", *Journal of Operations Management*, Vol. 46, September 2016.

Doorn J. V., Hoekstra J. C., "Customization of Online Advertising: The Role of Intrusiveness", *Marketing Letters*, Vol. 24, No. 4, January 2013.

Emmons R. A., Diener E., "Personality Correlates of Subjective Well-Being", *Personality and Social Psychology Bulletin*, Vol. 11, No. 1, March 1985.

Eppler M. J., Mengis J., "The Concept of Information Overload: A Review of Literature fromOrganization Science, Accounting, Marketing, MIS, and Related Disciplines", *The Information Society*, Vol. 20, No. 5, 2004.

Epstein S., "Integration of the Cognitive and the Psychodynamic Unconscious", *American Psychologist*, Vol. 49, No. 8, 1994.

Fan L., Suh Y. H., "Why Do Users Switch to A Disruptive Technology? An Empirical Study Based on Expectation-Disconfirmation Theory", *Information & Management*, Vol. 51, No. 2, March 2014.

Fan X., Jiang X., Deng N., et al., "Does Role Conflict Influence Discontinuous Usage Intentions? Privacy Concerns, Social Media Fatigue and Self-Esteem", *Information Technology & People*, Vol. 34, No. 3, May 2021.

Festinger L., "A Theory of Social Comparison Processes", *Human Relations*, Vol. 7, No. 2, 1954.

Fiss P. C., "Building Better Causal Theories: A Fuzzy Set Approach to Typologies in Organization Research", *Academy of Management Journal*, Vol. 54, No. 2, April 2011.

Foroughi B., Iranmanesh M., Nikbin D., et al., "Are Depression and Social Anxiety the Missing Link between Facebook Addiction and Life Satisfaction? The Interactive Effect of Needs and Self-Regulation", *Telematics and Informatics*, Vol. 43, October 2019.

Fox J., Moreland J. J., "The Dark Side of Social Networking Sites: An Exploration of the Relational and Psychological Stressors Associated with Facebook Use and Affordances", *Computers in Human Behavior*, Vol. 45, April

2015.

Franks J. , Chenhall R. , Keogh L. , "Conceptual Framework for Temporal Discontinuance Experiences of Social Media Users: What Factors are Responsible?", *Convergence: The International Journal of Research into New Media Technologies*, Vol. 29, No. 1, 2022.

Fu S. X. , Li H. X. , Liu Y. , et al. , "Social Media Overload, Exhaustion, and Use Discontinuance: Examining the Effects of Information Overload, System Feature Overload, and Social Overload", *Information Processing and Management*, Vol. 57, No. 6, November 2020.

Fu S. X. , Li H. X. , "Understanding Social Media Discontinuance from Social Cognitive Perspective: Evidence from Facebook Users", *Journal of Information Science*, Vol. 48, No. 4, 2022.

Fu S. X. , Li H. X. , Liu Y. , "Why Discontinue Facebook Usage? An Empirical Investigation Based on A Push-Pull-Mooring Framework", *Industrial Management & Data Systems*, Vol. 121, No. 11, November 2021.

Gao W. , Liu Z. P. , Guo Q. Q. , et al. , "The Dark Side of Ubiquitous Connectivity in Smartphone-based SNS: An Integrated Model from Information Perspective", *Computers in Human Behavior*, Vol. 84, July 2018.

Goodall C. E. , Reed P. , "Threat and Efficacy Uncertainty in News Coverage about Bed Bugs as Unique Predictors of Information Seeking and Avoidance: An Extension of the EPPM", *Health Communication*, Vol. 28, No. 1, January 2013.

Guntuku S. C. , Yaden D. B. , Kern M. L. , et al. , "Detecting Depression and Mental Illness on Social Media: An Integrative Review", *Current Opinion in Behavioral Sciences*, Vol. 18, December 2017.

Guo Y. Y. , Lu Z. Z. , Kuang H. B. , et al. , "Information Avoidance Behavior on Social Network Sites: Information Irrelevance, Overload, and the Moderating Role of Time Pressure", *International Journal of Information Management*, Vol. 52, June 2020.

Gürcan-Yıldırım D. , Gençöz T. , "The Association of Self-Discrepancy With

Depression and Anxiety: Moderator Roles of Emotion Regulation and Resilience", *Current Psychology*, Vol. 41, April 2022.

Hair J. F., Ringle C. M., Sarstedt M., "PLS-SEM: Indeed a Silver Bullet", *Journal of Marketing Theory and Practice*, Vol. 19, No. 2, 2011.

Hair J. F., Risher J. J., Sarstedt M., et al., "When to Use and How to Report the Results of PLS-SEM", *European Business Review*, Vol. 31, No. 1, January 2019.

Heide J. B., Wathne K. H., "Friends, Business People, and Relationship Roles: A Conceptual Framework and A Research Agenda", *Journal of Marketing*, Vol. 70, No. 3, July 2006.

Heirman W., Walrave M., Vermeulen A., et al., "An Open Book on Facebook? Examining the Interdependence of Adolescents' Privacy Regulation Strategies", *Behaviour & Information Technology*, Vol. 35, No. 9, May 2016.

Higgins E. T., "Self-Discrepancy: A Theory Relating Self and Affect", *Psychological Review*, Vol. 94, No. 3, 1987.

Homans G. C., "Social Behavior as Exchange", *American Journal of Sociology*, Vol. 63, No. 6, 1958.

Hong H., Kim H. J., "Antecedents and Consequences of Information Overload in the COVID-19 Pandemic", *International Journal of Environmental Research and Public Health*, Vol. 17, No. 24, 2020.

Howard M. C., Rose J. C., "Refining and Extending Task-Technology Fit Theory: Creation of Two Task-Technology Fit Scales and Empirical Clarification of The Construct", *Information & Management*, Vol. 56, No. 6, September 2019.

Howell J. L., Shepperd J. A., "Behavioral Obligation and Information Avoidance", *Annals of Behavioral Medicine*, Vol. 45, No. 2, April 2013.

Hoy M. G., Milne G., "Gender Differences in Privacy-Related Measures for Young Adult Facebook Users", *Journal of Interactive Advertising*, Vol. 10, No. 2, 2010.

Hsu C. L., Yu C. C., Wu C. C., "Exploring the Continuance Intention of Social Networking Websites: An Empirical Research", *Information Systems and e-Business Management*, Vol. 12, No. 2, 2014.

Hsu M. H., Chang C. M., Chuang L. W., "Understanding the Determinants of Online Repeat Purchase Intention and Moderating Role of Habit: The Case of Online Group-Buying in Taiwan", *International Journal of Information Management*, Vol. 35, No. 1, February 2015.

Hsu M. H., Yen C. H., Chiu C. M., et al., "A Longitudinal Investigation of Continued Online Shopping Behavior: An Extension of the Theory of Planned Behavior", *International Journal of Human Computer Studies*, Vol. 64, No. 9, September 2006.

Huang C. K., Chen C. D., Liu Y. T., "To Stay or Not to Stay? Discontinuance Intention of Gamification Apps", *Information Technology & People*, Vol. 32, No. 6, 2019.

Izard C. E., "Emotion Theory and Research: Highlights, Unanswered Questions, and Emerging Issues", *Annual Review of Psychology*, Vol. 60, 2009.

Jacobson N. C., Newman M. G., "Avoidance Mediates the Relationship between Anxiety and Depression Over a Decade Later", *Social Science Electronic Publishing*, Vol. 28, No. 5, June 2014.

Jozani M., Ayaburi E., Ko M., et al., "Privacy Concerns and Benefits of Engagement with Social Media-Enabled Apps: A Privacy Calculus Perspective", *Computers in Human Behavior*, Vol. 107, June 2020.

Jung J., Shim S. W., Jin H. S., et al., "Factors Affecting Attitudes and Behavioural Intention towards Social Networking Advertising: A Case of Facebook Users in South Korea", *International Journal of Advertising*, Vol. 35, No. 2, 2016.

Kahlor L. A., Olson H. C., Markman A. B., et al., "Avoiding Trouble: Exploring Environmental Risk Information Avoidance Intentions", *Environment and Behavior*, Vol. 52, No. 2, 2020.

Kang I. , Zhang Y. , Yoo S. , "Elaboration of Social Media Performance Measures: From the Perspective of Social Media Discontinuance Behavior", *Sustainability*, Vol. 12, No. 19, September 2020.

Keaveney S. M. , Huber F. , Herrmann A. , "A Model of Buyer Regret: Selected Prepurchase and Postpurchase Antecedents with Consequences for the Brand and the Channel", *Journal of Business Research*, Vol. 60, No. 12, December 2007.

Keaveney S. M. , Parthasarathy M. , "Customer Switching Behavior in Online Services: An Exploratory Study of the Role of Selected Attitudinal, Behavioral, and Demographic Factors", *Academy of Marketing Science Journal*, Vol. 29, No. 4, 2001.

Kim H. K. , Ahn J. , Atkinson L. , et al. , "Effects of COVID-19 Misinformation on Information Seeking, Avoidance, and Processing: A Multicountry Comparative Study", *Science Communication*, Vol. 42, No. 4, 2020.

Kim J. Y. , "Exploring Perceptional Typology of Social Media Quitters and Associations among Self-Esteem, Personality, and Motivation", *Behavior & Information Technology*, Vol. 41, No. 2, 2022.

Ko H. C. , "The Determinants of Continuous Use of Social Networking Sites: An Empirical Study on Taiwanese Journal-Type Bloggers' Continuous Self-Disclosure Behavior", *Electronic commerce Research and Applications*, Vol. 12, No. 2, April 2013.

Kock N. , Lynn G. S. , "Lateral Collinearity and Misleading Results in Variance-Based SEM: An Illustration and Recommendations", *Journal of the Association for Information Systems*, Vol. 13, No. 7, 2012.

Koenig-Lewis N. , Palmer A. , Dermody J. , et al. , "Consumers' Evaluations of Ecological Packaging-Rational and Emotional Approaches", *Journal of Environmental Psychology*, Vol. 37, March 2014.

Krasnova H. , Veltri N. F. , Günther O. , "Self-Disclosure and Privacy Calculus on Social Networking Sites: The Role of Culture", *Business & Information Systems Engineering*, Vol. 4, No. 3, June 2012.

Krasnova H. , Widjaja T. , Buxmann P. , et al. , "Research Note-Why Following Friends Can Hurt You: An Exploratory Investigation of the Effects of Envy on Social Networking Sites among College-Age Users", *Information Systems Research*, Vol. 26, No. 3, September 2015.

Kruse C. S. , Kothman K. , Anerobi K. , et al. , "Adoption Factors of the Electronic Health Record: A Systematic Review", *JMIR Medical Informatics*, Vol. 4, No. 2, 2016.

Kwon E. S. , Kim E. , Chung Y. J. , "Social Break Up: Why Consumers Hide and Unlike Brands on Facebook", *International Journal of Internet Marketing and Advertising*, Vol. 14, No. 3, July 2020.

Lam S. Y. , Shankar V. , Erramilli M. K. , et al. , "Customer Value, Satisfaction, Loyalty, and Switching Costs: An Illustration from a Business-To-Business Service Context", *Journal of the Academy of Marketing Science*, Vol. 32, 2004.

Laufer R. S. , Wolfe M. , "Privacy as a Concept and a Social Issue: A Multidimensional Developmental Theory", *Journal of Social Issues*, Vol. 33, No. 3, Summer 1977.

Lee A. R. , Son S. M. , Kim K. K. , "Information and Communication Technology Overload and Social Networking Service Fatigue: A Stress Perspective", *Computers in Human Behavior*, Vol. 55, February 2016.

Li H. R. , Edwards S. M. , Lee J. H. , et al. , "Measuring the Intrusiveness of Advertisements: Scale Development and Validation", *Journal of Advertising*, Vol. 31, No. 2, 2002.

Li S. S. , Jiang Y. W. , Cheng B. , et al. , "The Effect of Flight Delay on Customer Loyalty Intention: The Moderating Role of Emotion Regulation", *Journal of Hospitality and Tourism Management*, Vol. 47, June 2021.

Li X. , Hou Z. J. , Jia Y. , "The Influence of Social Comparison on Career Decision-Making: Vocational Identity as a Moderator and Regret as a Mediator", *Journal of Vocational Behavior*, Vol. 86, February 2015.

Liang C. C. , "Discontinuous Adoption of Social Media Platform", *Internation-*

al *Journal of Electronic Commerce Studies*, Vol. 9, No. 1, 2018.

Liang H., Shen F., Fu K. W., "Privacy Protection and Self-disclosure Across Societies: A Study of Global Twitter Users", *New Media & Society*, Vol. 19, No. 9, 2017.

Liang H., Fu K. W., "Information Overload, Similarity, and Redundancy: Unsubscribing Information Sources on Twitter", *Journal of Computer-Mediated Communication*, Vol. 22, No. 1, January 2017.

Liang X. J., Yang Y., "An Experimental Study of Chinese Tourists Using a Company-Hosted Wechat Official Account", *Electronic Commerce Research and Applications*, Vol. 27, January-February 2018.

Liao C., Lin H. N., Luo M. M., et al., "Factors Influencing Online Shoppers' Repurchase Intentions: The Roles of Satisfaction and Regret", *Information & Management*, Vol. 54, No. 5, July 2016.

Liao C., Liu C. C., Liu Y. P., et al., "Applying the Expectancy Disconfirmation and Regret Theories to Online Consumer Behavior", *Cyberpsychology, Behavior, and Social Networking*, Vol. 14, No. 4, April 2011.

Lim M., Yang Y., "Effects of Users' Envy and Shame on Social Comparison that Occurs on Social Network Services", *Computers in Human Behavior*, Vol. 51, October 2015.

Lin J. B., Lin S. Z., Turel O., et al., "The Buffering Effect of Flow Experience on the Relationship between Overload and Social Media Users' Discontinuance Intentions", *Telematics and Informatics*, Vol. 49, June 2020.

Lin T. C., Huang S. L., "Understanding the Determinants of Consumers' Switching Intentions in a Standards War", *International Journal of Electronic Commerce*, Vol. 19, No. 1, December 2014.

Liu H. F., Liu W. T., Yoganathan V., et al., "COVID-19 Information Overload and Generation Z's Social Media Discontinuance Intention during the Pandemic Lockdown", *Technological Forecasting and Social Change*, Vol. 166, May 2021.

Liu J. M., Li C., Carcioppolo N., et al., "Do Our Facebook Friends Make

Us Feel Worse? A Study of social Comparison and Emotion", *Human Communication Research*, Vol. 42, No. 4, October 2016.

Liu X. D., Min Q. F., Wu D. Z., et al., "How does Social Network Diversity Affect Users' Lurking Intention toward Social Network Services? A Role Perspective", *Information & Management*, Vol. 57, No. 7, November 2020.

Liu Z. L., Wang X. Q., Liu J., "How Digital Natives Make Their Self-Disclosure Decisions: A Cross-Cultural Comparison", *Information Technology & People*, Vol. 32, No. 3, June 2019.

Liu Z. L., Wang X. Q., Min Q. F., et al., "The Effect of Role Conflict on Self-Disclosure in Social Network Sites: An Integrated Perspective of Boundary Regulation and Dual Process Model", *Information Systems Journal*, Vol. 29, No. 2, March 2019.

Lo J., "Exploring the Buffer Effect of Receiving Social Support on Lonely and Emotionally Unstable Social Networking Users", *Computers in Human Behavior*, Vol. 90, January 2019.

Luqman A., Cao X. F., Ali A., et al., "Empirical Investigation of Facebook Discontinues Usage Intentions Based on S-O-R Paradigm", *Computers in Human Behavior*, Vol. 70, May 2017.

Luqman A., Masood A., Ali A., "An SDT and TPB-based Integrated Approach to Explore the Role of Autonomous and Controlled Motivations in 'SNS Discontinuance Intention'", *Computers in Human Behavior*, Vol. 85, August 2018.

Luqman A., Masood A., Weng Q. D., et al., "Linking Excessive SNS Use, Technological Friction, Strain, and Discontinuance: The Moderating Role of Guilt", *Information Systems Management*, Vol. 37, No. 2, February 2020.

Lwin M., Phau I., Huang Y. A., et al., "Examining the Moderating Role of Rational-Versus Emotional-Focused Websites: The Case of Boutique Hotels", *Journal of Vacation Marketing*, Vol. 20, No. 2, April 2014.

Maier C. , "Overcoming Pathological IT Use: How and Why IT Addicts Terminate Their Use ofGames and Social Media", *International Journal of Information Management*, Vol. 51, April 2020.

Maier C. , Laumer S. , Weinert C. , et al. , "The Effects of Technostress and Switching Stress on Discontinued Use of Social Networking Services: A Study of Facebook Use", *Information Systems Journal*, Vol. 25, No. 3, May 2015.

Mani Z. , Chouk I. , "Drivers of Consumer' Resistance to Smart Products", *Journal of Marketing Management*, Vol. 33, No. 1/2, November 2017.

Mason T. B. , Smith K. E. , Engwall A. , et al. , "Self-Discrepancy Theory as A Transdiagnostic Framework: A Meta-Analysis of Self-Discrepancy and Psychopathology", *Psychological Bulletin*, Vol. 145, No. 4, 2019.

Masood A. , Feng Y. , Rasheed M. R. , et al. , "Smartphone-Based Social Networking Sites and Intention to Quit: Self-Regulatory Perspective", *Behaviour & Information Technology*, Vol. 40, No. 11, 2021.

McCord B. , Rodebaugh T. L. , Levinson C. A. , "Facebook: Social Uses and Anxiety", *Computers in Human Behavior*, Vol. 34, May 2014.

Meshi D. , Ellithorpe M. E. , "Problematic Social Media Use and Social Support Received in Real-Life Versus on Social Media: Associations with Depression, Anxiety and Social Isolation", *Addictive Behaviors*, Vol. 119, August 2021.

Mohammed M. , Sha' aban A. , Jatau A. I. , et al. , "Assessment of COVID-19 Information Overload among the General Public", *Journal of Racial and Ethnic Health Disparities*, Vol. 9, February 2022.

Mouakket S. , Sun Y. , "Examining Factors that Influence Information Disclosure on Social Network Sites from the Perspective of Network Externalities", *Industrial Management & Data Systems*, Vol. 119, No. 4, May 2019.

Nam K. , Baker J. , Ahmad N. , et al. , "Dissatisfaction, Disconfirmation, and Distrust: An Empirical Examination of Value Co-Destruction through Negative Electronic Word-of-Mouth (Ewom)", *Information Systems Fron-*

tiers, Vol. 22, 2020.

Nawaz M. A., Shah Z., Nawaz A., et al., "Overload and Exhaustion: Classifying SNS Discontinuance Intentions", *Cogent Psychology*, Vol. 5, No. 1, October 2018.

Ng Y. M. M., "Re-Examining the Innovation Post-Adoption Process: The Case of Twitter Discontinuance", *Computers in Human Behavior*, Vol. 103, 2020.

Niu G. F., Yao L. S., Tian Y., et al., "Information Overload and the Intention to Reduce SNS Usage: The Mediating Roles of Negative Social Comparison and Fatigue", *Current Psychology*, Vol. 41, 2022.

Nosko A., Wood E., Kenney M., et al., "Examining Priming and Gender as a Means to Reduce Risk in a Social Networking Context: Can Stories Change Disclosure and Privacy Setting Use When Personal Profiles are Constructed?", *Computers in Human Behavior*, Vol. 28, No. 6, November 2012.

Oliver R. L., "A Cognitive Model of the Antecedents and Consequences of Satisfaction Decisions", *Journal of Marketing Research*, Vol. 17, No. 4, November 1980.

Osatuyi B., Turel O., "Conceptualisation and Validation of System Use Reduction as a Self-Regulatory IS Use Behaviour", *European Journal of Information Systems*, Vol. 29, No. 1, January 2020.

Pachankis J. E., "The Psychological Implications of Concealing a Stigma: A Cognitive-Affective-Behavioral Model", *Psychological Bulletin*, Vol. 133, No. 2, 2007.

Pal D., Papasratorn B., Chutimaskul W., et al., "Embracing the Smart-Home Revolution in Asia by the Elderly: An End-User Negative Perception Modeling", *IEEE Access*, Vol. 7, March 2019.

Pang H., "How Compulsive Wechat Use and Information Overload Affect Social Media Fatigue and Well-Being during the COVID-19 Pandemic? A Stressor-Strain-Outcome Perspective", *Telematics and Informatics*, Vol. 64, November 2021.

Panger G. T. , Emotion in social media, Ph. D. dissertation, University of California, Berkeley, 2017.

Park J. , Kim B. , Park S. , "Understanding the Behavioral Consequences of Upward Social Comparison on Social Networking Sites: The Mediating Role of Emotions", *Sustainability*, Vol. 13, No. 11, May 2021.

Park S. Y. , Baek Y. M. , "Two Faces of Social Comparison on Facebook: The Interplay between Social Comparison Orientation, Emotions, and Psychological Well-Being", *Computers in Human Behavior*, Vol. 79, February 2018.

Parrott W. G. , Smith R. H. , "Distinguishing the Experiences of Envy and Jealousy", *Journal of Personality and Social Psychology*, Vol. 64, No. 6, 1993.

Peng Z. Y. , Sun Y. Q. , Guo X. T. , "Antecedents of Employees' Extended Use of Enterprise Systems: An Integrative View of Person, Environment, and Technology", *International Journal of Information Management*, Vol. 39, April 2018.

Persoskie A. , Ferrer R. A. , Klein W. M. P. , "Association of Cancer Worry and Perceived Risk with Doctor Avoidance: An Analysis of Information Avoidance in a Nationally Representative US Sample", *Journal of Behavioral Medicine*, Vol. 37, No. 5, 2014.

Pilkonis P. A. , Choi S. W. , Reise S. P. , et al. , "Item Banks for Measuring Emotional Distress from The Patient-Reported Outcomes Measurement Information System (PROMIS): Depression, Anxiety, and Anger", *Assessment*, Vol. 18, No. 3, September 2011.

Podsakoff P. M. , Organ D. W. , "Self-Reports in Organizational Research: Problems and Prospects", *Journal of Management*, Vol. 12, No. 4, 1986.

Primack B. A. , Shensa A. , Sidani J. E. , et al. , "Temporal Associations between Social Media Use and Depression", *American Journal of Preventive Medicine*, Vol. 60, No. 2, February 2021.

Qahri-Saremi H. , Vaghefi I. , Turel O. , "Addiction to Social Networking

Sites and User Responses: Toward A Typological Theory and Its Relation to Users' Personality Traits", *ACM SIGMIS Database: the DATABASE for Advances in Information Systems*, Vol. 52, No. 4, 2021.

Reisenzein R., Schönpflug W., "Stumpf's Cognitive-Evaluative Theory of Emotion", *American Psychologist*, Vol. 47, No. 1, 1992.

Riedel A. S., Weeks C. S., Beatson A. T., et al., "Am I Intruding? Developing a Conceptualisation of Advertising Intrusiveness", *Journal of Marketing Management*, Vol. 34, No. 9 – 10, July 2018.

Russel J. A., "Core Affect and the Psychological Construction of Emotion", *Psychological Review*, Vol. 110, No. 1, 2003.

Russell J. A., "A Circumplex Model of Affect", *Journal of Personality and Social Psychology*, Vol. 39, No. 6, 1980.

Sairanen A., Savolainen R., "Avoiding Health Information in the Context of Uncertainty Management", *Information Research*, Vol. 15, No. 4, December 2010.

Sarkhel S., Bakhla A. K., Praharaj S. K., et al., "Information Overload Regarding COVID-19: Adaptation and Validation of the Cancer Information Overload Scale", *Indian Journal of Psychiatry*, Vol. 62, No. 5, October 2020.

Sasaki Y., Kawai D., Kitamura S., "The Anatomy of Tweet Overload: How Number of Tweets Received, Number of Friends, and Egocentric Network Density Affect Perceived Information Overload", *Telematics & Informatics*, Vol. 32, No. 4, 2015.

Savolainen R., "Emotions as Motivators for Information Seeking: A Conceptual Analysis", *Library & Information Science Research*, Vol. 36, No. 1, January 2014.

Schreiner M., Fischer T., Riedl R., "Impact of Content Characteristics and Emotion on BehavioralEngagement in Social Media: Literature Review and Research Agenda", *Electronic Commerce Research*, Vol. 21, 2021.

Scott L., O'Hara M. W., "Self-Discrepancies in Clinically Anxious and Depressed University Students", *Journal of Abnormal Psychology*, Vol. 102, No. 2, 1993.

Sharma S., Crossler R. E., "Disclosing Too Much? Situational Factors Affecting Information Disclosure in Social Commerce Environment", *Electronic Commerce Research and Applications*, Vol. 13, No. 5, September-October 2014.

Shen X. L., Li Y. J., Sun Y. Q., et al., "Wearable Health Information Systems Intermittent Discontinuance: A Revised Expectation-Disconfirmation Model", *Industrial Management & Data Systems*, Vol. 118, No. 3, 2018.

Shokouhyar S., Siadat S. H., Razavi M. K., "How Social Influence and Personality Affect Users' Social Network Fatigue and Discontinuance Behavior", *Aslib Journal of Information Management*, Vol. 70, No. 4, 2018.

Siebenhaar K., Kther A. K., Alpers G. W., "Dealing with the COVID-19 Infodemic: Distress by Information, Information Avoidance, and Compliance with Preventive Measures", *Frontiers in Psychology*, Vol. 11, November 2020.

Silic M., Back A., "The Dark Side of Social Networking Sites: Understanding Phishing Risks", *Computers in Human Behavior*, Vol. 60, July 2016.

Smith H. J., Milberg S. J., Burke S. J., "Information Privacy: Measuring Individuals' Concerns about Organizational Practices", *MIS Quarterly*, Vol. 20, No. 2, June 1996.

Son D. H., Kim K. S., "The Effect of SNS Fatigue and Negative Emotions on SNS Discontinuance Intention", *The Journal of Information Systems*, Vol. 25, No. 2, 2016.

Song S. J., Yao X. L., Wen N. N., "What Motivates Chinese Consumers to Avoid Information about the COVID-19 Pandemic? The Perspective of the Stimulus-Organism-Response Model", *Information Processing & Management*, Vol. 58, No. 1, 2021.

Soroya S. H., Farooq A., Mahmood K., et al., "From Information Seeking to Information Avoidance: Understanding the Health Information Behavior during a Global Health Crisis", *Information Processing & Management*, Vol. 58, No. 2, March 2021.

Strauman T. J., Higgins E. T., "Self-Discrepancies as Predictors of Vulnerability to Distinct Syndromes of Chronic Emotional Distress", *Journal of Personality*, Vol. 56, No. 4, December 1988.

Strohmaier D., Zeng J., Hafeez M., "Impact of Dissatisfaction on Funders' Decision to Reinvest in Crowdfunding: A Distrust-Based Perspective", *Human Systems Management*, Vol. 39, No. 3, 2020.

Sun X., Zhang C., Li G. Q., et al., "Detecting Users' Anomalous Emotion Using Social Media for Business Intelligence", *Journal of Computational Science*, Vol. 25, March 2018.

Sun Y. Q., Wang N., Shen X. L., et al., "Location Information Disclosure in Location-Based Social Network Services: Privacy Calculus, Benefit Structure, and Gender Differences", *Computers in Human Behavior*, Vol. 52, November 2015.

Sun Y. L., Zhang Y., "A Review of Theories and Models Applied in Studies of Social Media Addiction and Implications for Future Research", *Addictive Behaviors*, Vol. 114, March 2021.

Swar B., Hameed T., Reychav I., "Information Overload, Psychological Ill-Being, and Behavioral Intention to Continue Online Healthcare Information Search", *Computers in Human Behavior*, Vol. 70, 2017.

Sweeny K., Melnyk D., Miller W., et al., "Information Avoidance: Who, What, When, and Why", *Review of General Psychology*, Vol. 14, No. 4, December 2010.

Tang Z. Y., Chen L. D., Gillenson M. K., "Understanding Brand Fan Page Followers' Discontinuance Motivations: A Mixed-Method Study", *Information & Management*, Vol. 56, No. 1, January 2019.

Tang Z. Y., Chen L. D., "An Empirical Study of Brand Microblog Users' Unfollowing Motivations: The Perspective of Push-Pull-Mooring Model", *International Journal of Information Management*, Vol. 52, June 2020.

Tang Z. Y. , Chen L. D. , "Exploring the Drivers of Brand Fan Page Follower Discontinuance Intention: An Adaptation of the Furneaux and Wade's Framework", *Information Technology & People*, Vol. 33, No. 5, October 2020.

Tarafdar M. , Tu Q. , Ragu-Nathan. B. S. , et al. , "The Impact of Technostress on Role Stress and Productivity", *Journal of Management Information Systems*, Vol. 24, No. 1, 2007.

Temerak M. S. , El-Manstrly D. , "The Influence of Goal Attainment and Switching Costs on Customers' Staying Intentions", *Journal of Retailing and Consumer Services*, Vol. 51, November 2019.

Thompson R. A. , "Emotion and Emotion Regulation: Two Sides of the Developing Coin", *Emotion Review*, Vol. 3, No. 1, 2011.

Tie Y. C. , Birks M. , Francis K. , "Grounded Theory Research: A Design Framework for Novice Researchers", *Open Medicine*, Vol. 7, No. 3, January 2019.

Trenz M. , Huntgeburth J. , Veit D. , "Uncertainty in Cloud Service Relationships: Uncovering the Differential Effect of Three Social Influence Processes on Potential and Current Users", *Information & Management*, Vol. 55, No. 8, December 2018.

Turel O. , "Quitting the Use of a Habituated Hedonic Information System: A Theoretical Model and Empirical Examination of Facebook Users", *European Journal of Information Systems*, Vol. 24, No. 4, 2015.

Turel O. , "Untangling the Complex Role of Guilt in Rational Decisions to Discontinue the Use of a Hedonic Information System", *European Journal of Information Systems*, Vol. 25, No. 5, 2016.

Vaghefi I. , Qahri-Saremi H. , Turel O. , "Dealing with Social Networking Site Addiction: A Cognitive-Affective Model of Discontinuance Decisions", *Internet Research*, Vol. 30, No. 5, 2020.

Venkatesh V. , Morris M. G. , Davis G. B. , et al. , "User Acceptance of Information Technology: Toward a Unified View", *MIS Quarterly*, Vol. 27, No. 3, 2003.

Verhagen T. , Dolen W. V. , "The Influence of Online Store Beliefs on Consumer Online Impulse Buying: A Model and Empirical Application", *Information & Management*, Vol. 48, No. 8, December 2011.

Verplanken B. , Aarts H. , Van Knippenberg A. , "Habit, Information Acquisition, and the Process of Making Travel Mode Choices", *European Journal of Social Psychology*, Vol. 27, No. 5, 1997.

Vrinten C. , Boniface D. , Lo S. H. , et al. , "Does Psychosocial Stress Exacerbate Avoidant Responses to Cancer Information in Those Who are Afraid of Cancer? A Population-Based Survey among Older Adults in England", *Psychology & Health*, Vol. 33, No. 1, 2018.

Waljee J. F. , Hu E. S. , Newman L. A. , et al. , "Correlates of Patient Satisfaction and Provider Trust after Breast-Conserving Surgery", *Cancer*, Vol. 112, No. 8, April 2008.

Wang H. Z. , Yang T. T. , Gaskin J. , et al. , "The Longitudinal Association between Passive Social Networking Site Usage and Depressive Symptoms: The Mediating Role of Envy and Moderating Role of Life Satisfaction", *Journal of Social and Clinical Psychology*, Vol. 38, No. 3, 2019.

Waterloo S. F. , Baumgartner S. E. , Peter J. , et al. , "Norms of Online Expressions of Emotion: Comparing Facebook, Twitter, Instagram, and Whatsapp", *New Media & Society*, Vol. 20, No. 5, 2018.

Watson N. , Bryan B. C. , Thrash T. M. , "Self-Discrepancy: Comparisons of the Psychometric Properties of Three Instruments", *Psychological Assessment*, Vol. 22, No. 4, 2010.

Webb T. L. , Sniehotta F. F. , Michie S. , "Using Theories of Behaviour Change to Inform Interventions for Addictive Behaviours", *Addiction*, Vol. 105, No. 11, November 2010.

Wenninger H. , Cheung C. M. K. , Krasnova H. , "College-Aged Users Behavioral Strategies to Reduce Envy on Social Networking Sites: A Cross-Cultural Investigation", *Computers in Human Behavior*, Vol. 97, August 2019.

Willson R. , Given L. M. , " 'I'm in Sheer Survival Mode': Information Behaviour and Affective Experiences of Early Career Academics", *Library & Information Science Research*, Vol. 42, No. 2, April 2020.

Wirtz J. , Xiao P. , Chiang J. , et al. , "Contracting the Drivers of Switching Intent and Switching Behavior in Contractual Service Settings", *Journal of Retailing*, Vol. 90, No. 4, December 2014.

Wong C. S. , Law K. S. , "The Effects of Leader and Follower Emotional Intelligence on Performance and Attitude: An Exploratory Study", *The Leadership Quarterly*, Vol. 13, No. 3, June 2002.

Woods H. C. , Scott H. , " Sleepyteens: Social Media Use in Adolescence is Associated with Poor Sleep Quality, Anxiety, Depression and Low Self-Esteem", *Journal of Adolescence*, Vol. 51, No. 1, August 2016.

Wu C. H. , Kao S. C. , Chiu H. Y. , "Determinants of Discontinuous Intention of Attention to Mobile Instant Message Services", *Journal of Retailing and Consumer Services*, Vol. 49, July 2019.

Xie X. Z. , Tsai N. C. , "The Effects of Negative Information-Related Incidents on Social Media Discontinuance Intention: Evidence from SEM and fsQCA", *Telematics and Informatics*, Vol. 56, January 2021.

Xu F. , Michael K. , Chen X. , "Factors Affecting Privacy Disclosure on Social Network Sites: An Integrated Model", *Electronic Commerce Research*, Vol. 13, No. 2, May 2013.

Xu F. , Tian M. , Xu G. H. , et al. , "Understanding Chinese Users' Switching Behaviour of Cloud Storage Services", *The Electronic Library*, Vol. 35, No. 2, 2017.

Xu H. , Dinev T. , Smith J. , et al. , "Information Privacy Concerns: Linking Individual Perceptions with Institutional Privacy Assurances", *Journal of the Association for Information Systems*, Vol. 12, No. 2, 2011.

Yang Z. J. , Kahlor L. , "What, Me Worry? The Role of Affect in Information Seeking and Avoidance", *Science Communication*, Vol. 35, No. 2, 2013.

Yoon A. , Jeong D. , Chon J. , et al. , "A Study of Consumers' Intentions to

Participate in Responsible Tourism Using Message Framing and Appeals", *Sustainability*, Vol. 11, No. 3, February 2019.

Zeelenberg M., Pieters R., "Comparing Service Delivery to What Might Have Been: BehavioralResponses to Regret and Disappointment", *Journal of Service Research*, Vol. 2, No. 1, August 1999.

Zhang G., Ma L., Zhang X., et al., "Understanding Social Media Users' Unfollow Intentions: Take Wechat Subscriptions as an Example", *Online Information Review*, Vol. 43, No. 7, November 2019.

Zhang K. Z. K., Barnes S. J., Zhang S. J., et al., "Can Consumers be Persuaded on Brand Microblogs? An Empirical Study", *Information & Management*, Vol. 55, No. 1, January 2018.

Zhang S. S., Kwok R. C. W., Lowry P. B., et al., "The Influence of Role Stress on Self-Disclosure on Social Networking Sites: A Conservation of Resources Perspective", *Information & Management*, Vol. 56, No. 7, November 2019.

Zhang S. W., Zhao L., Lu Y. B., et al., "Do You Get Tired of Socializing? An Empirical Explanation of Discontinuous Usage Behaviour in Social Network Services", *Information & Management*, Vol. 53, No. 7, 2016.

Zhang X., Ma L., Zhang G., et al., "An Integrated Model of the Antecedents and Consequences of Perceived Information Overload Using Wechat as an Example", *International Journal of Mobile Communications*, Vol. 18, No. 1, January 2020.

Zhao L., Lu Y. B., Gupta S., "Disclosure Intention of Location-Related Information in Location-Based Social Network Services", *International Journal of Electronic Commerce*, Vol. 16, No. 4, 2012.

Zhao X. S., Lynch J., Chen Q. M., "Reconsidering Baron and Kenny: Myths and Truths about Mediation Analysis", *Journal of Consumer Research*, Vol. 37, No. 2, August 2010.

Zlatolas L. N., Welzer T., Heričko M., et al., "Privacy Antecedents for SNS Self-Disclosure: The Case of Facebook", *Computers in Human Behav-*

ior, Vol. 45, April 2015.

Zlatolas L. N., Welzer T., Holbl M., et al., "A Model of Perception of Privacy, Trust, and Self-Disclosure on Online Social Networks", *Entropy*, Vol. 21, No. 8, August 2019.

Zsido A. N., Arato N., Lang A., et al., "The Role of Maladaptive Cognitive Emotion Regulation Strategies and Social Anxiety in Problematic Smartphone and Social Media Use", *Personality and Individual Differences*, Vol. 173, April 2021.

五　英文学位论文

Ng Y. M., Building an Innovation Discontinuance Model: The Case of Twitter, The University of Texas at Austin, Ph. D. dissertation, 2018.

Van Zandt E. C., The Goldilocks Effect: How Knowledge Management Impacts Task-Technology Fit and Organizational Performance, Ph. D. dissertation, The University of South Alabama, 2021.

后　记

　　2018 年 12 月我调入西北大学公共管理学院工作，自 2020 年开始担任《用户信息行为》课程教师，自此本人转入社交媒体用户信息行为研究领域。研究过程中得到了西北大学公共管理学院本科生闻心玥、于欢欢、蒋星、郑雨霏的积极参与，海南大学旅游学院苏超博士、南昌大学新闻与传播学院万莉副教授的支持与帮助。

　　围绕社交媒体用户信息行为研究目标，研究团队团结协作、积极投入，在社交媒体用户信息行为研究领域持续深入探索，积累了一些成果，并且有幸在 CSSCI 来源期刊《情报学报》《管理学报》《图书情报工作》《情报资料工作》《情报科学》《现代情报》《信息资源管理学报》发表多篇关于社交媒体用户信息行为研究的学术论文。受国家社科基金项目 2021 年度《图书馆·情报与文献学》学科课题指南"社交媒体情境下用户信息行为研究"的启发，本人将发表的论文进行修订与完善，同时感谢专家以及出版社的宝贵建议，使论文在不断完善的基础上形成了一本逻辑体系更为严密的专著。

　　本书主要基于期望不一致理论、社会比较理论、认知情绪理论、自我差异理论、压力源—应变—结果框架、社会认知理论、双加工理论、社会交换理论、个人—环境—技术框架、隐私计算理论、隐私管理理论、刺激—机体—反应理论等，运用扎根理论、结构方程模型、模糊集定性比较分析方法，围绕社交媒体用户的隐私设置行为、隐私披露行为、信息规避行为、取消关注行为、不持续使用行为开展质性与量化研究。本书是对社交媒体情境下用户信息行为研究的初步探索，还有大量的研究工作有待后期继续深入开展。囿于笔者学识与能力，拙作中仍存在诸多不足，恳望同行批评指正。

今年是我博士毕业 10 周年，个人的成长离不开师友们和家人们的支持与帮助，有太多人需要感谢。除了感谢授业恩师南京大学信息管理学院孙建军教授之外，还要感谢西北大学公共管理学院曹蓉教授、崔旭教授、黄新荣教授、杨九龙教授、王铮副教授、李姗姗副教授、陶俊副教授、天津财经大学管理科学与工程学院王建亚副教授。感谢南昌大学新闻与传播学院万莉副教授、海南大学旅游学院苏超博士在专著修改与完善中给予的帮助，感谢合作者闻心玥硕士，我指导的硕士生于欢欢、蒋星、王敏敏给予的帮助。感谢江西财经大学信息管理学院方玉明院长、徐升华教授给予的关心与帮助。感谢此专著责任编辑刘艳女士。

本书的形成过程如上，专为记录这段值得铭记的学习时光。

程慧平

2023 年春于南昌